『営業・企画担当者のための英文契約交渉入門』正誤表

該当箇所	誤→正
「はじめに」 第2段落11行目	「パートナー合弁会社」 → 「パートナーと合弁会社」
P56 ④「多数の弁護士の存在」の項目4行目	「約128万人」 → 「約130万人」
P90 下から3行目	「下記例文2に示すような」 → 「下記例文4以下に示すような」
P98 上から8行目	「権利非侵害の保証及び免責条項」 → 「権利非侵害の免責及び補償条項」
P108 上から9行目	「(売主の) 保証義務」 → 「(売主の) 補償義務」
P123 例文20[和訳]1行目	「請求書日付より45日以内に」 → 「請求書日付より電信為替送金にて45日以内に」
P131 例文26[和訳]1行目	「売主は、この章に別段の規定がある場合を」 → 「売主は、本X条に別段の規定がある場合を」
P132 例文27[和訳]1行目	「売主は、X章に別段の規定がある場合を」 → 「売主は、本X条に別段の規定がある場合を」
P141 下から2行目	「問題が発生していないかが」 → 「問題が発生していないかを」
P163 例文10 見出し部分	「一般的。ただしライセンサーに有利」 → 「一般的。ただしライセンシーに有利」
P163 例文10 英文1行目	「a period of one (1) year (s) from」 → 「a period of one (1) year (s) from」
P174 図表3 見出し	「ライセンス条項における」 → 「権利帰属条項における」
P200 例文5 英文上から4行目	「purpose of this Clause X.1(a)」 → 「purpose of this Section X.1(a)」
P231 例文2 英文上から3行目	「including but not limited to,」 → 「including, but not limited to,」
P233 例文4 英文上から3行目	「including but not limited to,」 → 「including, but not limited to,」
P244 例文11 和訳X.1条上から5行目	「売主のマル秘情報である」 → 「売主の秘密情報である」
P246 第2段落上から4行目	「ドキュメンテーションに分け、それぞれ」 → 「ドキュメンテーションに分けることで、それぞれ」
P262 例文1 タイトル	「例文1：例文自己使用の------」 → 「例文1：自己使用の------」(「例文」を削除)
P263 英文1行目	「X.2.1 Licensee acknowledges that Software shall------」 → 「X.2.1 Licensee acknowledges that the Software shall------」
P269 例文5 和訳上から2行目	「発明、ノウハウその他の情報であって、本契約の」 → 「発明、ノウハウその他の情報であって、特に[半導体製品]にかかわるものであり、本契約の」
P313 例文8 英文1行目	「Appointment pf CEO & CFO」 → 「Appointment of CEO & CFO」
P316 英文(c)2行目	「in Clause X.1(b)」 → 「in Section X.1(b)」
P318 英文(c)4行目	「this SectionX.3」 → 「this Section X.3」 (Sectionの後にスペース追加)
P319 例文11 英文1行目	「X Noncompetition.」 → 「X Noncompetition」(末尾のピリオド削除)

平成29年1月10日初版発行分

[コード 53571]

同文舘出版株式会社

営業・企画担当者のための
英文契約・交渉入門

日立製作所
小澤 薫 *Ozawa Kaoru*

英文契約の
エキスパートが教える

契約書書式の
ダウンロード
サービス付

同文舘出版

はじめに

　高山さんは今年、年商約200億円のIT関連中小企業Samurai社に入社した大学出立ての女性社員です。社内では営業第一部に配属され、主に国内のインターネット関連企業にITソリューションシステムを売り込む業務を担当しています。
　入社5年目の男性、北条先輩にいろいろと教えてもらいながら、日々前向きに業務に取り組んでいます。
　入社して半年、ようやく国内営業の業務にひと通り慣れてきたところで、急に営業第一部の金本部長に北条さんと一緒に呼ばれました。金本部長の席に着くと……

金本「社長の決断でわが社も本格的にグローバル化に乗り出すことになった」
北条・高山「グローバル化？」
金本「つまり本格的に海外事業をやることになった、ということだ。わが社は従来ほぼ100％、国内市場向けに事業を行っていたが、国内IT市場は先細りが明白でこのままでは将来がない、というのが社長のお考えだ」
北条・高山「そうですか」
金本「社長自ら動いていただいて、①中国でのわが社IT機器のPanda社経由販売、②米国でのEagle社経由ソフトウェアの拡販及び将来の共同開発を推進することとなった。社長はさらにインドでパートナー合弁会社を設立することも検討されている」
北条・高山「よくわからないけれど、すごいですね」
金本「まさに社長の英断だ。そこでわが営業第一部でもグローバル要員を決め、英語での契約、交渉を担当させることにした。北条君と高山君をこのグローバル要員に指名し、英語での契約、交渉に腕をふるってもらうことにした」
北条・高山「いや、我々は国内営業で、急に英語の契約とか言われても……」
金本「そこは為せば成る、の精神でやって欲しい。それでは私は別件会議があるのでこれで。後は君たちでよろしく」

北条・高山「……（沈黙）」

　日本全国のあちこちの企業でこのような会話が交わされていることかと思います。本書はこの北条さんや高山さんのように、英文契約・交渉にまったくなじみがないが、急に英文契約・交渉の知識が必要になった人のために執筆しました。
　具体的には、
①英文契約・交渉および法律知識のないビジネスパーソン（特に営業、企画の担当者）でも理解しやすいように記述する
②実際の英文契約の交渉で何が特に問題になるかに重点をおき、英文契約の解説でも、多くの解説書のように英文契約書に記載される順番にはあえて従わずに、まず交渉の争点・ポイントを先に説明する
　といったアプローチを取っています。
　これらの試みが効を奏し、初めて英文契約・交渉に携わる人にとって役立つものになっているかどうかは、読者の忌憚のない評価に委ねたいと思っています。
　なお、本書の見解は筆者独自のものであり、筆者が所属する組織の見解とは必ずしも一致しないものであることを申し添えておきます。また、初心者向けのビジネス書という性質上、文献の引用等については必ずしも厳密な学術上のルールに従ってはいないことも合わせてお伝えしておきます。

2016年12月

小澤　薫

CONTENTS

第1部 [基礎編] 英文契約・契約交渉の基礎
―「ここだけ知っておけばとりあえず大丈夫」

序章 英文契約・契約交渉なんてこわくない

1 ■ あなたも明日、英語の契約交渉の現場に …………………………… 14
2 ■ 英語の交渉もこれだけ知れば大丈夫 ……………………………… 16
3 ■ 英語の契約もまずはこれだけ知れば大丈夫 ……………………… 19

第1章 英文契約交渉の実務的チェックポイント
―時間の流れの中でポイントをつかむ

1 ■ 英文契約交渉はどのように進んでいくか
　（引合→守秘義務契約→正式契約交渉）………………………… 24
2 ■「備えあれば憂いなし」
　―事前の準備〜英文契約ドラフトの読み込みと複数の対案作成 …… 26

CONTENTS

3 ■ 実際の交渉：まず準備段階―いよいよ実戦（1） ········· **32**

4 ■ 交渉本番の留意点―いよいよ実戦（2） ················ **36**

5 ■ 交渉周辺の留意事項―いよいよ実戦（3） ·············· **39**

6 ■ 「終わりよければすべてよし」
　　―交渉の最終合意に向けたプロセス ················· **43**

7 ■ 契約締結後のプロセス ···························· **47**

8 ■ 不幸にして紛争になったら ························ **49**

第2章　英文契約交渉と国際弁護士活用
―「助っ人をどのように使いこなすか」

1 ■ 育成とキャリア形成
　　海外の弁護士とはどんな人達か　米国の弁護士を中心に（1） ········· **54**

2 ■ ローファーム（Law Firm）というシステム
　　海外の弁護士とはどんな人達か　米国の弁護士を中心に（2） ········· **60**

3 ■ 評価基準と報酬体系
　　海外の弁護士とはどんな人達か　米国の弁護士を中心に（3） ········· **64**

4 ■ 弁護士への法律相談と問題解決のステップ
　海外の弁護士活用時のノウハウ（1）……………………………………… **68**

5 ■ 適切なアドバイスが得られない場合
　海外の弁護士活用時のノウハウ（2）―弁護士活用時のトラブルとその対応①
　……………………………………………………………………………… **72**

6 ■ 弁護士費用が高すぎると思える場合
　海外の弁護士活用時のノウハウ（3）―弁護士活用時のトラブルとその対応②
　……………………………………………………………………………… **78**

第2部 [実務編] グローバルビジネスの契約類型

第1章 守秘義務契約
日本Samurai社と米国Eagle社間の協業に関する守秘義務契約

1 ■ そもそも「守秘義務契約」とは何か ……………………………… **86**

CONTENTS

2 ■ 独立した守秘義務契約と正式契約上の守秘義務条項 ……………… 88

3 ■ 「守秘義務契約」の交渉ではどのようなことに気をつけるのか …… 89

4 ■ 「守秘義務契約」ではその他どんなことを取り決めるのか ………… 95

第2章 OEM販売契約
中国Panda社へのセキュリティ機能付ストレージ"Safety"の販売契約

1 ■ そもそも「OEM販売契約」とは何か。
　　普通の販売契約とどこが違うのか ……………………………………… 96

2 ■ 「OEM販売契約」の交渉ではどのようなことに気をつけるのか（1）
　　製品保証に関する条項 …………………………………………………… 98

3 ■ 「OEM販売契約」の交渉ではどのようなことに気をつけるのか（2）
　　責任制限条項（Limitation of Liabilities）…………………………… 105

4 ■ 「OEM販売契約」の交渉ではどのようなことに気をつけるのか（3）
　　独占販売権（Exclusive Sales Right）に関する条項 ……………… 110

5 ■ 「OEM販売契約」の交渉ではどのようなことに気をつけるのか（4）
　　最低購入数量（Minimum Purchase Commitment）に関する条項 115

6 ■ 「OEM販売契約」の交渉ではどのようなことに気をつけるのか（5）
価格及び支払条項（Price & Payment）……………………… **118**

7 ■ 「OEM販売契約」の交渉ではどのようなことに気をつけるのか（6）
知的財産権の権利侵害の免責・補償条項（Indemnification）
……………………………………………………………………… **129**

8 ■ 「OEM販売契約」ではどんなことを取り決めるのか（どんな条項があるのか）……………………………………………………… **140**

COLUMN 中国企業との交渉で一般に何に気をつければよいのか ……… **141**

第3章 ソフトウェア・ライセンス契約
米国Eagle社への個人生体認証ソフト"Recognize"の契約

1 ■ そもそも「ソフトウェア・ライセンス契約」とは何か ………… **142**

2 ■ 「ソフトウェア・ライセンス契約」の種類
―エンドユーザー向けライセンス契約とサブライセンス権付ライセンス契約
……………………………………………………………………… **145**

3 ■ 「サブライセンス権付ライセンス契約」の交渉ではどのようなことに気をつけるのか（1） ライセンス条項（License Grant）………… **147**

CONTENTS

4 ■ 「サブライセンス権付ライセンス契約」の交渉ではどのようなことに気をつけるのか（2） ライセンス料（ロイヤルティ）及び支払条項（License Fees and Payment） ………… **155**

5 ■ 「サブライセンス権付ライセンス契約」の交渉ではどのようなことに気をつけるのか（3） 保証条項（Warranty）
　―ソフトウェアの場合 ………………………………………… **161**

6 ■ 「ソフトウェア・ライセンス契約」ではどんなことを取り決めるのか（どんな条項があるのか） ………………………………………… **166**

COLUMN 米国企業との交渉で一般に何に気をつければよいのか …… **167**

第4章　共同開発・開発委託契約
米国Eagle社とのAIソフト"Intelligence"の共同開発契約

1 ■ そもそも「共同開発契約」「開発委託契約」とは何か。両者はどこが違うのか ………………………………………… **168**

2 ■ 開発成果物の権利帰属―「共同開発契約」「開発委託契約」の交渉ではどのようなことに気をつけるのか ………………………………………… **170**

3 ■ 共有に関する特許法、著作権法の規定　日米中比較 ……………… **177**

4 ■「共同開発・開発委託契約」ではどんなことを取り決めるのか（どんな条項があるのか） ······ 179

第5章 合弁契約
インドBollywood社とのインド市場向けソフトウェア開発の合弁会社設立

1 ■ そもそも「合弁会社」とは何か ······ 180

2 ■ なぜグローバル事業ではよく合弁会社が設立されるのか ······ 181

3 ■「合弁契約」とはどんな契約か。どんな特徴があるのか ······ 182

4 ■「合弁契約」の交渉ではどのようなことに気をつけるのか（1）
合弁会社のガバナンス ······ 184

5 ■「合弁契約」の交渉ではどのようなことに気をつけるのか（2）
株主の事前同意を要する条項 ······ 194

6 ■「合弁契約」の交渉ではどのようなことに気をつけるのか（3）
合弁解消条項 ······ 197

7 ■「合弁契約」ではどんなことを取り決めるのか（どんな条項があるのか） ······ 205

COLUMN インドでの合弁契約の交渉上気をつけること ······ 206

CONTENTS

第3部 [資料編] 各種契約でよく見られる条項

第1章 守秘義務契約でよく見られる条項 ････ 210

第2章 OEM販売契約でよく見られる条項(1) 物の納入に関する条項 ････ 216

第3章 OEM販売契約でよく見られる条項(2) 物の納入以外に関する条項 ････ 230

第4章 ソフトウェア・ライセンス契約でよく見られる条項(1) サブライセンス権付ライセンス契約の条項 ････ 246

第5章 ソフトウェア・ライセンス契約でよく見られる条項(2) エンドユーザー向けライセンス契約の条項 ････ 262

第6章 共同開発・開発委託契約でよく見られる条項 ····· 266

第7章 合弁契約でよく見られる条項 ····· 290

おわりに

索引

参考文献

契約書式データのダウンロードサービス

ホームページ　http://www.dobunkan.co.jp/books/detail/002801

こちらに以下のパスワードを入力の上、
ダウンロードしてお使いください。

パスワード　eibunkeiyaku53571

第1部

[基礎編]
英文契約・契約交渉の基礎
――「ここだけ知っておけば とりあえず大丈夫」

序章
英文契約・契約交渉なんてこわくない

1 あなたも明日、英語の契約交渉の現場に

　世はあげて「グローバル時代」。日本国内の少子高齢化、人口減少に伴い国内市場が頭打ちになるにつれて、どの会社も海外市場に活路を求め、こぞって海外事業を強化しています。この点は次のような政府統計にもはっきりと表れています。

「（１）国際的な取引に係る環境の変化
〜国境を越えた事業・投資活動が活発化〜
イ　我が国企業の海外進出の状況
　我が国企業の海外進出の状況は下図のとおりであり、海外の現地法人企業数は、平成16年度の14,996社から平成25年度には23,927社と約1.6倍に増加しており、特に中国に対する進出件数が急増しています。

図表1 現地法人企業数の地域別推移

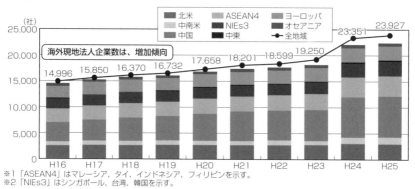

※1 「ASEAN4」はマレーシア、タイ、インドネシア、フィリピンを示す。
※2 「NIEs3」はシンガポール、台湾、韓国を示す。

出典：経済産業省「海外事業活動基本調査」

国外送金などが行われた場合に提出される国外送金等調書[1]の提出枚数の推移は下図のとおりです。平成25事務年度の提出枚数は631万枚と前年に比し67万枚増加しており、制度が導入された平成10事務年度の提出枚数244万枚に比べて約2.6倍となっています。」

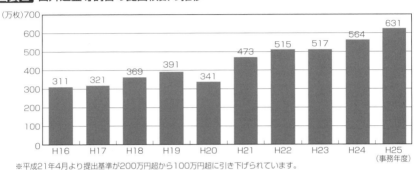

図表2　国外送金等調書の提出枚数の推移

※平成21年4月より提出基準が200万円超から100万円超に引き下げられています。

出典：国税庁レポート2015　3「国際的な取引への対応」イ我が国企業の海外進出の状況
http://www.nta.go.jp/kohyo/katsudou/report/2015.pdf

　国際契約の大半が英語・英文で作成されていることを考えると、このような状況では英語による契約・交渉もここ十数年で約2倍強に増加していると推定されます。
　したがって、今まで全く国内取引専門で英語の「え」の字にも縁のなかった方でも、会社の方針変更に伴い、突如として英語を使って、海外企業との商談をする必要が出てくることも十分あり得ます。
　このような状況を考えると、今後企業規模の大小を問わず、突如国内事業の経験しかない人がいきなりぶっつけ本番で海外の企業との英文契約交渉に駆りだされることは十分あり得ます。では、どうすればいいのでしょう。

---

[1] 国外送金等調書とは、国外への送金及び国外からの送金を受領した金額が100万円を超えるものについて、金融機関から税務署に提出される法定の報告書（法定調書）です。

序章 ■ 英文契約・契約交渉なんてこわくない

2 英語の交渉もこれだけ知れば大丈夫

● 英語の交渉と日本語の交渉に違いはない

「交渉」（英語では"negotiation"：ネゴシーエイション）とは「利害関係のある二者（もしくは複数）が、互いの欲求を主張して、最終的な妥結点に到達するプロセス」[2]と言われています。要は利害の対立が生じている中で、何らかの妥協・合意を得るべく議論を重ね、最終的に利害の一致を得るためのプロセス全体が交渉です。

この意味での交渉については英語で交渉しようと、日本語で交渉しようと違いはありません。もちろん英語での契約の交渉には「言葉の壁」、「異文化の壁」など日本語での交渉にない困難が生じるわけですが、本質は同じです。一言で言うと交渉の基本的ステップ、すなわち

・相手方との利害の対立点を正確に把握する
・利害の対立を克服するために様々なオプションを提案し、合意の形成を図る。相手方に必要な妥協を求めるとともにこちらもしかるべき妥協を行う
・対話、取引の結果、合意した内容を書面（契約交渉なら英文契約書）に正確に記載する

というプロセスを行うことに日本語の交渉か、英語の交渉かで違いはありません。ですから、あなたが日本語で交渉をした経験・実績があれば、英語での交渉も十分こなせるはずです。日本語での交渉の経験を踏まえて、英語での契約交渉をどのように進めるかはこれから順番に説明していきます。最初に説明したいことは交渉に使う言語、英語についてです。

● 交渉の英語のキーポイント

外国人と交渉するのですから、当然交渉の言語も基本的に英語となります。もちろん通訳を入れてこちらは日本語、相手方は英語で会話する、と

図表3 交渉英語の3ポイント

ポイント	内容
①きれいな発音は要らない	・ネイティブスピーカーの英米人のようなきれいな発音は不要。英会話学校のレッスンではないので、カタカナ英語でとりあえず構わない。うまく通じなかったら、言い換えを試み、それもだめなら身振り、手振りを交えてもともかく意思が疎通すればいいと割り切る ・世界には実にいろいろな英語があって、例えばインド人の話す英語は我々日本人が学生時代に習ったアメリカ英語やイギリス英語と全然、発音、アクセントが異なっている。それでもインド人は自信満々で自己の主張をしゃべり続け[3]、ちゃんと英米人にも伝わっている。我々日本人もインド人の図太さを見習うべき ・また契約交渉の場合、大事なことは必ず契約文言という形で書面化される。したがって、少々口頭でのやり取りであいまいな所があっても契約文言という書面になった段階でよくチェックすれば、実務上は問題ない
②自信をもって、大き目の声で堂々とかつゆっくりしゃべる	・筆者の過去の経験では控え目というか自信なげに小さな声で話すと、たとえ正しい英語でもなぜかうまく伝わらない。逆に少々まちがった英語でも自信をもって、大き目の声で堂々としゃべるとなぜか伝わる。特にネイティブスピーカーである英米人と話すと、この傾向が顕著。おそらく英米人は「発音も文法も変だけれども、あれだけ自信をもって言うのだから、何か意味があるのだろう」と懸命に類推してこちらの言ったことの意味を解釈してくれるからだと思われる。逆に小さな声で自信なげに言うと「単によく聞き取れなかった」ということになってこの類推が働かないと推定される ・特に「ゆっくり」がポイント。発音が悪いまま、焦って早口になるとまず伝わらない。意思を疎通させるのが目的なのだから、ともかく落ち着いてゆっくり話す
③くせのある発音に慣れる。わからなければ何度でも聞く	・世界には様々な英語があって、それぞれ母国語に基づく発音のくせがある。いろいろな国の人の英語を何とか理解できるよう、実践的ヒアリング能力を磨くことは実務上必須 ・「発音が悪いのはお互い様」と割りきって、ともかく相手のしゃべる英語及び発音のくせに慣れて、理解できるようにするしかない。特に電話会議（直接相手と会わず、電話を通じてスピーカーフォンからの声で進める会議）の場合がチャレンジ ・わからなければ何度でも、言い方を変えて聞き返す

3　「国際会議を成功させるコツはインド人を黙らせ、日本人にしゃべらせることだ」というかなり有名なジョークがあるくらいです。

いうことも不可能ではありませんが、通訳を入れるため、交渉の時間が約2倍となり、概して歓迎されません。それ以上に今はどこの国でもエリートはある一定レベルの英語は話しますので、「（今や世界の公用語である）英語もまともにしゃべれない」と思われると「こいつを交渉相手にして、本当に大丈夫か」とまず疑われてしまいます。これは交渉の出発点からマイナスなので、例えあなたが典型的な日本人で英語、特に英会話が苦手でも何とか英語で契約交渉を進める必要があります。

　そこで英文契約交渉でいかに実を取るか、という実務的視点から交渉の英語のポイントを前ページに3つ示しました。

●ビジネスセンスがあれば、後は度胸と自信

　ということで「相手方との利害関係を正確に把握した上で、対立点を克服できるオプションを作れる能力があり、双方にとってWin-Win関係を作ろうとする意思」、端的に言うと「ビジネスセンス」があれば、必ず英語での契約交渉もこなすことができます。あまりシャイにならず、この本も含めて、いろいろな資料で予習した上で、度胸と自信をもって英語、英文での交渉に臨むことにしましょう。

序章 ■ 英文契約・契約交渉なんてこわくない

3 英語の契約もまずはこれだけ知れば大丈夫

●そもそも「契約」とは何か

一般に「契約」（私法[4]上の契約）とは「相対立する意思表示の合致によって成立する法律行為」であるとされています。物の売買を例にして契約の概念を説明すると以下のようになります。

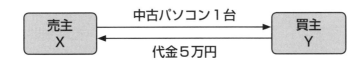

上記の例では「売主Xが中古パソコン1台を買主Yに提供し、一方買主Yがそのパソコンの対価（見返り）として5万円支払う」ことに双方合意したことにより売買契約が成立します。これが「相対立する意思表示の合致」の具体的な例です。そしてこの売買契約に違反があった場合（例：売主Xがパソコンを引き渡さない、あるいは買主Yが代金を支払わない）には契約違反として、裁判所等国家権力の力を借りて、契約上決められた行為を強制する（例：売主Xにパソコンを引き渡させる、買主Yに5万円を強制的に支払わせる）ことが可能です。この契約の強制のような法律上の効果を生じさせる意味で契約は「法律行為」であるとされています。

●英語の契約と日本語の契約—これだけでとりあえず大丈夫

「契約」という概念が一通り理解できたとして、次は英語の契約と日本語の契約の違いについてです。契約と言う意味ではどちらも同じですが、英語の契約（特に最も頻出する米国での英文契約）は日本語の契約に比べて以下のような違いがあります。これは英語の契約のベースとなる英米法が日本のような大陸法とかなり異なっていることに起因しています。

---

[4] 法律は大きく「公法」と「私法」に大別されます。大まかに言うと「公法」とは国家等公共の機関と私人間の関係を規律する法律、「私法」とは私人同士の間の関係を規律する法律です。

図表4 英語の契約の3ポイント

項目	英語の契約（米国の英文契約）	日本語の契約
①契約書の長さ、詳細さ	**一般に契約書は長く、詳細** （理由）ビジネスの通常のオペレーション（例：納期、価格）のみならず、可能な限り、契約時に想定されるリスク（例：第三者権利侵害に関する扱い）への対応を契約書にすべて盛り込もうとするため	一般に契約は英文契約に比べ、短めでシンプル （理由）多くのリスクやケースについては（契約外の）民法、商法等の一般法の規定に委ね、契約書は概ねビジネス上必要最小限の内容を規定する方向で作成されるため
②契約書と合意の範囲	**最終的に署名された契約書の内容が当事者の合意のすべてであり、それ以外の合意を基本的に認めない。**この趣旨を明示的に規定したIntegration（完全合意条項）が規定されるのが通例	必ずしも契約書規定の内容が当事者の合意の全てではなく、契約書以外の合意の存在を認めたり、契約書規定の内容についても疑義が生ずれば、当事者が協議することを認めるのが通常（この趣旨を規定した誠実協議条項が規定されるのが通例）
③同義語の重複使用が多い[5]	もともと英語にはゲルマン語系の単語（例：「得る」という意味で"get"）とロマンス語系（フランス語系）の単語（例：「得る」という意味で"obtain"）が並列して存在することもあり、**契約上疑義を残さずすべての場合をカバーするよう、同義語を重複して使用することが多い** （例）ソフトウェア・ライセンス契約で「修正権」を規定する際、すべての場合の修正をカバーするように"right to modify, change, amend, enhance, improve, develop, create derivative works"（改変、変更、修正、エンハンス、改良、開発、二次的著作物作成の権利）と規定する（この場合、「修正」と関連する各単語には実質的な意味の差はほとんどない）	難解な法律専門用語は使用するものの、同義語を重複して使用することはあまりない

---

5 同義語の使用の多さ他、法律英語の特徴については長谷川敏明著『英文契約100Q&A』（社団法人商事法務研究会刊　2000年）4-5頁を参照ください。

●「契約英語」は一見難解に見えても実は意外にワンパターン

契約書に使われる英語、いわゆる「契約英語」はラテン語に由来する古風な言い回し[6]や難解な概念、例えばindemnification（免責、補償）[7]が多く、極めてわかりにくいとされています。しかしながら、実は契約英語は意外にワンパターンで、ある程度契約上の概念に馴染み、契約英語特有の語句、表現を一定量覚えると、ニュアンスや含みの多い普通の英文より、図表5に示す理由により、むしろやさしいと言えます。

●要はビジネス上の目的を達すればいいと割り切る

また日本人は、英語となると「ネイティブ（英語を母国語とする人）と同じように自然で品のある英語を話さなくてはならない」という強迫観念が強く、契約交渉を英語でやるとなるとかなりプレッシャーを感じることが多いようです。

しかしながら、はっきり言うとこのような強迫観念はナンセンスです。英語での契約交渉はあくまでビジネスの一部であり、要はビジネス上の目的、例えば「大口の売買契約を営業として獲得して会社の売上を伸ばす」といったことが獲得できればいいのです。たとえあなたの英語がたどたどしかろうが、文法的に間違いが多かろうが、交渉相手と意思が疎通し、商談が成立すればいいわけです。後の第1章でも触れますが、世界には実にいろいろな英語があり、私の見るところ、日本人よりはるかに訛りの強い英語をあやつって、世界でビジネスを展開している国民は世界中にいます。「世界の共通語は英語」と言われますが、正確には「世界の共通語はブロークン・イングリッシュ（正統でない英語）」と言えると思います。

したがって、「ネイティブのような英語を話さないと恥ずかしい」という恥の気持ちや、日本人の誇る謙譲の美徳は捨てて、ともかくプア（貧弱）な英語であっても、図々しくどんどん話しましょう。たとえ英語としてお

6　例えば以下のような契約英語はラテン語に由来し、日常の英会話、英文ではあまり見られない表現です。
（1）"bona fide"「善意の、真実な、正直な」例："bona fide offer" = 「真実（真正）の申込」
（2）"pro rata"「割合に応じて」例：a dividend pro rata to the amount of its claim = 「請求金額に応じた配当」
7　indemnification（免責、補償）とは契約当事者の一方（例：買主）に損害が発生した場合にその損害は契約の相手方に責任があるとしてその損害の補償を求めるという概念です。典型的な例は売買契約において買主が第三者から権利（特許権、著作権など）侵害のクレームを受け、損害賠償を請求された場合にこの権利侵害は売主に責任があるとして、売主にその第三者クレームに関する免責・補償を求めるケースです。

図表5 契約英語がワンパターンで意外にやさしい理由

項目	内容
①単語の意味、内容が明確かつ一義的	・契約英語では、後の紛争を避けるため、契約書文中の単語の定義を明確にし、かつ1つの単語は極力1つの意味しか持たないように記述する。文学の英語のように1つの単語に複数の意味、ニュアンスを込めることは極力避けるので、定義さえ明確にできればむしろ理解しやすい
②一つの意味、内容は原則一つの単語で記述される	・通常の英語（新聞等のジャーナリズムの英語を含む）では文章が単調、稚拙になることを避けるために同じ事を複数の表現で言い換えるのが通常。例えば最初に"IBM"と言ったら、次の箇所では"IBM"と繰り返さず、"An IT Industry Giant"（IT産業の巨人）と言ったように言い換えるのが通常。[8] したがって、違う表現だが同じ事を指している場合に留意する必要がある ・一方契約英語では後の紛争、誤解を避けるため、（単調、無味乾燥になることを厭わずに）1つの概念、内容は1つの単語で繰り返し記述されるのが通常。したがってキーとなるいくつかの単語、概念さえ理解できれば、長文でも意外に容易に理解できる
③くどいくらい丁寧、厳格な表現になっていることが多く、ニュアンスの理解は原則不要	・契約英語では同じく将来の紛争を避けるため、くどいと思われるくらい、丁寧、厳格に文章が記述されていることが多い。[9] かつ言外のニュアンスや微妙な表現はなるべく避けるので、辞書を引いて字義通りに解釈すれば理解できることが通常

粗末でも、ビジネスとして成立する可能性があるのであれば、相手方は必死になって理解してくれますから。

---

8 このような言い換えをするための同義語辞典（シソーラス）も英語では完備されています。
9 ただし契約書によっては、複数回のハードな交渉の結果、妥協の産物として極めてわかりにくい文言になっているケースも見られます。

第1章
英文契約交渉の実務的チェックポイント
──時間の流れの中でポイントをつかむ

1 英文契約交渉はどのように進んでいくか
（引合→守秘義務契約→正式契約交渉）

　まず英文による契約、交渉がどのように進んでいくか、全体の流れをつかむことにしましょう。右の図を見てください。

　英文契約交渉の最初のステップ（ステップ1）は、まず双方のコンタクト（接触）です。このうち見込顧客が広告やホームページを見て、営業窓口に照会してくることを引合（「ひきあい」、英語では"inquiry"）と言います。もちろん営業部門の方から売込みをかけるべく接触することもあります。企画部門等、営業以外の部門が潜在的なパートナーとの協業・提携を模索して接触することもあります。

　次の段階であるステップ2では、まず公開情報ベースでの打合せをします。

　例えば次のようなことを行います。

　営業部門なら、自社製品・サービスのカタログ、パンフレットを見せて、概要を紹介。見込顧客の興味の有無を確認する。

　企画部門なら、潜在的なパートナーに自社の公開された概要資料（アニュアルレポート等）を開示し、相手方の会社の紹介（これも相手方の会社の公開資料を開示してもらいながら実施）も受けて、何らかの協業の可能性があるかを検討する。

　ステップ2でのやり取りの結果、互いに「脈あり」と判断した場合には、さらに詳細な打合せを、マル秘情報（社外秘扱いであり、契約上の取り決めがなければ他社に開示しない情報。例えば製品の詳細な技術的仕様の情報、詳細な価格情報等）を相手方に開示して実施します。このマル秘情報開示の場合に何らかの守秘義務契約（英語では"Non-Disclosure Agreement"、

図表1 国際契約交渉の大まかな流れ

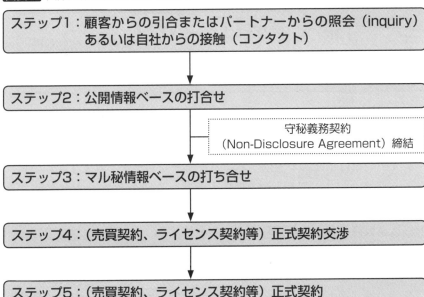

略して"NDA"または"Confidentiality Disclosure Agreement"、略して"CDA")を締結するのが通常です(守秘義務契約については第2部第1章を参照ください)。

NDAの下でのマル秘情報ベースの打合せ(ステップ3)をある程度行った段階で、双方のビジネスの利害が一致すれば、さらに次のステップである正式契約交渉(例:ハードウェアの売買契約、ソフトウェアのライセンス契約)に入ります。

もちろんNDAベースでのマル秘情報やり取りの結果、双方のビジネスの利害が一致せず、交渉打ち切りになることもよくあります(上記の守秘義務契約には交渉打ち切りになった場合の情報の扱いを定める条項が含まれていることが一般的です)。

このような正式契約交渉(ステップ4)の結果、最終的に正式契約に合意すること(ステップ5)もありますし、真剣に交渉したものの、条件が折り合わず、契約合意を断念することもあります。

第1章 ■ 英文契約交渉の実務的チェックポイント─時間の流れの中でポイントをつかむ

2 「備えあれば憂いなし」
──事前の準備〜英文契約ドラフトの読み込みと複数の対案作成

さて、ここからは何らかの正式契約交渉がスタートしたとして、その契約交渉の進め方の基礎的なポイントを解説していくことにしましょう。

英文契約には第2部で説明するように様々な類型がありますが、仮にこちらが営業（日本企業Samurai社）で顧客（米国企業Eagle社）にハードウェア製品（例：セキュリティ関連機器）を販売する売買契約を締結するケースを仮想事例としながら考えてみましょう。

●交渉のベースとなる文書は何か（基本条件書とフルドラフト）

交渉の最初のポイントは、どのようなドキュメントをベースに交渉するかです。大別して次の2つの方式があります。

①契約の主要ポイントのみをリストしたTerms & Conditions, MOU (Memorandum of Understanding), LOI (Letter of Intent)[1]といった文書（総称して「基本条件書」）をベースに交渉する

この文書で契約の主要ポイントに合意した後に改めて、フルドラフト（契約の全条項を網羅した正式契約の草案）で交渉する方式です。

先ほどの売買契約の例で言えば、
・対象製品（契約の対象とするハードウェアの名称、概要等）
・価格
・納期
・支払条件
・保証条件

といった売買契約の基本的な条件を上記**基本条件書**で合意しておき、それ以外の詳細条件はフルドラフトの段階で別途交渉して合意するのです。

---

1 なおTerms & Conditions, MOU, LOI等の文書は「法的拘束力がない」(non-legally binding) 文書として作成するのが通例です。

図表2 最初のドラフト準備のパターン

パターン	相手方	ドラフト準備
1	欧米及びインドの大手企業、特に（相対的に立場の強い）購買・調達部門	欧米及びインドの大手企業が最初にドラフト提示し、それをベースに交渉
2	アジア（除くインド・中国）等新興国	日本企業が最初のドラフト提示
3	中国企業	特別な配慮必要

②最初からフルドラフトを一方が提示し、それをベースに交渉、合意する

　上記①、②のどちらのアプローチで交渉が進んでいくかは契約の規模（最終の正式契約がどれくらいの分量になるか）にかなり依存します。例えばM&A（合併、買収）の場合、取引を全て完了するには数百ページ〜数千ページにもなる複数の正式契約に合意する必要のあることがよくあります。そのため、多くのM&A交渉では、買収価格等の主要条件について基本条件書で合意しておき、その後に複数の正式契約について交渉・合意するのが通例です。

　一方、先ほど説明した守秘義務契約については通常、せいぜい数ページの文書で、かつ契約内容もかなり定型化されているので、最初からフルドラフトをどちらかが提示して、交渉・合意するのが一般的です。

　Samurai社とEagle社のようなハードウェア売買契約については、簡単で短いものから、複雑で長いものまで、実にいろいろなパターンがあるので、①の基本条件書でまず交渉するパターン、②の最初からフルドラフトで交渉するパターンの両方がケースバイケースで用いられています。

●最初のドラフトはどちらが準備すべきか

　交渉のベースになる文書が決まったら、次に検討すべきことはどちら側がその文書（基本条件書またはフルドラフト）の最初の文案（ドラフト）を準備するべきか、ということです。この点について多くの英文契約の文献、特に弁護士が執筆した文献では「交渉の主導権を握るためにも、こちらにとって有利な自社作成のドラフトをまず提出し、これを相手方に修正させるべき」と言っています。しかしながら、私の経験ではこのアプローチは、独占的な支配力のある大企業でなければあまり現実的ではなく、「**相手方との力関係を見て、ケースバイケースで判断すべき**」と考えます。

【パターン１】の欧米及びインドの大手企業、特に相対的に立場の強い購買・調達部門の場合は自社標準の契約書を持っており、これをベースに交渉することが取引の前提になっていることがしばしばあります。

　この場合に相対的に英語力が劣り、かつ立場が弱い日本企業の営業部門が自社標準の契約ドラフトを提示して交渉しようとしても、まず相手にされないのが実情です。したがって、この場合はまず相手方である欧米大手企業の標準契約のドラフトを受け取り、それをベースに交渉するしかないのが実体です。

　この種の欧米大手企業の標準契約ドラフトは自社に極めて有利に、逆に相手方である日本企業にとって極めて不利に作成されており、かつドラフトの文言変更には原則として法務部門の了解が必要、となっていることが多く契約交渉は一般に困難を極めます。

　それでも一字一句、日本企業にとって問題のある箇所を指摘し、対案を出して交渉し、ある程度日本企業にとってリーズナブルな条件で合意しなくてなりません。そうでないと、この契約をベースに後に紛争が生じた場合、大変なことになってしまいます。

　【パターン２】のアジア（除くインド・中国）等新興国の中小企業の場合には相手方もさほど英語力が高くなく、取引条件も柔軟性があるので、日本企業が最初にドラフトを提示することもできます。

　この場合は日本企業としては自社標準の契約ドラフト、または交渉のネゴシロ（妥協できる余地）を見込んだ自社にとって有利なドラフトを提示し、そこから交渉をスタートすればいいわけです。

　なお【パターン３】の中国企業との交渉については特別な配慮が必要になります。中国は従来、
・日本語、中国語双方の契約書を正文とする
・交渉は通訳を入れて、日本側は日本語、中国側は中国語を使って行う
　というパターンが多かったためです（中国側も日本側も必ずしも英語に堪能でなかったため）。しかしながら、日本語と中国語で完全に同じ意味になる契約文言を作成することは難しく、（同じ英語や日本語の契約でも解釈に争いが生じるのですから）日本語と中国語の文言の違いに基づく紛

争が過去に頻発しています。その結果、中国でも英語をある程度こなす大企業やIT系のベンチャー企業については他の国と同様、英語での契約が増えています。また書面は英語にしても、交渉はしばしば「通訳を入れて、日本側は日本語、中国側は中国語を使って行う」という従来のやり方が採用されています。もちろん完全に英語ベースでの契約交渉になることもあります。

したがって中国企業との交渉の場合、契約ドラフトについては次のステップで考えるべきかと思います。

中国企業との交渉における契約ドラフト作成のステップ

ステップ1	契約書言語の決定。選択肢は基本的に「英語」にするか、「中国語と日本語を併用」するかのいずれか
ステップ2	契約書の言語が英語になった場合 ―他の国で英語ベースで契約する場合と同じ扱い
ステップ3	中国語と日本語を併用する場合 ―紛争防止のため、2つの言語の契約文言にニュアンスも含めて差が生じないよう十分チェック ―言語の差を完全には克服できないので、中国語（中文）と日本語（日文）が矛盾した場合にどちらが優先されるかも規定

● 提示されたドラフトの読み込み

相手側からドラフトを提示された場合にはその内容を分析し、こちら側の対案を提示しなくてはなりません。その場合の進め方は概ね以下のようになります。

ドラフト読み込みのステップ

ステップ1	社内関連部門の関係者により、契約対応チームを作成
ステップ2	契約対応チームのメンバーはそれぞれの立場でドラフトを読み込み。各自問題点指摘及び対案検討
ステップ3	契約対応チームのメンバー間で協議し、会社として対案作成
ステップ4	担当会社幹部への説明及び修正後、対案（カウンタードラフト）を相手方に提示

● 複数の対案作成

この対案作成では原則として複数(最低限2つ、場合によって3つ以上)の対案を用意しておく必要があり、通常以下のステップで考えます。

対案作成のステップ

ステップ1 当方にとって最も都合のいい案(いわゆる「言い値」)と、厳しい交渉を想定して、譲れる限界(いわゆる「ボトムライン」)を準備する

↓

ステップ2 その中間の「この辺で双方妥協できそうだ」という案(いわゆる「落とし所」)を考えておく

↓

ステップ3 交渉時にはまず、当方にとって一番都合のいい「言い値」を提示。その後、交渉の状況を見て「落とし所」「ボトムライン」等の対案を提示

Samurai社とEagle社の例で見てみましょう。

図表3 [仮想事例]日本企業Samurai社(売主)から米国Eagle社(買主)向けのセキュリティ関連機器の売買契約

項目	米Eagle社 当初提案	日Samurai社 第一次対案 (言い値)	日Samurai社 第二次対案 (落とし所)	日Samurai社 第三次対案 (ボトムライン)
①価格	US$100/台	US$150/台 かつ為替調整条項あり	US$120/台 かつ為替調整条項あり	US$100/台 かつ為替調整条項あり
②納期	正式注文書発行後1ヶ月	正式注文書発行後4ヶ月	正式注文書発行後2ヶ月、ただし当初発注数量見通しの±10％以内の数量であることが条件	正式注文書発行後1ヶ月、ただし当初発注数量見通しの±15％以内の数量であることが条件
③支払条件	請求書発行後75日以内	請求書発行後30日以内	請求書発行後45日以内	請求書発行後75日以内。但し75日以上支払遅延の場合には延滞利息発生が条件
④保証期間	製品検収から2年間	製品検収から1年間	製品検収から18ヶ月(1年半)	製品検収から2年間

(英訳)

Item	Eagle 1st Proposal	Samurai 1st Proposal (Samurai Most Favorable)	Samurai 2nd Proposal (Reasonable Compromise)	Samurai Last Proposal (Bottom Line)
①Price	US$100/Unit	US$150/Unit with Exchange Rate Adjustment Clause	US$120/Unit with Exchange Rate Adjustment Clause	US$100/Unit with Exchange Rate Adjustment Clause
②Lead Time	1 month from official Purchase Order	4 months from official Purchase Order	2 months from official Purchase Order on condition that the quantities of the official Purchase Order shall be within ±10% of the original forecast.	1 month from official Purchase Order on condition that the quantities of the official Purchase Order shall be within ±15% of the original forecast.
③Payment Term	75 days from the invoice date	30 days from the invoice date	30 days from the invoice date	75 days from the invoice date Subject to the late payment charge
④Warranty Period	2 years from the acceptance of the Products	1 year from the acceptance of the Products	18 months from the acceptance of the Products	2 years from the acceptance of the Products

第1章 ■ 英文契約交渉の実務的チェックポイント—時間の流れの中でポイントをつかむ

3 実際の交渉：まず準備段階
—いよいよ実戦（1）

●ロジスティックス（会議設定）—F2Fミーティングと電話会議

　対策の作り方がイメージできたら、契約交渉の実践に入っていくことにしましょう。まず交渉をするわけですから、打ち合わせを設定しなくてはなりません。日本では「打ち合わせ」というと当然直接会うことを想定するのですが、国土の広い米国や海外との打ち合わせでは必ずしもそうではありません。米国内や海外で「直接会っての打ち合わせ」（英語では"face to face meeting"、略して"F2F meeting"と言います。あるいは"meeting in person"という言い方もします）は実施するのに大きな時間とコストを要するので、むしろ電話会議（英語で"teleconference"、略して「テレコン」）、TV会議（英語で"Videoconference"）が広く行われています。最近ではただ"conference"というと米国ではむしろテレコンのことを意味する、とも聞きます。したがって「直接会っての打ち合わせ」を設定したい場合は「F2F meetingを設定する」と明確に言わなくてはなりません。

　英文契約交渉は遠隔地との取引ですので、コストと時間の節約のためにも電話会議/TV会議を積極的に活用しましょう。

　打ち合わせがアレンジされて実施することになると、次に問題になるのは打ち合わせの言語（通常は英語）への対応です。

●交渉の言語（1）—直接英語で交渉すべし

　最初に考慮すべきことは英語を交渉言語と決めて、日本側も英語で会話すべきかということです。結論から言うと「どんなにたどたどしくてお粗末な英語でもいいから、英語で直接話して交渉すべき」ということになります。理由は以下の通りです。

図表4 直接英語で交渉すべき理由

項目	内容
①通訳を介することによる時間的ロス	日本側は日本語で話して、英語の通訳をかけるというアプローチはもちろん可能。しかしながら通訳を介するので交渉に倍時間がかかり、大きな契約（M&Aや大規模な売買契約、共同開発）交渉の場合は、その2倍時間かかる非効率が無視できなくなる。したがって通訳を通しての会話は、英語を自由に話す相手方にとって大きなロスと認識されてしまう
②「なめられる」リスク	米国、英国のビジネスパーソンのみならず、今はアジア他新興国のビジネスパーソン、技術者も（発音は別として）一定レベルの英語を話す（というかビジネスレベルの英語を話すのがビジネスエリートの必要条件）。したがって、日本側だけ英語をまったく話さないで通訳に頼ると「本当にこいつと話して大丈夫か（彼/彼女はまともなビジネスエリートではないのではないか）」とそれだけで馬鹿にされてしまう可能性あり。つまり交渉の最初の段階で「なめられて」、それだけで不利なポジションに立たされることになり得る
③相手方からの信用が得られないリスク	また通訳を介して話すと、たとえ意味が正しく伝わっても本人の感情・思いが伝わらない。交渉というのはお互いの条件をすり合わせて妥協点を探ると同時に「この相手は本当にビジネス上信用に値するのか/これから一緒にやっていけるのか」と吟味するプロセスという面もある。自分の感情・思いが伝わらないと相手方から真の信頼を得られないので、すべて通訳を介すとなかなか相手方の信用を獲得できないリスクがある

というわけで英会話力のレベルを省みずに英語で交渉することを決めたとしましょう。その場合の交渉での留意点を下記します。

図表5 英語での交渉の留意点

項目	内容
①言い換えとメール等書面の活用	1回話して、うまく通じなければ言い換えを試みる。それでもだめなら書いてみせる（ホワイトボードに書く、電子メールで書いて送る等）と有効。いずれにしろ、契約交渉では最終的には書面にするわけだから、あまり口頭のやり取りに頼らず、書面ベースでの確認を重視すべし。ちなみにネイティブ同士である米英の弁護士の間でも必ず書面で確認しつつ、契約交渉を進めている
②英文法は中学レベルで十分	たとえ契約交渉でも英語の文法は日本の中学レベルで十分で、それ以上文法的に複雑なセンテンスを使うことはほとんどない。しかし単語については契約・法律の専門用語を十分理解しておく必要あり

●交渉の言語（2）―相手方の様々な英語への対応

　何とかブロークン・イングリッシュ（正統でない英語）でも自分の話すことが伝えられるようになったら、次の課題はヒアリング、つまり相手方の言っていることの聴き取りです。実はこれは日本人および日本企業にとっては最もハードルの高いことです。理由は以下の通りです。

　日本の英会話教育では主に英米人のネイティブの標準的な発音の英語を聴き取ることに重点が置かれていました。しかしながら、世界には実にいろいろな英語があり、実際のビジネスの現場では日本の英会話学校で聴くような英米人ネイティブはむしろ少数派です。インド人、中国人、シンガポール他東南アジア人、中東／中近東の出身者、フランス人／スペイン人などラテン系の人々等、実にいろいろな民族、人種が英語（正確に言うと自己流の英語）を話してコミュニケーションしています。

　参考までに私自身の経験に基づき、米英以外の主要な国の英語の特徴（くせ）を一覧表にしてみました。

図表6 米英以外の主要国の英語の特徴

国	英語（特に発音の特徴、くせ）	考えられる対応策
インド	・早口な人が多い ・よくしゃべる人が多く、1人でいつまででもしゃべり続ける傾向有 ・全体に母音が強く響き、ごつごつした感じに聞こえる。rの音も米英のネイティブの発音より強く聞こえる ・語と語の切れ目があまりはっきりしないように聞こえる	・最近はインド英語に特化した本や発音サイト[2]があるので、そこでインド英語を聞き、その発音に慣れる ・打ち合わせの冒頭で「英語での会議に慣れていないので、ゆっくりしゃべってほしい」とまず伝える ・インド人の話が止まらないようなら、失礼を承知で、こちらから話しかけて中断させる
中国	・日本人と同様、rとlの区別があいまいで、違う音に聞こえることがある（中国語のrの音は英語のrともlとも異なるため）。ただし文脈により明らかで、実際上混乱することは意外に少ない ・たまに英語の語順が中国語の語順のようになっていることがある（英語の語順と中国語の語順は共通点が多いが、一部異なるため）	・母国語である中国語の影響をどうしても受けるので、初歩でいいから中国語の発音（特に声調）を習うと聴き取りやすくなる
シンガポール	・多くのシンガポール人の母国語である広東語の影響を受けて、通常の英語にない音が入ることがある（例えば「OKラ」といった表現が出てくる）	・シンガポールで広く使われている広東語の影響を受けているので（中国語の標準語でいいから）、中国語の発音を勉強すると聴き取りやすくなる
フランス	・フランス語にはhの発音が基本的にないので、hを含む語は聞き慣れない音になる。（例えば「ホテル」は「オテル」のように聞こえる） ・フランス語のアクセントは原則として語尾にあるので、英語でも尻上がりのイントネーションになり、英語として聴き取りにくい	・イントネーション、アクセントをあまり気にせず、個々の単語の発音に意識を集中する ・hの音が含まれる単語はかなり違う発音になることを意識しておく

---

2 インド英語の発音が聞けるサイトとしては例えばhttp://fonetiks.org/index.htmlがあります。またインド英語対策のサイトとしてはhttp://www.eigoinjapan.com/corporate_education/india.htmlがあります。

第1章 ■ 英文契約交渉の実務的チェックポイント―時間の流れの中でポイントをつかむ

4 交渉本番の留意点
―いよいよ実戦(2)

●交渉の基本的マナー―最初にすべての主張を出すべし

交渉には様々なスタイルがあり得る訳ですが、中国が急速に台頭してきているとはいえ、なお欧米の文明・文化が世界の主流であることから、私の見るところ下記のような米国流のスタイルが交渉の基本（あるいは主流）となっています。

①交渉は双方がそれぞれ目一杯自分の都合のいい主張（いわゆる「言い値」）を出し合って、そこから、ハードネゴを行って、妥協点を見つけるというスタイルを取る

したがって契約当事者となる米国企業がまず最初に自分にとって目一杯都合のいい案を出し、日本企業も同じく最初に目一杯虫のいい案を出して、それから双方が交渉していくことになります。

30ページで触れた仮想事例の売買契約の例で考えると、価格交渉で米国側買主Eagle社はまず$100/台で購入価格を提示、それに対し日本側が$150/台で対案提示。その後様々な交渉を経て中間の$125/台付近で妥協する、というのがよくあるパターンです。

そのため、早期契約締結妥協を目指して最初に妥協的な案を日本側から提示することは一般に避けるべきです。先ほどの売買契約の価格交渉で言うと、即$125/台で妥結しようと考えて、最初から$125/台で日本側が価格提示すると、日本側提案の$125/台と米国側提案の$100/台の中間、すなわち$112.5/台で合意せざるを得なくなることがしばしばあります。

②最初の提案（言い値）では当事者は自分の主張をすべて盛り込む

それぞれの言い値からスタートして交渉の結果、徐々に対立点が減っていき、最終的に合意に至るのが通常のプロセスとされているためです。

したがって交渉が進行している途中で、外部の条件や状況の変化がないにもかかわらず、新たに自分にとって有利な条件、論点を申し出ること（いわゆる「後出しじゃんけん」）や、いったん口頭ないし書面で合意した条件を再度交渉すること（いわゆる「蒸し返し」）はフェアプレイと言い難く、なるべく避けるべきとされています。

もちろんアジア諸国では「後出しじゃんけん」や「蒸し返し」に属する交渉をしてくる国はいくらでもありますし、欧米大手企業でもささいな事情変更を理由にいったん仮合意したポイントを蒸し返すことはしばしばありますので、上記はあくまで一般論です。

ただ「社内での稟議、説明の結果、上からの指示で交渉ポジションが変わった」という理由で、交渉者間で仮合意したポイントを蒸し返す（例：製品の価格について一度100＄/台で仮合意していたのに社内幹部の了解が得られなかったとして110＄/台にしてほしい、と再度蒸し返す）ことはなるべく避けるべきです。こういうことを繰り返していると交渉の窓口としての信用をなくしてしまう、もっと露骨に言うと「こいつと交渉して何とか合意してもどうせ社内でひっくり返されるから意味がない」と相手に思われるためです。

●中間のまとめ―ペンディング・リスト(未決事項リスト)の作成

大きな契約の交渉は通常1回ではまとまりません。したがって、交渉の途中でいったん中断し、それまでの合意事項と未決事項（英語で"pending items"）を明確にして次の交渉に備えることが大切です。このpending itemsをまとめたリストをしばしばpending list（ペンディング・リスト）と呼び、1回の打ち合せごとにこのリストをまとめ、交渉の双方で共有しておくと次の交渉をこのリストベースでスムースに進めることができます。

ペンディング・リストには
①単に未決事項を一覧にしただけのもの
②未決事項について「項目」「双方のポジション」を示し、表形式にしたもの

などがあります。②の例を次ページに記します。また、すでに合意した内容についても議事録に明記し、相手方と共有することが望ましいと言えます。

図表7

[仮想事例] 日本企業Samurai社（売主）から米国Eagle社（買主）向けのセキュリティ関連機器の売買契約交渉におけるペンディング・リスト

項目	米Eagle社ポジション	日Samurai社ポジション
①価格	US$110/台	US$130/台かつ為替調整条項あり
②納期	正式注文書発行後1ヶ月	正式注文書発行後3ヶ月
③支払条件	請求書発行後75日以内	請求書発行後45日以内
④保証期間	製品検収から2年間	製品納入から18ヶ月

[英文]

Item	Eagle's Position	Samurai's Position
①Price	US$110/Unit	US$130/Unit with Exchange Rate Adjustment Clause
②Lead Time	1 month from official Purchase Order	3 months from official Purchase Order
③Payment Term	75 days from the invoice date	45 days from the invoice date
④Warranty Period	2 years from the acceptance of the Products	18 months from the delivery of the Products

第1章 ■ 英文契約交渉の実務的チェックポイント―時間の流れの中でポイントをつかむ

5 交渉周辺の留意事項
―いよいよ実戦(3)

●会議以外の交渉―会食、メールのやり取り等

メインの交渉は当然設定された会議の席上で行われる訳ですが、それ以外の場においても実質的に交渉が発生する場合があります。

①会食の場での交渉

直接会って話す交渉で、一方が海外出張するようなとき（例：米国企業との交渉で日本側がサンフランシスコに出張して交渉するとき）にはしばしば正式な会議とは別に会食（ランチ、ディナー）が設定されます。場合によっては日中の会議は実務担当者に任せ、受け入れ側の幹部（上記の例では米国側）がディナーのみ、挨拶をかねて出席することもあります。

これらの会食は基本的には懇親の場ですので、正式打合せ時のようなタフな交渉は当然避けるべきですが、逆に懇親目的で正式な打ち合わせでないゆえに交渉として使えることがあります。例えば下記のようなことが考えられます。

- 日中の正式打合せ時に相手方の本音が見えない場合に、それとなく（ややぼかした言い方で）相手方の本音を探る。
- 交渉で双方の主張が対立し、いわゆる暗礁に乗り上げた場合に、非公式な形で妥協案を提示してみる。これはあくまで非公式な打診で、提示するほうとしては撤回することが容易であることがメリット。
- 会食のみ幹部が出席する場合には、実質的にエスカレーションプロセス（対立点を双方の幹部にレポートし、事態の打開を図るプロセス）と同じような効果が得られる。

ただしかつての日本のように「日中の会議はまったくのセレモニーで、重要なことはみな夜の会食時にあうんの呼吸で決める」というのは避けたほうがいいかと思います。会食時は当然、議事録は取らないので、合意した内容というのはあいまいになりやすく、かつ書面もないので、あまり細

かいことは議論しにくいためです。あくまで会食時の交渉は正式打ち合わせ時の交渉の補助、と位置づけるのが妥当です。

②メールのやり取りによる交渉

　契約書の各条項の細かい文言については、メールベースで双方がドラフトをぶつけあうこともよくあります。これも広い意味で「直接会っての打ち合わせ」以外の交渉と言えるでしょう。

　メールでのやり取りは、ある契約の内容に概念レベルの合意があり、細かい文言の表現を詰めていく場合には有効です。細かい文言については口頭でやり取りするより、メール（またはその添付ファイル）で文言をやり取りし、双方が修正を加えていく進め方のほうがスムースかつスピーディに進むこともあります。

　一方、契約内容に概念レベルで対立がある時はメールでいくらやり取りしても話が噛み合わず、不毛なやり取りに終わることが多いです。したがってメールのやり取りによる交渉はその局面と内容を限定して用いるべきかと思います。

●「敵は内にも外にもあり」─社内交渉（合意形成）と社外交渉

　契約交渉は（基本的に）社外の相手方と行うものですが、最終的な契約合意に至るためには契約内容に関する自社内の合意形成が欠かせません。相手方との契約交渉の内容がハードになればなるほど、社内合意の形成も困難になります。一般的に言って、下記のような場合、社内合意の形成は相当困難になります。

- 今までに社内で前例のないような契約（例：従来取引のなかったベンチャー企業向けの大口販売契約）
- 自社にとって非常に条件の悪い契約（例：OEM販売契約で相手方に独占販売権を与える一方で、最低購入数量のコミットが何らない契約）[3]

　このような場合にプロジェクトを推進する契約担当窓口としては、当該契約の問題ある条件について最も異議を唱えそうな部署を早めに特定し、この部署との折衝・調整を相手方との交渉と並行・同期して進めていかなくてはなりません。

3　「OEM販売契約」及び「最低購入数量のコミット」については、第2部第2章参照

例えば取引実績のない小規模なベンチャー企業で、最悪破産の可能性もあるA社（新興国X国所在）向けの大口販売契約を営業部門として推進する立場で考えてみましょう。この場合、社内で当該契約に最も問題を感じるのはおそらく売掛金の入金責任を負う与信・クレジット部門と推定されます。そうだとすれば、交渉の初期段階から与信・クレジット部門と相談し、A社からの売掛代金回収を少しでも確実にするために、
①できれば前受け金をA社からの支払い条件として確保する
②A社の売掛債権を、ファクタリング[4]を用いて現金化することがX国で可能かを調べる
　といった対応策を取ることが考えられます。

　他の例として、共同開発契約[5]において契約相手方に研究・開発目的のため、自社の保有する重要特許Bを無償ライセンスする必要が出てきた場合を考えてみましょう。この場合には社内で特許ライセンスを司る部門（多くの製造業では知的財産部門、あるいは法務部門）との折衝、調整を進め、早めに無償ライセンスについての合意を取っておくことが必要です。

　上記のような社内調整プロセスを十分に経ないまま、相手方との契約交渉を進め、契約窓口の部門（例：販売契約なら営業部門、買収等の契約なら企画部門）だけの判断で相手方と合意してしまうと、ある程度以上の規模の会社の場合、契約締結の最終認可を取る段階で、思わぬ部署から異議が出て、契約交渉が止まってしまうことがしばしば起こります（いわゆる「横やり」）。そうなると相手方といったん合意した内容について、相手方にとってより不利な条件で再交渉を申し出ることを強いられるということになりがちです。これは相手方との信頼形成という意味でも、契約の交渉スケジュールキープという意味でも、契約窓口部門としては誠にまずい状況で、本来あってはいけないことです。

　このような事態に陥ることを避けるためにも社内の折衝、調整が相手方

4　「ファクタリング（Factoring）」とは顧客に対する売掛債権をファクタリング会社に売却譲渡し、ファクタリング会社から売掛代金を得ることをいいます。一般的には売掛債権を有する会社が、支払期日前に資金を入手する目的で行われます。ファクタリングのメリットとしては、以下のことが挙げられます。
①資金の容易な入手が可能。必要な資金の入手が銀行借入よりも容易にできる。
②手数料率の節減。銀行借入による支払金利に比べ、ファクタリングの手数料は低率である。
5　「共同開発契約」とは二者以上の当事者が開発リソース（人、資金、施設・道具、基礎技術情報等）を持ち寄り、共通の目標技術・製品・サービスの開発を行う契約と定義されます。

との契約交渉日程とうまく同期するよう、十分に留意しましょう。参考までに、主要契約類型ごとに社内調整が必須と思われる部門を下記表にまとめてみました。もちろん会社組織によって、この点は様々なバリエーションがありえますが、一つの目安として活用ください。

図表8 主要契約類型と社内調整必須部門（例）

契約類型	契約窓口部門	よくある問題点	社内調整要部門
販売契約 （売買契約）	営業部門	1. 支払条件 2. 保証条件 3. 納期	1. 与信・クレジット部門 2. 開発・製造部門 3. 製造部門（特に生産管理部門）
代理店・リセラ契約（ハードウェアの場合）	営業部門	1. 支払条件 2. 保証条件 3. 納期	1. 与信・クレジット部門 2. 開発・製造部門 3. 製造部門（特に生産管理部門）
ソフトウェア・ライセンス契約（供与の場合）	営業部門	1. ライセンス条件 2. 支払条件 3. 保証条件 4. 納期	1. 知的財産権部門、法務部門 2. 与信・クレジット部門 3. 開発・設計部門 4. 開発・設計部門
技術ライセンス契約（供与の場合）	営業部門または技術部門 （技術提携の担当部署による）	1. ライセンス条件 2. 支払条件 3. 保証条件 4. 納期	1. 知的財産権部門、法務部門 2. 与信・クレジット部門 3. 開発・設計部門 4. 開発・設計部門
共同開発契約	開発・設計部門	1. 既存技術のライセンス条件 2. 開発費用負担	1. 知的財産権部門、法務部門 2. 財務・経理部門
開発委託契約	開発部門及び調達部門	1. 成果物の権利帰属 2. 開発委託費の決定	1. 知的財産権部門、法務部門 2. 財務・経理部門
合弁契約 株式購入契約 資産譲渡契約	企画部門	M&A（合併、買収）や会社設立にかかわる契約であり、事業に関連する大半の部署との調整が必要。（特に財務・経理部門）	

6 「終わりよければすべてよし」
―交渉の最終合意に向けたプロセス

●デッドロック（行きづまり）の打開―幹部レベルへのエスカレーション手続

　対象契約の規模にもよりますが、契約交渉は一般に非常に煩雑で、時間のかかる作業です。通常、少なくとも数十ページの契約文言を一字一句交渉していくので、何週間も、時には何ヶ月もかかります。そのため、双方の契約実務担当者（通常、各部門からメンバーが出るので、複数になる）[6]を決め、その実務担当者同士が時間をかけて交渉を進めていくことになります。

　しかしながら、交渉の特定のポイントについて実務担当者間の交渉では双方の立場がまったく折り合わず、交渉が暗礁に乗り上げてしまうことがあります。この状況を英語でdeadlock（デッドロック）と言います。

　このような場合には双方の幹部にそれぞれの実務担当者がデッドロックに陥っている状況及び契約項目を方向し、より高い幹部レベルで交渉を行い、何らかの解決策を見出し、事態の打開を図ることがしばしば行われます。契約交渉によっては最初の段階からエスカレーションする幹部を双方とも決めておき、相手方に紹介しておくこともあります。

　またエスカレーションした幹部レベルの交渉でも折り合いがつかず、再度、より上級の幹部にエスカレーションして、もう一度上級幹部同士で交渉することもあります。この上級幹部同士の交渉でも争点について合意に至らないと、残念ながら本契約交渉は破談、合意不成立ということになります。しかしながら私の過去の経験では、上級幹部までエスカレーションしていくような案件は双方にとって最重要であることが多く、何らかの形で妥協、合意に至る場合のほうが多かったと言えます。

6　これが第1章項目2で触れた「契約対応チーム」のことです。

図表9 エスカレーション・プロセスの概念図

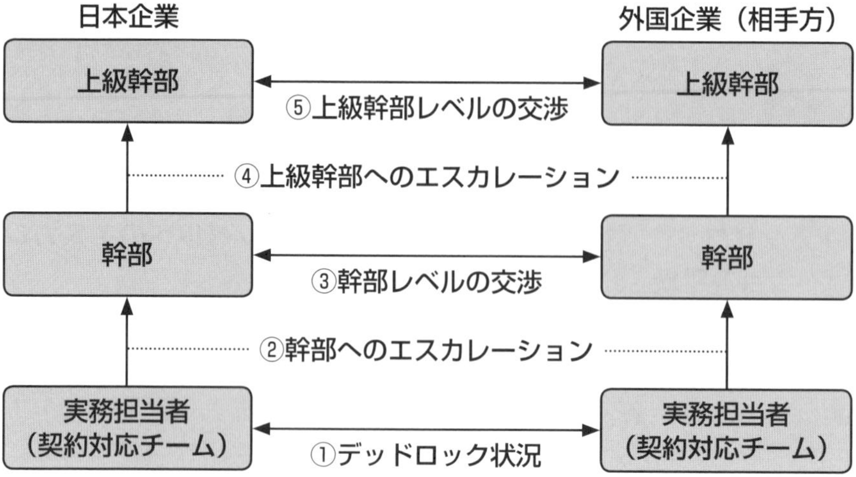

```
日本企業                                    外国企業（相手方）
┌──────────┐   ⑤上級幹部レベルの交渉   ┌──────────┐
│  上級幹部  │ ◄──────────────────► │  上級幹部  │
└──────────┘                          └──────────┘
     ▲     ④上級幹部へのエスカレーション    ▲
     │                                    │
┌──────────┐   ③幹部レベルの交渉      ┌──────────┐
│   幹部    │ ◄──────────────────► │   幹部    │
└──────────┘                          └──────────┘
     ▲     ②幹部へのエスカレーション       ▲
     │                                    │
┌──────────┐                          ┌──────────┐
│ 実務担当者 │                          │ 実務担当者 │
│(契約対応チーム)│ ①デッドロック状況    │(契約対応チーム)│
└──────────┘ ◄──────────────────► └──────────┘
```

●最終契約交渉とその留意点

　幹部へのエスカレーション等を経て主要争点に合意できれば、最終段階の契約交渉に入ります。この段階では契約の実務担当者（契約対応チーム）レベルで再度契約文言を一字一句詰めて、一つずつ合意していくことになります。これは非常に根気の要る作業で神経を使います。

　また、最終合意直前になって、今までの合意と異なる内容・文言を要求されることがしばしばあります。いわゆる「土壇場の駆け込み」というものです。この段階では双方が「早くまとめたい」という気持ちになっているので、その心の隙につけこんで、過去の交渉経緯をひっくり返そう、というわけでこのようなことをするわけです。交渉の仁義から見ると誉められたものではありませんが、こういうことがよくあるのは事実です。

　このような要求を受けた場合には、慌てず「そのような要求は過去の交渉合意内容と異なるので受け入れられない。もしこの要求にこだわるのであれば、本契約に最終合意することはできない」と突っぱねましょう。明らかに卑怯でせこいやり方のケースが多いからです。周辺状況の変化等により相手の要求に多少理があるような場合でも、このような要求は極力受け入れないようにすべきです。契約合意スケジュールの遅延につながる場合が多いからです。

　次に留意することは最終段階の契約書に矛盾、バグが残らないようにこ

の段階でよくチェックすることです。この段階までに何回も契約ドラフト文言の変更が行われているのが通常なので、往々にして契約書に矛盾、バグが残りがちです。

英文契約では原則として最終サイン版の文書がすべてですから、そこに矛盾やバグがあると後で問題になります。新たに文言を変更したドラフトが出るたびによくチェックしましょう。特に契約対応チームではない当該契約に初めて目を通す人にフレッシュな眼でドラフトを読んでもらうと矛盾、バグの発見の上で効果的です。

図表10 最終契約書に残りやすい矛盾、バグ

項目	内容
①定義の不整合	大文字で始まる定義用語（例：売買契約で販売対象地域を"Territory"と定義）が、その後の契約ドラフト変更の結果、不要になった（例：売買契約で販売地域が全世界になったので、"Territory"という用語は不要になった）のに定義条項に残っている。逆に契約ドラフト変更の結果、新たに大文字で始まる定義用語が挿入されたのに、定義条項にその語の定義がない
②契約本文と添付書類の不整合	「製品使用の詳細はExhibit 1（添付書類1）に示す通りである」という規定があるのに、そのExhibit 1が未完成で添付されていない。あるいはその他契約本文と付属書類が対応していない
③条文番号の不整合	数回にわたる契約ドラフト変更の結果、ある条項における他の条文の条文番号引用が正しくない

●契約最終合意と署名・捺印プロセス[7]

契約文言すべてに最終合意したら、サイン（署名）版を作成し、双方の権限ある代表者が署名します。また大きな契約で当該部門の事業にインパクトがある場合にはsigning ceremony（サイニング・セレモニー：署名式）を行うこともあります。

①サイン（署名）版の作成

サイン（署名）版の作成時の主な留意点は以下の通りです。
日本では（環境保護の視点から）再生紙が広く使われていますが、中国

7　中村秀雄著『英文契約書作成のキーポイント』（商事法務刊　2006年　新訂版）を参照。

では一般に再生紙は不可で、再生紙でない白さが強い用紙に印刷するよう求められることがあります（中国の当局に契約書オリジナルを提出する場合に再生紙に印刷すると、真正の正本かどうか疑われることがあるため）。また、中国の地方（省、市）によっては両面印刷の契約書正本は不可で片面印刷を要求されることもあります。契約書正本を中国当局がスキャナで読み取ることがあり、その場合に両面印刷だと不便とのことです。

　かつては契約書が正本であることを確実にするために、全ページに双方の実務担当者のイニシャルサインを記入し、かつ製本することがしばしば行われていました。しかしながら、現在はこの手続は省略することが多くなっています。万一紛争になって、法廷でその契約書が真正の正本であるかどうかが争われても、紙の質やサインのインクをチェックすることで鑑定できるようになったためです。

　また、かつては「契約書正本を必要部数（当事者が２社なら原則２部）印刷し、契約当事者がそれぞれサインし、１部は相手方に送り返し、１部は自社分の正本として保管する」というのが通常のプロセスだったのですが、最近はこのプロセスを簡略化し、ファックスまたはPDFファイルでのサインで済ませることもしばしば行われます（特に、後で法的紛争になる可能性がほとんどないグループ会社間の契約の場合）。

　中国では（日本も同様ですが）契約書の効力発行のためには、日本と同様に、権限ある代表者の署名だけでは足りず、社印の捺印が原則として必要とされています。

②署名式の実施

　サイン（署名）する契約書正本を必要部数準備し、必要なら収入印紙等を事前に貼りつけ、筆記用具も用意しておくことがポイントです。

7 契約締結後のプロセス

● 契約に基づく履行推進

　契約が無事締結されたら、次はその契約に基づく履行というプロセスに入ります。何事もなく、着々と契約通り履行されればいいのですが、現実にはなかなかそのように行きません。締結済みの契約履行がスムーズに行かない場合として、次のようなケースがあります。

図表11　契約の履行がスムーズにいかないケース

項目	内容
①相手方契約窓口の機能不全	契約交渉に参画した社内の当事者が退職等でいなくなってしまい、現実に契約を履行する担当者が契約に精通していない場合（これは転職の多い欧米、インド企業、最近では中国企業ではよく見られます）
②相手方社内部門の連携不良	契約相手方が大企業、大組織で契約交渉の窓口部門と実際の履行部門がまったく異なり、かつ相互の連携が悪い場合（これは大組織につきものの「大企業病」の症状の一部で、海外の大手企業のみならず日本の大手企業にもしばしば見られます）

　①のケースが海外では特に多いと言えますが、いずれの場合も契約の内容、交渉経緯に相対的に精通しているほうの当事者が契約相手方の履行のキーパーソンにもう一度契約の内容、背景、交渉経緯を説明せざるを得なくなるというのが現実によくあるパターンです（①のケースでは相手方の社内に契約内容をきちんと説明できる人はもういない、②のケースでは相手方社内での連絡、説明にはあまり期待できない、という事情があるため）。

● 履行を確実にするための工夫（幹部間定期ミーティング、ステアリング・コミッティ等）

　締結済みの契約（特に事業にインパクトを与える大型の契約）の確実な履行を確保するために、次のような仕組みを作ることもあります。

①幹部間の定期ミーティング

　通常、3ヶ月または6ヶ月に一度くらい当該契約がかかわる事業に関係する両社の幹部が一同に会し、契約関連プロジェクトの現状の確認や、問題点に対する幹部レベルの対策検討などを行います。特にプロジェクトが問題を抱えて止まっているような場合はしばしば事態の打開策として有効です。

②ステアリング・コミッティ

　上記の幹部間ミーティングをさらに組織化し、常設にしたものが「ステアリング・コミッティ」(Steering Committee：幹部方針委員会)[8]です。これは幹部レベルで当該契約にかかわる基本方針を定期的に検討していくための組織で、契約上にも条項を設け、ステアリング・コミッティの「構成メンバー」「開催頻度」「取り扱う議題」等を規定し、プロジェクトの円滑な推進を進めるものです。共同開発契約の場合を例にとってステアリング・コミッティを設ける場合の契約文言及び規定内容を第3部資料編に記載しましたので、参照してください。

　なおこの例では、ステアリング・コミッティの下部に実務マネージャーレベルの「共同開発委員会」及び「共同マーケティング委員会」を設け、そこで解決できなかった問題をステアリング・コミッティに上げるという構成になっています。

8　あるいは「エクゼクティブ・コミッティー」(Executive Committee) という名称を用いることもあります。

8 不幸にして紛争になったら

●まず実務者間で交渉、必要に応じ幹部レベルへ

　先述のように幹部レベルでの交流も入れて、プロジェクトを推進していくのですが、関係当事者間の調整がうまく行かず、対立紛争に至ってしまう場合もあります。

　このような場合には、まず日常的に相手側とコミュニケーションしている実務レベル（通常、部課長レベル）で問題の解決を図ります。その上で実務レベルでの解決が難しければ、より上位のレベル（例えば事業部長レベル、それでもダメならさらに上位の役員レベル）にエスカレーションし、問題の解決を図ることがあります。

　契約によっては、このようなエスカレーションの段階を第一段階、第二段階等、複数の段階に分けて、各段階の手続（交渉・対応者のレベル、各段階の交渉期限等）を決めることもあります。参考として二段階のエスカレーションを定め、それぞれの段階の手続を定めた規定の例を記します。

二段階のエスカレーション手続を定めた紛争解決条項

X.1 Resolution Procedure

In the event of any dispute under this Agreement, as a condition precedent to either Party filing suit, instituting a proceeding or seeking other judicial or governmental resolution in connection therewith, the Parties will attempt to resolve such dispute by good faith negotiations. Such negotiations shall first involve the individuals designated by the Parties as having general responsibility for this Agreement. If such negotiations do not result within thirty (30) calendar days in a resolution of the dispute, further negotiations shall be held by responsible executives from each Party. If such further negotiations do not result within fifteen (15) calendar days in a resolution of the dispute, Party A shall nominate one executive with the title of General Manager or higher, and Party B shall nominate one executive with the title of General Manager or higher, which executives shall meet in person and attempt in good faith to negotiate a resolution to the dispute. Except and only to the limited extent provided in Section X.1, neither Party shall file suit, institute a proceeding or seek other judicial or governmental resolution of the dispute until at least thirty (30) calendar days after the first meeting between the designated executives.

[和訳]

X.1条（紛争解決手続）

本契約の下での紛争が生じた場合、一方の当事者が訴えを提起するまたは手続を開始するまたはその他の司法上あるいは行政上の手段に訴える前提条件として、当事者はかかる紛争を誠意ある交渉によって解決することを試みる。この交渉はまず本契約に一般的に責任を負うとして当事者に指名された個人間で行う。もしこの個人間の交渉が30日以内に紛争の解決という結果に至らなければ、本契約に責任のある経営幹部間でさらなる交渉が行われる。もしこのさらなる交渉が15日以内に紛争の解決という結果に至らなければ当事者Aと当事者Bは事業部長またはそれ以上のランクの経営幹部をそれぞれ指名し、その幹部は直接会って、紛争を誠意ある交渉で解決することを試みる。本X.1条に規定される場合を除き、指名された経営幹部同士の最初の会談から少なくとも30日以内は両当事者は訴えを提起するまたは手続を開始するまたはその他の司法上あるいは行政上の手段に訴えることはしない旨に合意する。

●それでも解決しなければ、正式な紛争解決手続（裁判、仲裁）へ

エスカレーション手続を経ても両当事者間の紛争が解決できなければ、第三者の関与する正式の紛争解決手続に移行することになります。このよ

うな正式の紛争解決手続きには大別して裁判（litigation）と仲裁（arbitration）があります。[9]

①裁判による紛争解決手続

　裁判は国家機関による紛争解決手続であり、当事者が仲裁等他の紛争解決手段を契約上明示的に指定しない限り、裁判が紛争解決の手段となります。契約当事者が二国間以上にまたがる国際契約において、どの国の裁判所が紛争解決の権限があるか[10]はなかなか難しい問題で、実際、それぞれの当事者が自分にとって有利な国（多くの場合、当事者の自国）に別々に裁判を起こし、紛争解決がいたずらに長引くこともあります。[11]

　このため、裁判を紛争解決手段とする場合でも、紛争時に訴えを提起できる裁判所（裁判管轄）を明文で定めておくことがしばしば行われます。以下、契約の準拠法[12]をニューヨーク州法、裁判管轄をニューヨーク州地方裁判所と定めた例を下記します。

準拠法及び裁判管轄を定めた条文例

X.1 Governing Law and Jurisdiction

This Agreement will be construed and interpreted in accordance with and governed by the laws of the State of New York, U.S.A. (without regard to the choice of law provisions thereof).　Party A irrevocably submits and Party B irrevocably submits to the exclusive jurisdiction of the state and federal courts located in the State of New York, for the purposes of any suit, action or other proceeding arising out of this Agreement (and each agrees that no

---

9　裁判及び仲裁以外の紛争解決手続きとして、adjudication（調停）と呼ばれる手続もありますが、これは第三者が関与するものの、第三者の調停案に当事者を拘束する力がなく（即ち当事者が調停案が気に入らなければ、受け入れなくてよい）、最終的な紛争解決策にはなりません。
10　これは一般に「裁判管轄（jurisdiction）の問題」と呼ばれています。
11　このように紛争当事者が自分にとって有利な裁判地（法廷地）を求めて、訴訟の提起場所を恣意的に変えていくことを一般にforum shopping（法廷地漁り）と呼びます。特に契約に関する管轄権が原則として州法にある米国では何とか自分にとって有利な州で裁判を行うべく、それぞれの当事者の弁護士が様々なテクニックを用いることが通常です。
12　（国際）契約の成立、交渉、解釈等についてその基準となる法律のこと（例：日本法、カリフォルニア州法、英国法）。

such action, suit or proceeding relating to this Agreement shall be brought by it or any of its affiliates except in such courts).
[和訳]
本契約は（抵触法[13]の規定にかかわらず）米国ニューヨーク州の法律に基づき解釈されるものとする。当事者Aおよび当事者Bは本契約から生ずる裁判、訴えその他の手続の目的ではニューヨーク州の州及び連邦裁判所が専属管轄権を有することに合意する（したがって両当事者およびその関連会社は上記ニューヨーク州の裁判所以外の裁判所にはいかなる裁判、訴えその他手続を提起しないことに合意する）。

②仲裁による紛争解決手続

ここまで裁判による紛争解決について説明してきましたが、国際契約の場合、裁判による紛争解決が適切でない場合がしばしば発生します。例えば裁判による解決には次ページのような問題があります。

図表12 裁判による紛争解決が適切でない場合

項目	内容
①判決の外国執行力の問題	裁判は国家権力の行使であり、ある国（例：日本）で得た判決（例：外国の会社A社が日本の会社B社に対して1億円を支払え、と命令する判決）がその外国会社A社の所在地X国で執行されると、実際に日本B社が1億円を得るための手続はかなり複雑です。もしA社の財産がほとんどX国にしかなければ、少なくともX国が日本の判決を承認し、その判決に基づき強制執行命令をX国内で出してもらう必要があります。そしてX国が日本の裁判所の判決を承認するかどうかはケースバイケースです[14]。つまり日本で勝訴判決を得ても、相手方企業の国でその執行が認められない可能性があります

---

13 「抵触法」とは国際間の契約（米国では州をまたがる契約を含む）で複数の法律の適用が当該の事案（含む契約）に適用される可能性がある場合にどの法律を適用されるかを決めるルールの法律のことです。「国際私法」もほぼ同じ意味です。この「抵触法」のルールも国ごと（米国なら州ごとに）異なるのが通例です。
14 例えば日本の民商法も外国の判決の承認については以下のような一定の要件を科しています。
①その外国も日本の裁判所の判決の承認を認めていること（相互保証）
②外国の判決の内容及び訴訟手続が日本における公序または善良なる風俗に反しないこと等
（民事訴訟法118条）
なお上記条文でいう相互保証があるとされた外国（及びその州）としては米国カリフォルニア州、ニューヨーク州、英国等があります

②企業秘密漏洩のリスク	裁判は多くの国（含む日本）で公開が原則であり、裁判の過程で企業の重要な秘密情報を開示せざるを得なくなる場合があります
③裁判手続遅延のリスク	新興国での裁判の場合、制度が未整備であり、極端に裁判手続に時間がかかったり（例：インド）、地元の企業に有利な判決が出て（例：中国の内陸部）外国企業の利益が十分に保護されない場合もあります

　このような裁判の問題点を回避するためにADR（代替的紛争解決：Alternative Dispute Resolution）の手続が存在しており、仲裁（Arbitration）はその代表的なものです。仲裁は第三者である仲裁人が紛争解決に関与し、かつ仲裁人の下した仲裁判断には当事者に強制力（拘束力）があります。

　一般的に言うと契約の相手方が新興国ないし発展途上国の企業である場合には、仲裁を選択することがお奨めです（①ニューヨーク条約[15]により外国仲裁判断の執行が裁判判決の場合より一般に容易であること、②重要な企業秘密情報の秘密保持[16]の観点からです）。

図表13 主要な常設仲裁機関

機関名（和文）	機関名（英文）
国際商業会議所	The International Chamber of Commerce (ICC)
米国仲裁協会	The American Arbitration Association (AAA)
ロンドン国際仲裁裁判所	The London Court of International Arbitration (LCIA)
中国国際経済貿易仲裁委員会	China International Economic and Trade Arbitration Commission (CIETAC)
大韓商事仲裁院	The Korean Commercial Arbitration Board
(社) 国際商事仲裁協会	The Japan Commercial Arbitration Association (JCAA)

　上記の常設仲裁機関のうち、ICCは世界各国に、ロンドン国際仲裁裁判所以外は国内の各地にネットワークを有するため、仲裁地（国及び都市名）を指定しておくのがよいとされています。[17]

15　ニューヨーク条約とは外国での仲裁判決の効力について定めた条約です。
16　裁判と異なり、仲裁手続は原則として非公開です。したがって、仲裁手続の仮定で外部に企業の秘密情報が開示されることはありません。
17　Ad hoc（任意）仲裁による仲裁の場合でも準拠する仲裁手続規則（例えば国連国際商取引法委員会（United Nations Commission on International Trade Law（UNCITRAL））の採択した仲裁手続（the UNCITRAL Arbitration Rules）、仲裁地、仲裁人の数及び仲裁手続で用いられる言語の指定を行うことが望ましいとされています。

第2章
英文契約交渉と国際弁護士活用
―「助っ人をどのように使いこなすか」

1 育成とキャリア形成
海外の弁護士とはどんな人達か 米国の弁護士を中心に(1)

　英文契約交渉、特に複数国にまたがる複雑な契約を交渉する際には社内の人材だけでは足りず、社外の専門家、すなわち弁護士の助けを借りる必要が出てくることがしばしばあります。国際的な契約関連の業務を扱う弁護士は、海外の法律等特別な知識を要するので、国内法の業務を扱う一般の弁護士とは区別され、特に「国際弁護士」または「渉外弁護士」と呼ばれています。

　これら国際弁護士を活用することが必要な主な場合は以下の通りです。
・複数国にまたがる複雑な取引で契約交渉、許認可等で各国の専門家の助言が要る場合（例えばM&A）
・自社にとってなじみのない新興国（例えばアジアならミャンマー、あるいは中東、アフリカの各国）でのはじめてのビジネスに取り組む場合
・自社にとって、まったく新しいビジネスモデル（例：スマートシティ、エコシステム）のビジネスに外国で取り組む場合

　それでは以下、海外の弁護士、その中で最も数が多く、かつ日本企業がビジネス上つきあう機会が一番多いと思われる米国の弁護士を中心に、その様子を概観してみることにしましょう。

　「彼を知り、己を知れば百戦殆うからず」という孫子の言葉にもある通り、まず米国弁護士とはどんな人達かを把握することにしましょう。そのために、少々遠回りとなりますが、米国弁護士がどのように育成され、どのような評価・報酬体系に基づいて業務をしているかを説明していきます。

●米国弁護士の育成システム－「ロースクール」とは何か

米国の弁護士となるには原則としてロースクール（Law School）を卒業して、弁護士資格を取得しなくてはなりません。そこでこの「ロースクール」というものを理解することが最初のポイントとなります。ロースクールは一見、日本の大学の法学部と同じように見えますが、実はかなりの違いがあります。[1] 日本企業のビジネスパーソンとしてはロースクールに関連してまず以下のことを理解することが大切です。

①米国ロースクールは３年制で大学院レベルの教育機関

大学院を英語でgraduate school（グラデュエイト・スクール）と言うのに対し、学部レベルはundergraduate school（アンダーグラデュエイト・スクール）と言います。ロースクールはグラデュエイト・スクールにあたり、入学する学生は学部レベルでは別の分野（例えば工学、科学、哲学、文学、経済学、政治学、歴史学等）を専攻し、各種の一般教養を十分に身につけた上でロースクールに入学してきます。また学部を卒業後、いったん就職し、実社会での経験を持ってからロースクールに入学してくる者も多く、学部から直接ロースクールに進学するケースよりも多くなっています。

したがって米国の優秀な弁護士は、大学の法学部（現在は法科大学院）に入学し、司法試験合格に全精力を注ぐことが多い日本の弁護士よりも、幅広い経験・視野を持っているケースが多いと言えます。

②技術のバックグラウンドある者も弁護士に

例えば米国弁護士には学部時代に理学／工学を専攻し、ロースクール入学前にソフトウェア会社でプログラムを開発していた人が数多くいます。彼／彼女らは多くの場合、技術と密接に関連する特許・知的財産分野の専門弁護士となります。

この結果、米国ではハイテク／技術を理解できる弁護士が多く、これがハイテク分野での米国の競争力優位の一要因となっています。

---

[1] なお2004年以降に日本で導入された法科大学院は米国のロースクールの制度をモデルに作られていると言われています。

③ロースクールは実務家養成機関

またロースクールは、前述①のように学部時代にすでに十分な一般教養を身につけた大人の学生に対して法律実務を授ける教育機関であり、本質的には「職業訓練学校」とも言うべき存在です。教育のカリキュラムは日本よりはるかに実務的で、卒業後直ちに第一線の実務家として「使い物になる」人材を育成することに重点が置かれています（この点は医学の実務教育を授けるメディカル・スクール：Medical Schoolや経営管理者の実務教育を行うビジネス・スクール：Business Schoolも同様です）。

この点は今なお19世紀後半のドイツ第二帝政時代の大学の影響が残り、アカデミズムの色彩の強い日本の大学法学部とは好対照です。

④多数の弁護士が存在

取得する学位はJuris Doctor（法学博士：J.D.と略称）で、日本と異なり、ロースクール卒業生の70％以上が各州の弁護士試験（"Bar Exam"：バー・イグザム）に合格して資格を持つ弁護士となり、法律実務に就きます。その結果、米国の弁護士の数は非常に多く、現在約128万人です。さらに毎年約5万人が新たにロースクールを卒業するので、さらに増え続けています。一方、日本の弁護士は約3万5000人ですから、日米でいかに弁護士の数が違うかが実感できると思います。

図表1 日米の弁護士数比較

	日本	米国
弁護士数	36,415人（2015年）[2]	約130万人（2015年）[3]
弁護士1人当たり国民数	国民約3,490人/弁護士1人	国民約247人/弁護士1人

これだけ数が多いと、当然それぞれの弁護士にとって、生き残りのための差別化が必要になります。その結果、弁護士は（日本の一般の弁護士と異なり）それぞれの専門分野毎に高度に分化しています。この専門分化については次項でもう一度詳しく説明します。

---

2 出典：日本弁護士連合会「2015年弁護士白書」
3 出典：American Bar Association Legal Professional Statics

⑤職域は日本より広い

また米国弁護士の職域は日本よりかなり広く、日本では弁理士、税理士、司法書士、行政書士等がカバーする分野も米国では弁護士が担当します。

図表2 米国弁護士の職域

日本での資格	米国の対応する弁護士
弁理士	Patent Attorney（特許弁護士）：パテント・アトニー
税理士	Tax Attorney（税法専門弁護士）：タックス・アトニー
司法書士、行政書士	（分野によるが） Real Estate & Property Lawyer（不動産他物権弁護士）：リアル・エステイト・アンド・プロパティ・ローヤー Administrative Lawyer（行政法弁護士）：アドミニスティレイティブ・ローヤー

したがって、日本では弁護士を起用するまでもない特許の取得申請、税務申告、不動産の売買・登記、行政上の許認可取得についても（必要に応じて）弁護士の起用が必要となります。

●米国弁護士のキャリア形成

米国でも弁護士は高度の専門職であり、ロースクール卒業後はそれぞれ専門家として自分のキャリアを磨くこととなります。弁護士も他の専門職（例えば医師）と同様、同じ専門家同士、つまり弁護士の業界内での評価は極めて重要であり、弁護士としての実務活動も自らのキャリアアップを意識して行っているケースが多く見られます。日本人ビジネスパーソンとしてはその辺を意識しながら弁護士を活用すれば、一層有効な訳です。そこで、米国弁護士がどんなキャリアを経て、いわゆる「一流の弁護士」と言われるようになるのかをここで一瞥しておくこととしましょう。

一流の弁護士になれるかどうかの最初の分かれ目はロースクール卒業時の就職先です。かつて日本の旧帝大の法学部には、トップクラスが国家公務員上級職に受かって高級官僚、または司法試験に合格して法曹界、次に優秀なクラスが興銀・長銀あるいは都銀、商社、その次がメーカーといった暗黙の「序列」があったものです（今は日本の旧体制エスタブリッシュメントの権威が地に墜ちたので、かなり変わったようですが）。同じよう

に米国のロースクールの就職先にも概ね次の序列があります。

① 連邦裁判所のロー・クラーク（Law Clerk：判事を補佐する事務官）

　ロー・クラークに採用されるのは名門ロースクールで上位1桁に入る成績を収めた学生にほぼ限られると言われています。

　特に連邦最高裁判所のロー・クラークは1年で36人しか採用されず、全米のロースクールの中でも最優秀の学生しかなれません。このロー・クラークを務めた実績は一定のキャリアとして評価されており、弁護士の履歴書にもしばしば記載されます。

② ニューヨーク、ワシントンD.C.、シカゴ、ロサンゼルス等大都会にある米国の一流弁護士事務所のアソシエイト（勤務弁護士）

　米国の一流弁護士事務所（英語では"prestigious law firm"：プレスティジアス・ローファーム）にアソシエイト（Associate：事務所に従業員として雇用契約ベースで雇われている弁護士）として採用されるのが、次に優秀なグループです。概ね全米で上位20位以内にランクされるロースクールで上位10％以内に入る成績でないと、このグループに入れないと言われています。そして採用された後もパートナー（Partner：事務所の収益の配分を受けられる弁護士で、これになれれば一流とされている）になるためのし烈な競争が待っています。なおアソシエイトとパートナーについては次項でもう一度詳しく説明します。

③ ②以外の中小弁護士事務所のアソシエイト

　この辺がまじめに勉強したが成績は中の上、といった学生が最も狙うところのようです。

④ 企業法務部の社内弁護士

　米国では法律がビジネスの遂行に不可欠なので、かなり小さな会社でも法務部を持っています。イメージとしては日本の会社にはほとんど総務部があるように米国の会社には法務部があると思えば良いでしょう。ここで社内の法律関連業務を処理するのは、日本とは異なり、ほとんどの場合、資格を持った社内弁護士です。この社内法務部門に採用されるロースクー

ルの学生も相当数にのぼります。なお社内弁護士は報酬面では一流弁護士事務所のアソシエイトに比べて明らかに見劣りしますが、一流弁護士事務所のアソシエイトほどギスギスした競争関係がなく、かつ幅広い分野での法的問題を経験できることから米国ではかなり人気があります。当初は弁護士事務所のアソシエイトでスタートし、その後社内弁護士に変わる人も多くいます。

　政府機関（例：司法省）に弁護士として就職するケースも、企業法務部に採用される場合に準じると考えていいでしょう。

⑤ごく小さな事務所にアソシエイトとして入社または個人で開業

　これくらいになると弁護士の業務だけで生計を成り立たせるのは難しい場合もあるようです。

　おおざっぱに言って、将来一流の弁護士と言われるためには上記の①または②のグループに入らないとなかなか難しいようです。

　次項では、あなたのような日本人ビジネスパーソンがロースクールを卒業した弁護士と接触する場、弁護士事務所（英語では"Law Firm"：ローファーム）について説明することにしましょう。

第2章 ■ 英文契約交渉と国際弁護士活用—「助っ人をどのように使いこなすか」

2 ローファーム(Law Firm)というシステム
海外の弁護士とはどんな人達か 米国の弁護士を中心に(2)

●ローファーム（"Law Firm"）とは

次は「ローファーム」というものを理解しなくてはなりません。ローファームは直訳すれば「法律事務所」ですが、実は日本の一般の弁護士事務所とは似て非なるものです。クライアントの立場から見て、ローファームについては以下の点を認識しておくべきです。

米国および英国の主要ローファームは日本の弁護士事務所に比べ、格段に規模が大きく、所属する弁護士が数百人以上あるいは数千人以上、年間売上高が数百億円を越える事務所がいくつもあり、[4]これらの巨大事務所は英語で"Mega Firm"（メガファーム）と呼ばれています。

ランキング上位10社の売上高は概ね20億ドルを超えており、英米のローファームは巨大な情報サービス会社とも言うべき存在です。日本人ビジネスパーソンとしては日本の通常の弁護士事務所よりも、エンジニアリング会社やソフトウェア会社を思い浮かべたほうが、英米のローファームのイメージを正しくつかめるでしょう。英米では弁護士の業務は法律サービス産業とも言うべき完全なビジネスであるということを、頭に入れなくてはなりません。極めて有能かつ高価なサービス会社とつき合う感覚を持つと、英米のローファームをうまく活用できるのではないかと思います。

ローファームが企業組織に近いものであるとすると、当然その中に組織構造があります。日本人クライアントとしてこの組織構造中、まず理解しなくてはならないのはアソシエイト（Associate）とパートナー（Partner）の区別です。次はこれについて説明することにしましょう。

●アソシエイト（Associate）とパートナー（Partner）

英米の弁護士事務所は今日でも原則として会社組織ではなく、（日本民

---

[4] ただし現在では日本の弁護士事務所も大型化が進み、最大手の弁護士事務所はそれぞれ数百人の弁護士をかかえて、高度に専門分化された業務を遂行しています。

法の「組合」に近い）パートナーシップ（Partnership）という形態を取っています。つまり弁護士事務所といっても独立した法人格を持つわけではなく、弁護士事務所に関連して発生する権利義務（例えば法律サービスを提供する義務、法律サービスの対価請求権）もパートナーと呼ばれるパートナーシップの構成員に分配されます。[5]このパートナーシップの構成員になる弁護士がパートナーというわけです。これに対し、パートナーシップの構成員とならず、弁護士事務所に雇用契約ベースで従業員として雇われる弁護士がアソシエイトです。会社組織に当てはめると、パートナーはほぼ取締役、アソシエイトはほぼ従業員・一般社員に該当すると言えるでしょう。

　米国の一流弁護士事務所の場合、アソシエイトからパートナーへの道はまことに「狭き門」です。概ねある一流弁護士事務所にアソシエイトとして入社した弁護士中、その事務所のパートナーに昇格できるのは6～7人に1人と言われています。アソシエイトからパートナーに選ばれるまでの過程では、厳しいアソシエイト間の競争が続きます。

　したがって、日本人ビジネスパーソンがクライアントとしてアソシエイトという肩書の弁護士に会った場合、彼/彼女はこき使われて相当くたびれている反面、「野心に燃えて極めて仕事熱心」と推定して、まずは間違いないでしょう。一般に米国の一流弁護士事務所では、クライアントとの応対はパートナーの仕事であり、若手のアソシエイトが顧客に直接コンタクトすることはやや異例です（その場合でも担当パートナーがアソシエイトと必ず同席するのが普通）。それだけにアソシエイトは直接、日本人ビジネスパーソンのようなクライアントとコンタクトして仕事をすると**「張り切りすぎる」**傾向があるようです。

　私の過去の経験では、アソシエイトが「張り切りすぎる」と細かい所まで調べすぎて、結果として不要な弁護士費用がかかってしまうというケースが多くなります。反面、「功なり名を遂げた」大物パートナーに比べると、1人のクライアントに割く時間も体力もありますから、クライアント

---

[5] ただし今日では弁護士事務所に一定の範囲で法人格を認めるLLC（Limited Liability Corporation）やLLP（Limited Liability Partnership）という形態が広く用いられています（例えば弁護士事務所名でオフィスを賃貸した場合に弁護士事務所に賃貸契約の当事者としての権利義務を認める）。この場合でもクライアントに対する法的アドバイスについては担当パートナーが個人として最終的な責任を負うことになっています。

から明確な依頼を出せば、きちんと短時間で仕事をしてくれますし、**大物パートナーばかりに相談するよりも弁護士費用が割安になる**ケースも多くあります。

　ここでパラリーガル（Paralegal）についても説明しておきます。**パラリーガルも弁護士事務所に所属する従業員ですが、アソシエイトと異なり、弁護士資格を持っていません**。それでも法令・規則の調査や各種の手続実務をパラリーガルが行うことがよくあり、弁護士と同様時間単価も決められていますし、タイムチャージ制によるクライアントへの請求もします。
　当然ながら、弁護士資格のない分、パラリーガルの時間単価はアソシエイトやパートナーより安く設定されています。
　ここまでは主に米国の弁護士がどんなシステムで育成され、どんな環境で業務をしているかを説明してきました。次は米国弁護士の業務内容とその評価（含む報酬体系）に入っていきたいと思います。まずは米国弁護士の特徴である高度な専門分化に触れることにしましょう。

●高度な専門分化

　前項で述べたように、米国の弁護士の数は約130万人、（弁護士1人当たり人口約247人）、と非常に多く、それぞれの弁護士が自らの生き残りのため、自分の専門分野を定め、**高度に専門分化しています**（日本の弁護士は約3万6,000人、弁護士1人当たり人口約3,490人）。特に米国の大手弁護士事務所では所属する数百人の弁護士がそれぞれ自分の専門分野を持ち、**通常、自分の専門分野に関する法律業務のみを行います**。クライアントから自分の専門分野以外の法律相談を受けた場合には、同じ事務所に所属し、相談を受けた分野を専門としている弁護士にその法律相談をまわすのが通常です。
　米国の大手弁護士事務所の場合、弁護士の専門分野としては例えば図表3のようなものがあげられます。
　また訴訟（Litigation：リティゲーション）は法律全般について発生し得るわけですが、通常米国の大手弁護士事務所は訴訟専門の弁護士（trial lawyer：トライアル・ローヤーまたはlitigator：リティゲーター）を集めた独立の訴訟部門を持っています。

図表3 主要な米国弁護士の専門分野

分野名（和文）	分野名英訳
独禁法	Antitrust Law：アンタイトラスト・ロー
知的財産権法	Intellectual Property Law：インテレクチュアル・プロパティ・ロー
通商法	International Trade Law：インターナショナル・トレイド・ロー
会社法	Corporation Law：コーポレーション・ロー
金融法	Finance Law：ファイナンス・ロー
環境法	Environmental Law：エンバイラメンタル・ロー
労働法	Labor Law：レーバー・ロー
行政法	Administrative Law：アドミニスティレイティブ・ロー
税法	Tax Law：タックス・ロー

　この弁護士事務所の専門分化は医学の分野で言うと、すべての病気を扱う医師は現実には存在せず、内科、外科、産婦人科、耳鼻科、眼科等専門に分かれているのと似ています

　なお日本の弁護士の場合、絶対数が少ないので、一部の大手渉外弁護士事務所（国際取引を専門に扱える弁護士事務所）を除き、英米のローファームのような専門分化は見られません。

　この専門分化という現象をクライアントの立場から見ると、米国の場合、法律一般を扱う弁護士は存在せず、実際に存在するのはそれぞれの分野での専門弁護士のみであるということになります。したがって、自分のしようとしている法律相談の分野に精通した専門弁護士に相談するということが、実務上、非常に大切になります。この点については本章項目5でもう一度詳しく説明します。

第2章 ■ 英文契約交渉と国際弁護士活用—「助っ人をどのように使いこなすか」

3 評価基準と報酬体系
海外の弁護士とはどんな人達か 米国の弁護士を中心に(3)

次に米国の弁護士がどのように評価され、どんな報酬体系になっているのかを説明します。

まず弁護士の評価基準ですが、米国の一流弁護士事務所の場合、ある弁護士の評価は概ね次の2つの基準でなされていると言われています。
①所属する弁護士事務所への貢献
②弁護士個人のプロフェッショナルとしてのレベル

①の「弁護士事務所への貢献」ですが、その最大の判定尺度は**クライアントからの法律サービスの受注、売上及びそれに基づく事務所の利益**です。さきほども説明したように、米国のローファームは基本的にビジネスですから、事務所に所属する各弁護士がどれだけの受注、売上、利益をあげているかは、事業会社と同様に個人単位でチェックされています。

特にアソシエイトの場合はパートナーへの昇進もからみ、相当露骨に競争させられているのが現実です。その結果として「米国の弁護士はクライアントから金を取ることばかり考えている」との批判が聞かれることになります。残念ながら一部の弁護士事務所には「金儲け第一主義」とも言うべき行きすぎの行為が見られるのは否定できない事実です。[6]

ただし大部分の米国弁護士事務所は「プロフェッショナルはそのサービスの見返りに相応の対価を受け取るべき存在」と考えているものの、目先の利益ばかり考えている訳ではありません。すべてのよきビジネスマンが

---

[6] 「1984年12月に起きたインドのユニオン・カーバイド工場の爆発事故の場合、2千人以上の死者と20万人以上の負傷者が出た新聞報道を読んで、アメリカの弁護士が多数でかけて行って、被害者から訴訟の代理人の指定を取り付ける競争をくりひろげました。このような事故を追いかける弁護士の群れはアンビュランス・チェイサーとよばれ、アメリカではよくみられる現象です。」(出典:山本孝夫「国際取引紛争と外国弁護士起用の注意点〜依頼人側からみたチェックポイント〜」[上] 国際商事法務 Vol.21, No.11 (1993) 1343頁) ここでいうアンビュランス (ambulance) は「救急車」、チェイサーは「追跡者」という意味で、アンビュランス・チェイサーは直訳すると「救急車を追跡する者」ということになります。また米国の弁護士には事故の被害者から訴訟代理人の受注を獲得すべく、病院に患者の振りをして潜入した者もいたそうです。さすがにその弁護士は弁護士倫理違反として弁護士資格を剥奪されたそうです。

顧客との中長期の共存共栄を考えているように、よい弁護士は**クライアントとの共存共栄**を考えています。クライアントとして、米国の弁護士とどのように関係を築いていくかについては、次の項目で詳しく説明します。

次に②「弁護士個人のプロフェッショナルとしてのレベル」について述べると、米国の弁護士にも専門家として**確立された評価基準が存在しており**、

・発表した法律分野での論文の質・量
・ロースクールや法律セミナーでの教育・講演歴
・過去の実務家としての実績（特に大規模な訴訟や大型の買収・売却案件の実績）

等で決まります。

この点についてはクライアントの立場としては、米国の弁護士も金儲けばかりを考えているのではなく、プロフェッショナルとして**法律学の発展に貢献するような案件を担当したい**という気持ちを持っていることを知っておけば十分だと思います。このような案件を担当することが将来の弁護士としての自分の評価を高めることにもつながるからです。

一般に日本人ビジネスパーソンからの法律相談は**国際取引**となるので、米国の国内取引では**発生しない法律問題**（例えば独禁法の域外適用[7]）を多く含みます。したがって米国の弁護士にとっては興味深い事例が多いと言えます。もちろん法律上、興味深い問題を含む案件だからと言って、弁護士料をまけてくれる訳ではありませんが、クライアントとして、米国の弁護士もプロフェッショナルとして「新境地を開きたい」という気持ちを持っていることはよく認識すべきと考えます。

次は弁護士の報酬体系について説明します。日本人ビジネスパーソンとして英米の大手弁護士事務所とのつき合い上、まず知っておかなくてはならないことは一流の弁護士事務所の場合、弁護士の報酬は原則として時間

---

[7] 一般にある国家の法律はその国家の主権の及ぶ領域（領土）に限られます。米国の法律なら当然米国の領土内しか適用されない訳です。しかし米国の主権が及ばない地域（例えば日本）で行われた行為でもその結果が米国に影響を及ぼすならば、米国の法律を適用することができるのではないか、という考え方もあります。これがいわゆる「域外適用」（extraterritorial jurisdiction：エクストラテリトリアル・ジュリスディクション）の理論です。これは特に独禁法の分野で過去に大きな問題になりました。例えば日本のメーカーが談合して米国向け製品の輸出価格を釣り上げ、米国消費者が不利益を被った場合に日本所在の日本メーカーに直接米国独禁法を適用できるかということが「独禁法の域外適用」の問題です。

当たり請求制、いわゆるタイムチャージ制（"hourly rate charge"：アウアリー・レート・チャージ）を取っていることです。つまり弁護士一人一人について時間当たり単価を決め、その弁護士の作業時間に時間単価を掛けて報酬金額（クライアントから見ると請求金額）が決まります。例をあげて説明すると次のようになります。

・時間単価US$600のパートナーが20時間作業した場合の報酬（請求）金額
　　　　US$600.00×20hrs=US$12,000.00
・時間単価US$300のアソシエイトが10時間作業した場合の報酬（請求）金額
　　　　US$300.00×10hrs=US$3,000.00

なお日本の弁護士に依頼した場合の「着手金」や勝訴の場合の「成功報酬」という考えはなく、米国の一流弁護士事務所に相談した場合にこれらの金額をタイムチャージの金額とは別に請求されることはありません。

ただし主に個人をクライアントとする中小弁護士事務所では成功報酬ベース（"contingent fee"：コンティンジェント・フィー）で訴訟（特に製造物責任訴訟）を引き受けるケースもあります。この場合にはタイムチャージによる弁護士料は請求しないのが通常です。

またコピー代、電話代等通信費、出張等による旅費など弁護士の作業に要した**実費**（"expenses"：イクスペンスィズ、または"disbursements"：ディスバースメンツ）**もクライアントに請求する**ことになっています。この点は日本の弁護士の場合も同様です。

米国の一流弁護士事務所についてタイムチャージ制における時間単価の相場は、2016年時点ではアソシエイト・レベルで最低US$200、パートナー・レベルでは少なくともUS$400、最高ではUS$1,500近辺のレートも現れています。[8]

つまり米国の一流事務所の弁護士に１時間相談すれば何万円も、場合によっては10万円以上請求されるということは、頭に入れておかなくてはなりません。

8　Wall Street Journal, February 9, 2016

タイムチャージ制はクライアントから見ると次のような問題点を持っています。
①追加の質問・相談をして弁護士の作業が発生すれば、どんどん弁護士費用が発生する。その結果、ビジネスの取引規模（例：契約金額）に比べて不釣り合いなコストが弁護士費用として発生する可能性が常にある。
②弁護士費用の予算の事前管理が難しい。通常の外注委託契約のように最初に予算を決め、その範囲内で業務を完了させることが困難である。
　しかしながら、実際上は種々の弁護士費用管理の方法はあります。これらの方法については項目6で詳しく説明します。

第2章 英文契約交渉と国際弁護士活用—「助っ人をどのように使いこなすか」

4 弁護士への法律相談と問題解決のステップ
海外の弁護士活用時のノウハウ（1）

　前項では海外（特に米国）の弁護士がどのように育成され、どのような評価基準・報酬体系で実務を行っているかを説明してきました。次はいよいよ実際の弁護士の活用ノウハウ、つまり「あなたのビジネス上遭遇する法律問題について弁護士に相談し、その解決策を見出す過程の中でのコツ」について説明することとします。

　最初に通常の海外弁護士への法律相談と問題解決のステップを説明し、その後に弁護士活用時のノウハウについてトラブル例とその対応を中心に解説します。

　まず弁護士への法律相談と問題解決のステップですが、米国で弁護士に法律相談をする過程は日本と基本的に同じです。念の為、整理してみると以下の通りです。

弁護士への法律相談と問題解決のステップ

第1段階	（その案件にとって適切な）相談する弁護士を決める
第2段階	その弁護士にコンタクトし、事案の背景を説明し法律相談をする
第3段階	その弁護士から相談した問題に対する回答（法的分析・見解）を入手する。1回の回答で不十分なら追加の質問をし、その追加質問の回答を入手する
第4段階	必要な法的見解・情報を入手したら、それに基づきビジネス上の決定を行い、アクションを取る
第5段階	弁護士から一定のタイミング（例：月次）で当該相談に関する請求書（Invoice：インボイス）が送られてくるので、その内容をチェック後、支払手続をする

　以上のステップについていくつか注意すべき点をここで指摘しておきます。

● **第 1 段階　相談する弁護士を決める**

　「相談する弁護士を決める」は、ある意味、一番大切です。さきほども説明したように海外、特に米国の弁護士は高度に専門分化していることが多いので、専門分野以外の相談をもちかけると明らかに仕事のレベル（法律相談の回答内容、回答速度）が落ちます。したがってクライアントとしては、自分のしようとする法律相談の内容をできる限りよく理解し、その法律分野に精通している弁護士に相談しなくてはなりません。**適切な弁護士の選定には十分に時間と手間をかけることが大切です**。産婦人科医に「骨折したので外科手術をしてくれ」といった依頼をしてはいけないのと同様です。

　実際の案件ではもっと複雑で当該分野の専門的な法律知識が必要となるケースも多いので、その場合にはまさにそのケースと類似のケースを実際に経験した弁護士を探さなくてはなりません。「このケースは重度に進行した肺がんなので、国立がんセンターのA先生しか手術ができません」という場合に、「昔から懇意にしているから」という理由で知り合いのアレルギー専門の内科医に治療を依頼しないのと同様です。

　このA医師に当たる弁護士をいかに見つけるかが、クライアントにとっての課題となります。弁護士も商売ですから、クライアントからの依頼が**自分の専門分野以外であっても、所属する事務所に専門家がいなければ引き受けようとする傾向があります**（なお米国も日本と同様、弁護士は法律事項であれば、何でも取り扱うことができます）。したがって、**適切な弁護士の選定はクライアント側の責任で行わなくてはならないのです**。

　とはいえ多くの日本人ビジネスパーソンのようなクライアントは法律問題については素人ですから、自分の相談案件に精通している弁護士を見つけ出すのは至難の業です。特に中小企業で法務の専門家を置いているところは少ないので、さらに困難は増します。この点をどうするかは、次項で詳しく説明します。

● **第 2 段階　当該弁護士にコンタクトし、法律相談をする**

　このステップは、日本での弁護士への相談と同じです。「相談」といっても、必ずしもアポを取って、直接会う必要はありません。米国、英国その他多くの国の国際弁護士は電話、ファックス、最近では電子メールの形

でも相談は受けつけてくれますし、回答もほとんどの場合きちんと来ます。

　ただし、**初めて相談する弁護士にはできれば一度会って話したほうが**いいでしょう。これだけ電子的なコミュニケーション手段が発達した今日でも、細かなニュアンスを伝えるには"face to face"（顔を突き合わせて）の面談が一番です。一度面識ができれば、後は**電話、電子メール**[9]**等の手段によるコミュニケーション**で実際の相談を進めていくことがむしろ効率的です。特に海外ビジネスでは、日本のクライアントの案件でも、ニューヨークやロンドンの弁護士が主担当として対応することもよくあります。ですからコスト節約のためにも実務上、電子的なコミュニケーション手段を大いに活用しましょう。

　法律相談と関連して、前項で説明したように、**海外の有力弁護士事務所はほとんど「タイムチャージ」制になっている**ことを頭に入れておくことが大切です。タイムチャージ制ですから、弁護士と30分電話で話をすれば、その弁護士の30分相当の請求（時間単価がUS$600の弁護士ならUS$300）が来ます。電話か書面か直接会っての相談かは、法律的なアドバイスをするための選択手段にすぎないのです。よく日本人ビジネスパーソンには「電話で30分話しただけなのに何万円も取られた」と憤慨する方がいますが、IT産業が主力となり、「情報が命」の時代にいささかそぐわない意見かと思います。

　とはいえ１時間相談するだけで何万円もかかるとなると、やはりそのコストは無視できません。この弁護士費用というコストをいかに管理するかは、クライアントにとっては最も重要なポイントの１つです。まずは重要なセオリーとして**「高い弁護士を短い時間使う」**ということを頭に入れておいてください。要するに時間当たり単価ではなく、**総支払金額（総コスト）を管理する**のです。この点を踏まえた上で、詳細なノウハウについては項目６でもう一度説明します。

　第３段階、第４段階については、特に留意すべき点はありません。

9　私の知る限りではSNSツール（LINE、Facebook等）は、ビジネス上の弁護士とのコンタクトには現時点であまり使われていないようです。

●第5段階 弁護士事務所からの請求書と支払手続

弁護士事務所から（通常月次の）請求書が来たら、最低次の点をチェックするようにしてください。
・案件担当弁護士名とその時間当たり単価
・各担当弁護士の請求時間合計
・全担当弁護士の請求時間合計と総請求金額

上記チェック項目に**疑問があれば**（例：相談していないのに相談時間をチャージされたように思える）、**どんどん弁護士事務所に質問・クレーム**してかまいません。米国弁護士事務所は顧客からのこの種のクレームには慣れているので、きちんとした説明をしてくれるところが大半です。またこちらの主張が正当であれば、請求書の修正もしてくれます。この点では「弁護士先生に対して失礼ではなかろうか」という日本的な遠慮は無用です。

ただし、請求書の各項目は正確なのに、トータルの請求金額を見て「高すぎる」といって**値切ることは、不可能ではありませんが、極力避けたほう**がいいでしょう。前述したように弁護士事務所もビジネスであり、いったん請求書を出した以上は事務所内部で売掛債権として計上されていることが通常です。したがって、請求書発行後に「高い安い」という議論、すなわち実質的な価格交渉を始めると厄介なことになります。価格交渉は通常のビジネスと同様、請求書が送付される前、**事前に**やっておくのが原則です。価格交渉の具体的なやり方については、本章項目6で詳しく説明します。

第2章 ■ 英文契約交渉と国際弁護士活用―「助っ人をどのように使いこなすか」

5 適切なアドバイスが得られない場合
海外の弁護士活用時のノウハウ(2)
――弁護士活用時のトラブルとその対応①

　弁護士とクライアント間の契約は一般に「委任契約」、すなわち「クライアント（委任者）が特定の事務（この場合は法律業務）を委託し、弁護士（被委任者）はその委託に基づき委託された業務をクライアントに提供する。クライアントは弁護士の業務提供の見返りとして対価（弁護士料）を支払う」と捉えられています。

　ちなみに日本民法第643条では委任契約の意義を次のように定めています。

　「委任は、当事者の一方が法律行為をすることを相手方に委託し、相手方がこれを承諾することによってその効力を生ずる」

　したがって弁護士との間で発生するトラブルは大きく2つに大別されます。第一は弁護士の提供業務（法律業務）の内容がクライアントにとって不満足である場合、すなわち「適切なアドバイスが得られない」場合です。第二はクライアントにとって支払うべき対価が受け取ったサービスに見合っていないと感じる場合、すなわち「弁護士料が高すぎる」場合です。この2つのケースについてそれぞれ対応法を考えていくことにしましょう。

　まず「適切なアドバイスが得られない」というトラブルですが、これへの対処方法は基本的に次の4点です。
①まず弁護士の専門分野の把握を
②よい「質問」をする努力を
③前提事実（特に「悪い話」）を隠さずに
④ブリッジ・ローヤー（Bridge Lawyer）の活用
　上記①〜④の方法について以下詳しく説明しましょう。

●まず弁護士の専門分野の把握を
　適切なアドバイスを得るためには、まずその法律相談の分野に依頼を受けた弁護士が精通していることが大前提です。これは、日本人ビジネスパ

ーソン等クライアント側の努力がなくては達成できないことは、これまで説明してきた通りです。

　具体的にはまず、弁護士の専門分野を把握することがポイントとなります。そのためにこれから案件を依頼しようとする弁護士の"Resume"（レジュメ：履歴書）を必ず入手しましょう。"Resume"はクライアントの依頼であれば、弁護士はまず問題なく出してくれます。その"Resume"には日本の履歴書と同様、弁護士の学歴、職歴が記載されており、さらにプロフェッショナルとして具体的にどんな案件を担当したかも通常記載されています。この過去の担当案件をよく見ましょう。もし過去の担当案件が"Resume"に記載されていなければ、記載するよう要求してかまいません。

　また弁護士に「あなたの"expertise"（エキスパティーズ：専門分野/知識）は何か。その分野での具体的な実績を説明してほしい」と質問してヒアリングすることも有効です。弁護士は自らの専門知識を基にクライアントにアドバイスすることを職業としているのですから、この質問には必ず熱心に、時には熱心すぎるくらいに答えてくれます。自分の"Expertise"をうまく説明できないような弁護士なら、案件の依頼は止めたほうがいいでしょう。

　もしある法律相談案件で、2人の弁護士が依頼先として候補になっている場合なら、双方の"Resume"を取り寄せ、かつ"Expertise"の説明を聞くことで、あなたのしようとしている法律相談について適切なアドバイスができそうか、かなりの判断が可能となります。

　とはいえ、弁護士に"Expertise"の説明をさせるとその答えは「国際独禁法が専門です」とか「発展途上国向けのプロジェクト・ファイナンスのアレンジについて豊富な経験を有します」といった、それ自体専門的な答えが（通常英語で）返ってくるので、答えを分析するために、ある程度、英語による法律分野の知識が必要となります。社内に法務部門を持つ会社なら法務部に分析させればいいのですが、多くの中小企業ではプロジェクトの責任者（つきつめて言えば社長）が分析／判断しなくてはなりません。この場合には日本人の渉外弁護士または日本語を解する外国人弁護士に相談してみるといいでしょう。

●よい「質問」をする努力を

　弁護士を含めた知的な専門家という人種は、抽象的な質問をすれば抽象的な回答が返ってくるし、具体的な質問をすれば具体的な回答が返ってくるという傾向があります。したがってクライアントが「適切なアドバイスを得る」ためには、なるべく当該案件の事実に即した具体的な質問をする必要があります。案件の背景事実を詳細に弁護士に説明した上で、**特定の問題点に絞った具体的な質問をすればするほど、弁護士からはよい回答が返ってきます**。これは問題点が絞り込まれれば絞り込まれるほど弁護士としては調査の範囲（法令や過去の判例）が狭まり、そのクライアントの状況にフィットした調査ができるためです。

　法務部門がある会社なら、クライアント側で事実の説明に加えて関係する法令もある程度調べて**「我々クライアント側の調査の結果ではこのような結論になると思うが、どう思うか」**と弁護士に質問できればベストです。弁護士としてはプロフェッショナルの意地にかけてもクライアント側の調査結果を上回るアドバイスを出してくるでしょう。

　ただし多くの中小企業のように法務部門のない会社では、クライアント側で法律を調べて質問することは不可能でしょう。その場合でも、**事実関係を詳しく説明することで弁護士からより適切なアドバイスを引き出すことは可能です**。

●前提事実（特に「悪い話」）を隠さずに

　法律相談時、「適切なアドバイスを得る」ためにクライアント側がしなくてはならないことを説明します。

①過去の経緯の詳細説明

　まず必要なのは、法律相談に至った**過去の経緯を詳細に説明すること**です。この際に弁護士から質問があれば、**企業秘密に属するようなビジネス情報**（例えば製品の秘密技術情報、売上／利益／キャッシュフロー等の財務情報）もすべて開示しましょう。主要国の資格ある弁護士は、日本の弁護士と同じようにクライアントからの相談内容について厳格な秘密保持義務（裏返せば「弁護士がクライアントの相談内容を開示しなくてよい権利」。"attorney-client privilege"：アトーニー・クライアント・プリビリッジ）

を負っています。この義務に違反してクライアントから法律相談として得た情報を不用意に開示すれば、最悪の場合、弁護士倫理違反として弁護士資格を失うことになります。ですから、弁護士に相談すると決めた以上は彼/彼女を信じて、法的判断に必要なすべての情報を開示して大丈夫です。

②不利な情報を隠さずに

　クライアントである自分にとって不利な情報（例えば顧客からクレームを受けたケースで、調べたら社内の製造工程でミスがあったという事実）でも隠さない。むしろそのような「悪い話」こそ意識して早く弁護士に伝える。これは特に紛争になったケースを弁護士に相談する場合に重要です。およそ法的紛争になるようなケースでこちら側にまったく非がなく、一方的に対立する相手方に落ち度があるようなことはあり得ません。必ず双方にいろいろと問題があって、**お互いの主張にそれぞれ強み/弱みがあるの**が現実です。もちろん弁護士は、クライアントであるあなたの代理人としてこちら側の強みを主張していく訳ですが、実際の紛争では必ず相手側の弁護士はこちら側の弱みを突いてきます。この時に弁護士がこちらの弱みとなる悪い話を知らないといわゆる「不意打ち」にあったことになり、こちら側の主張の説得力は大幅に弱まります。よい弁護士は紛争の相手方からの「不意打ち」を最も嫌います。これを受けると紛争での敗北または不利な解決の可能性が大幅に高まるからです。逆にどんなにこちらにとって不利な内容でも（相手方からの攻撃・主張がある前に）、あらかじめ弁護士に伝えておけば、**よい弁護士なら必ず何らかの対応策を考えてくれます。**

③クライアントの意向／責任の明確化

　クライアントとしてこの法律相談の後、どんな結果を得たいのか、自分の将来構想/優先順位をなるべく弁護士に伝えましょう。この点は特に新規プロジェクトの法的サポートを弁護士に依頼する場合に重要です。例えば米国での新規合弁会社設立の契約交渉の場合なら「ともかく早く合弁ビジネスを始めたいので、少々契約の条件で相手方に譲っても早く合弁契約を締結したい」のか、「時間がかかってもいいから、厳しい交渉をして当社にとって有利な条件で合弁契約を締結したいのか」をはっきりさせて弁護士に伝えるということです。言い換えれば、**「クライアントとしてなす**

べきビジネス上の意思決定・方針決定は自分でした上で、その意思決定を実行する上で最適な法的手段・交渉手段は何か、ということを弁護士に聞く」というスタンスを明確にすることです。これは通常、あるビジネス上の目的を達成するための法的な手段や交渉の手段が複数あるためです。よい弁護士は顧客に（弁護士としての推薦順位をつけた上で）**複数のオプション（選択し得る手段）を提供する**ことができます。その中からどれを選ぶかはクライアントの責任です。とかく不慣れな海外ビジネスですので、ついつい意思決定・方針決定まで弁護士に委ねたくなりますが、自分のビジネスを弁護士に「丸投げ」してはいけません。よい弁護士なら、たとえクライアントのあなたが選択したオプションが弁護士の目から見て最善でないとしても、法に触れる違法行為でない限り、**そのクライアントの意思決定に沿って、次のステップに進むための法的手段・交渉手段を探してくれるでしょう**。よい弁護士はこのような時に"It's the client's business decision"（これは依頼人のビジネス上の決定だ）と言って、クライアントの意思決定に従います。

④ポイントは前提情報の伝達

上記のクライアントからの事実・背景説明は英語でクライアント側から直接説明できればベストですが、英語がおぼつかないなら、日本語で書いて通訳・翻訳して弁護士に伝えてもかまいません。要は法律的な検討をする上で**必要な前提情報がすべて弁護士に伝わればいいのです**。

● ブリッジ・ローヤー（Bridge Lawyer）の活用

次にブリッジ・ローヤーの活用について説明します。

先ほどから「自分の法律相談の内容に精通した適切な弁護士を探す」ことがいかに大切かを、繰り返し説明してきました。そうは言っても大手ロー・ファームなら何百人／何千人もいる弁護士の中から今回の相談案件にぴったり合う弁護士を素人が見つけ出すのは至難の業です。複数の弁護士事務所が依頼先候補になっているのなら、なおさらです。こういった局面で頼りになるのがブリッジ・ローヤーと呼ばれる存在です。

ブリッジ・ローヤーとはいわば、**その弁護士事務所の顧客窓口**とも言うべき存在です。ブリッジ・ローヤーを理解するには普通の会社の顧客窓口

営業担当者を頭に思い浮かべると有効です。多くの会社が大手顧客について注文の内容にかかわらず、1人窓口営業担当者を決めておき、顧客の注文・問い合わせ内容に応じて社内の適切な部署に情報を伝えて業務を処理します。米国ではこの顧客窓口のマネージャーのことを"Account Manager"（アカウント・マネージャー）と言い、弁護士事務所内でこの窓口営業の役割を果たすのが、ブリッジ・ローヤーです。

ブリッジ・ローヤーも弁護士である以上、自分の専門分野（例えば会社法）を持っていますが、自分の専門外の相談がクライアントから来たら、**その内容に応じて最も適切な弁護士をその弁護士事務所内で探してくれま**す。クライアントとしては一度紹介を受けたら、その後は専門弁護士と直接コンタクトして法律相談を行えばいいのです。

日本人ビジネスパーソンでしたら、**大手弁護士事務所の東京オフィス駐在の外国人弁護士をブリッジ・ローヤーとして活用するといいでしょう。**最近は各弁護士事務所ともある程度日本語をこなす弁護士をコンタクト窓口として用意していますので、まずその窓口に照会してみるといいでしょう。

もう1つのアプローチとして、日本の渉外弁護士事務所に相談し、そこから然るべき外国の弁護士事務所を紹介してもらうという方法もあります。渉外弁護士事務所とは国際取引を専門に扱える弁護士事務所のことで、日本にも東京を中心にいくつか大手の事務所があります。日本の大手渉外弁護士事務所は多くの場合、**海外の有力法律事務所と提携関係にあり、互いにクライアントを紹介しあっています。**この場合は日本人弁護士に自分の法律相談の内容をきちんと日本語で説明することができれば、後は相談を受けた日本人弁護士が適切な外国の弁護士を紹介してくれます。

このアプローチでは当然のことながら、紹介された外国人弁護士と紹介した日本人弁護士の双方に弁護士料を支払わなくてはなりません。ただし紹介した日本人弁護士のほうは、自分が直接その案件に深くかかわらない限り、あまり大きな弁護士費用請求はしないのが通常です。ほとんどの場合、日本人弁護士に実質的な紹介料を支払っても、適切な外国人弁護士が見つかれば、そのほうがコスト・パフォーマンスが高いので、この方法もお奨めできます。

第2章 ■ 英文契約交渉と国際弁護士活用―「助っ人をどのように使いこなすか」

6 弁護士費用が高すぎると思える場合
海外の弁護士活用時のノウハウ(3)
―弁護士活用時のトラブルとその対応②

　次は「弁護士料が高すぎる」というトラブルの予防法・対処法を検討してみましょう。大きく分けて2つのポイントがあります。

● その弁護士にとって経験のない依頼は避ける

　弁護士の専門分野の判定とも大いに関連することですが、原則として、その弁護士がはじめて経験するような案件を依頼してはいけません。もし依頼してしまうと、弁護士はその問題に対応するために法令、過去の判例等の調査（いわゆる「勉強」）に相当の時間を要することになり、その調査時間分の弁護士料についてはそっくりクライアントである日本人ビジネスパーソンに請求されることとなります。この請求分は当該分野にすでに経験のある弁護士なら不要な請求のはずです。クライアントとしては弁護士の専門知識とノウハウに金を払うのですから、今までに前例のない新しい取引でない限り、「弁護士に金を払って勉強させる」という事態は避けるべきです。日本人ビジネスパーソンの場合は新規のビジネスを手掛けるのは稀ですから、1回でも自分の案件と同一、または類似の案件を経験したことのある弁護士に相談をするよう心掛けましょう。

　ただしハイテク等、技術革新の激しい新分野、あるいは新興国の事業では本当に従来やったことのない取引、法律問題にぶつかることもあります。この場合には弁護士とよく相談し、弁護士費用予算を十分確保した上で、思い切ってその新分野の法律問題にトライしてみるのもいいでしょう。弁護士もビジネスでやっているとはいえ、法律のプロフェッショナルとして常に新しい境地を切り開きたいという気持ちは持っているものです。日本人ビジネスパーソンのようなクライアントが覚悟を決めて一緒にやれば、弁護士も真剣にその気持ちに答えて成果を出してくれることと思います。弁護士の世界ではこのような新分野の法律問題を"It is a challenging job."「これは挑戦しがいのある仕事だ」と言います。これは医学の世界

でまだ成功例のない新療法を医師が患者に施すのに似ています。クライアント（患者）が今までにない法律問題（新療法）であることに納得した上で弁護士の提案（治療）に応ずれば、きっと弁護士（医師）は結果を出してくれるはずです。

次は弁護士費用の予算管理という問題に触れたいと思います。弁護士費用も経費である以上、その管理手法というものはあります。以下でその具体的方法に触れたいと思います。

● 案件当たりの総費用の管理─タイムチャージ制とその対応策

日本人ビジネスパーソンのようなクライアントの立場から、米国弁護士事務所の弁護士費用を管理しようとした場合、最も厄介なのは費用の請求が原則として**タイムチャージ制（時間当たり請求方式）**になっていることです。タイムチャージ制ですから、問題が生じるたびに追加の質問をして弁護士から回答をもらえば、どんどん弁護士費用が膨れ上がっていきます（いわゆる「青天井の請求のリスク」）。

また、事前に「本件の相談でいくらかかるか」という質問に対しても「顧客にとって最良のコスト・パフォーマンスが得られるよう努力する。ただし（本法律相談に担当する弁護士の時間がどれくらいかかるか、不明なので）最終的にいくらになるかはわからない」という答えが返ってくるのが通常です。これでは事前に（例えば今期分の）弁護士費用を計上して、その範囲内で弁護士費用を収めようとしてもなかなかうまくいかないということになります。

そうは言っても、弁護士費用を合理的な範囲内に収める手法はいくつかあります。その代表的な手法として例えば以下のものがあります。

① 事前の「指し値」─案件全体の弁護士費用をあらかじめ指定する
②「シーリング」制─弁護士に対し、弁護士費用予算の上限の目安をあらかじめ伝える
③「相場」の把握─案件毎の通常発生する弁護士費用の目安・相場を知る

この弁護士費用の予算管理の詳細を説明する前に「高い弁護士を短い時間使う」というセオリーについても説明しておきたいと思います。

先述したように、米国大手弁護士事務所のパートナークラスの時間単価

はUS$400〜$1,500、アソシエイトクラスでもUS$200〜$500です。1時間相談しただけで何万円も請求されるわけですから、つい「なるべく単価の安い弁護士を使って、安く済まそう」という気持ちになりがちですが、はっきり言って、このアプローチは誤りです。米国は資本主義の本場ですので、時間単価の高い弁護士は高いだけのことはありますし、安い弁護士はやはりそれなりです。不当に高い時間単価を請求していれば、競争の激しい米国の弁護士業界では、中長期的に必ず淘汰されてしまうからです。概して経験豊富で、相談しようとする分野に精通した弁護士に**（彼/彼女の過去のノウハウを活かして）短時間で相談を処理**してもらったほうが、コスト・パフォーマンスは上がります。逆に経験不足で時間単価の安い弁護士を起用して、その弁護士が調査に費やす時間もすべてチャージされてしまい、結果として高くついてしまうケースもよくあります。

　このセオリーを頭に入れた上で、いよいよ弁護士費用の具体的管理手法の説明に入ることにします。

● 1．事前の「指し値」

　これは法律相談を弁護士にした時点で「本件に関する法律相談は（例えば）US$10,000である。**それ以内で弁護士費用を収めて欲しい**」というものです。依頼を受ける弁護士の立場から見れば、本法律相談を担当する弁護士の時間当たり単価がUS$500とするとUS$10,000の指し値であれば、その弁護士は20時間以内の作業でその法律相談に対応するということを意味します。

　この「指し値」という方式は（比較的小さな）法律の調査をする案件、例えば「カリフォルニア州法では、会社（corporation）を設立する場合と支店（branch office）を設立する場合で、税法上どんな違いがあるか」といった法律相談の場合に有効です。この「指し値」方式は、先ほど説明したタイムチャージ制の原則の例外となりますので、通常弁護士事務所としてはなるべく避けたがります。しかし、多くの弁護士事務所は通常のタイムチャージ制の請求がクライアントから見て極めて高額、かつ予算化が難しいため、弁護士利用の妨げになっていることは認識しています。したがって、比較的小規模の法律調査の案件で弁護士の作業時間が予想できる場合は、この「指し値」を受け入れていることもかなりあります。多くの

場合、日本人ビジネスパーソンの最初の法律相談は特定の状況に応じた法律の調査となりますので、まずは「指し値」を試みてみるのもいいでしょう。

「指し値」をクライアントから申し出る場合の注意事項を以下に示します。

①極端に安い金額の「指し値」をしない

後で述べる弁護士費用の「相場」とも関連しますが、あまり相場からかけ離れた「指し値」をすることは、クライアントとして避けるべきです。相手の弁護士のプライドを傷つけ、弁護士との信頼関係を悪化させるからです。米国の大手弁護士事務所に依頼する場合、特定の法律の調査と言ってもそれなりに複雑で、一定の作業は必要になるのが通常です。ですから、おおざっぱに言って、US$2,000以下の「指し値」は避けるべきかと思います。

②「指し値」の対象になる法律相談とその回答の範囲を明確にする

弁護士側がクライアントの「指し値」を受ける大前提は、当該法律相談の内容が明確に特定され、かかる作業時間が予測できるからです。したがって、最初に予想された作業時間を大きく超えるような追加質問がクライアントから出てくれば、弁護士側とすれば、追加費用の請求を期待します。その意味で、最初に「指し値」をする時に、**どこまでの範囲の相談と回答を想定しているのか**、弁護士とクライアントの間で明確にするようにしましょう。ここが曖昧になっていると後でトラブルのもとです。また法律の調査の場合、「調べ出せばきりがない」という要素があります。したがって、ある程度調査が進み、「ビジネス上これだけわかれば十分」という所まで到達したら、クライアントのほうから明確に「**この調査を終了してくれ**」と伝えることも大切です。

● 2．シーリング制

「シーリング制」はある案件について、クライアント側が用意している弁護士予算（例えば半期6ヶ月でUS$20,000）をあらかじめ伝え、**弁護士にその予算枠内で収めるように依頼する**ことです。

①の「指し値」との違いは、この予算枠はあくまで目安で、案件が込み入ってきて、追加の相談/質問が出てくれば、クライアント側で追加の弁護士費用を支払うことを予定している点にあります。その点では「シーリング」制といっても厳格な上限ではありません（タイムチャージ制の原則からは外れないので、弁護士側としては「指し値」に比べて容易に受け入れられる方式です）。それでも弁護士側としてはあらかじめクライアントの予算が明示されれば、**なるべくその範囲に収めようとしますし、呈示された予算をオーバーしそうになれば、その時点で連絡をしてくれます。**その結果、クライアント側が特に何の指定もせず、通常のタイムチャージ制で弁護士費用が請求された場合に比べ、少ない弁護士費用になることが多いわけです。

　シーリング制は、ある程度複雑なライセンス契約やOEM売買契約、会社設立等、**その案件が終了するまでに一定の期間（数ヶ月以上）が必要な案件で有効です。**日本人ビジネスパーソンの立場から見ると、特にある案件が6ヶ月（半期）以上にわたる場合に特に効果的です。日本企業は多くの場合、経費予算を6ヶ月単位で組みますので、もし上期でUS$20,000を弁護士費用予算として用意して、上期の請求がUS$20,000を上回った場合（例えばUS$25,000）、あらかじめシーリング予算を伝えておけば、ほとんどの弁護士がオーバー分$5,000の支払いを**下期に繰り越す**ことを認めてくれます。クライアントとしては下期に改めて弁護士費用予算を取ればいいことになり、「予算がUS$20,000しかないのにUS$25,000の請求が来て、$5,000分、支払う予算枠がない」という厄介な事態を避けることになります。もちろん弁護士事務所からの請求が出た時点で支払いを遅らせることは可能ですが、どこの業界でもビジネスである以上、代金の支払が遅れる客は歓迎されません。弁護士事務所は米国でも一般の企業ほど厳しくは入金をチェックしておらず、2～3ヶ月の支払遅れに対しては寛容ですが、弁護士への依頼も契約である以上、クライアントの最大の義務である弁護士料の支払はなるべく遅延しないようにしましょう。

● 3．「相場」の把握

　弁護士費用は、かなり大まかではありますが「案件毎にこれくらいかかる」という目安、すなわち「相場」があります。もちろんタイムチャージ

制の原則から言えば、クライアントからの相談内容に応じて１件ごとに弁護士費用は変わることになりますが、それでもある程度の目安はあります。あまり極端な弁護士費用の支払が発生しないよう、大まかな目安を知っておきましょう。以下に案件ごとの「相場」を列挙します。

①会社の買収・売却等いわゆるM&A案件―案件価格の３％以内

例：買収価格100億円の案件なら３億円以内

ただしこの３億円には公認会計士、投資銀行等関与するすべてのプロフェッショナルの費用を含むのが通常。[10]

②大口のライセンス契約、売買契約―契約金額の３％以内

例：契約金額１億円の案件なら300万円以内

もちろん案件の複雑さ、弁護士の関与の度合い（例えば単に契約書のドラフトを検討してもらうだけか、交渉の席にも同席してもらうか）により異なります。少なくとも契約金額の１割以上を弁護士費用に費やすのは明らかに無駄ですので、避けるようにしましょう。

③大規模な訴訟（例：独禁法訴訟、知的財産権訴訟）・行政手続（例：ダンピング手続）―毎月数千万円程度

このような場合は残念ながら、非常に弁護士費用がかかります。また今まで説明したいろいろな弁護士費用の管理テクニックもあまり役に立たず、**クライアントとして掛かった弁護士費用をそのまま受け入れて払わざるを得ないケース**です。これらはビジネスの存亡にかかわる緊急事態であり、弁護士費用の節約よりも自分のビジネスを存続させるほうが最優先されるためです。人命にかかわる外科手術の場合に医療費が高い安いと言っていられないのと似ています。このようなケースに巻き込まれないのが一番で

10　日本で多くのM&A案件を手掛けた石角完爾弁護士も弁護士費用について次のように述べています。
「次に、アメリカにおけるリーガル・コストのことを考えてみたい。
まず、アメリカには80万人の弁護士がいるといったが、彼らは米国の全GNPのおよそ３％程度の稼ぎを生み出している。GNPの３％というのはとてつもなく巨大な数字で、日本の防衛費がGNPの１％であることと思うと、その額の大きさがわかるだろう。たとえていうなら、自衛隊の３倍の規模の稼ぎというか、経済規模を持っているということある。
裏を返せば、これは「アメリカではそれだけのリーガル・コストがかかる」ということなのである。つまりアメリカで企業活動をするには、売上高の３％程度の弁護士費用を当初から見込んでおかないと安心できないというわけだ。」（出典：石角完爾著『国際ビジネス契約入門』1987年　P.220）

すが、なってしまった場合は「これも運命」と割り切って、信頼できる弁護士を選び、彼/彼女に全幅の信頼を寄せ、十分な弁護士費用を準備して、米国流に「フェアに、しかし徹底的に」戦うしかないでしょう。

　日本企業は一般に「不必要に訴訟を怖れ、当然判決で勝てるケースでも和解する傾向がある」と従来は米国でよく言われていました。ビジネス上、効率の面から考えてなるべく訴訟や紛争を避けるのは当然ですが、「降りかかる火の粉は払わねばならない」時もあります。競争激烈な米国でのビジネスで勝ち残ることを考えている以上、脅しに屈したり、なめられたりするのは禁物です。訴訟や行政手続になってしまった場合、いたずらにびくつかず、弁護士ともよく相談の上、和戦両様の構えで進めていくことが大切です。妥協して和解することはいつでも可能ですから。

第2部

[実務編]
グローバルビジネスの契約類型

第1章 守秘義務契約
日本Samurai社と米国Eagle社間の協業に関する守秘義務契約

1 そもそも「守秘義務契約」とは何か

　第1部で述べたように、国際ビジネスを推進していく過程では、秘密情報をやり取りする必要がある機会が多々あります（例：共同開発契約における技術情報のやり取り、販売関連契約における市場調査情報のやり取り）。契約当事者が秘密情報を交換する場合には、このような秘密情報の取り扱いを定めた契約、すなわち守秘義務契約を締結します。これにより、自社の秘密情報が不用意に開示・悪用されることを防ぐとともに、他社から受領した秘密情報を適正に取り扱うことが可能となります。

図表1 守秘義務契約の基本的枠組み

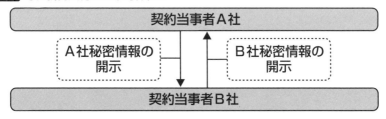

　この点について、仮想事例を使ってもう少し考察します。

> **仮想事例**　日本のIT企業Samurai社と米国のITベンチャー企業Eagle社との間でセキュリティ分野での協力（協業）を検討することとなり、両社の秘密情報の交換が必要になった。このため、この秘密情報交換をカバーする守秘義務契約が必要となった。

この事例の場合、Samurai社の立場は以下3つの場合に大別されます。

図表2.1 両当事者が双方向に秘密情報開示を開示する場合

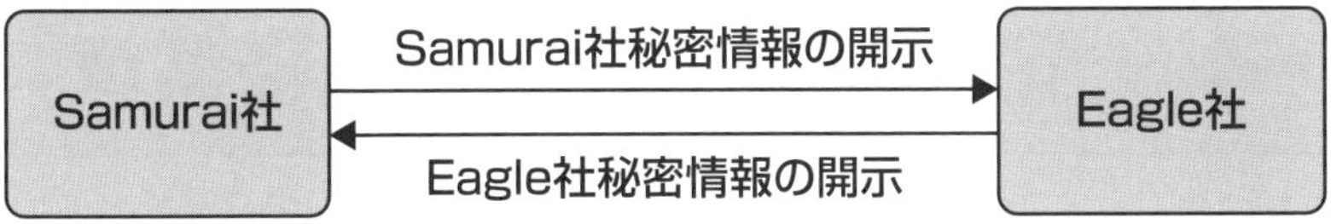

Samurai社 ←Samurai社秘密情報の開示→ Eagle社
         ←Eagle社秘密情報の開示→

図表2.2 Samurai社が主に秘密情報の開示者になる場合

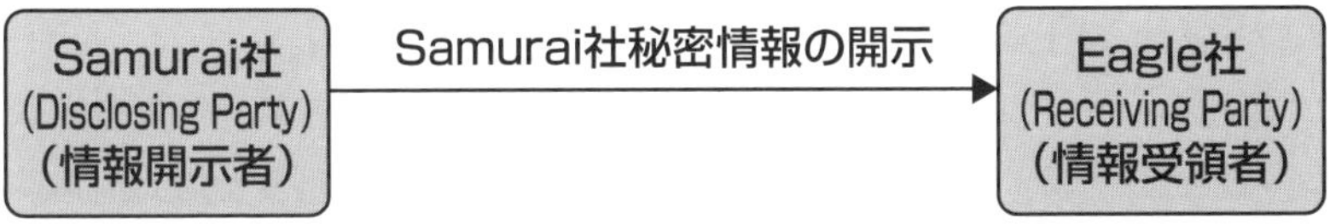

Samurai社（Disclosing Party）（情報開示者） →Samurai社秘密情報の開示→ Eagle社（Receiving Party）（情報受領者）

図表2.3 Samurai社が主に秘密情報の受領者になる場合

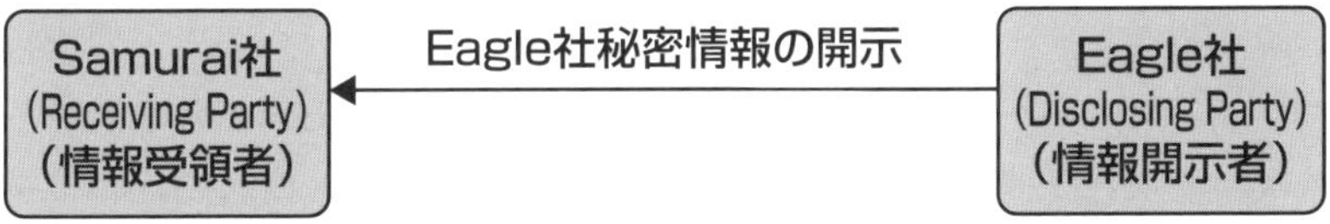

Samurai社（Receiving Party）（情報受領者） ←Eagle社秘密情報の開示← Eagle社（Disclosing Party）（情報開示者）

　秘密情報の開示は契約当事者が互いに双方向で行う場合が最も多いと言えます。実際にビジネスの詳細を詰めていくには双方の秘密情報の開示が必要となることが多いからです。例えば共同開発をスムーズに進めるためには共同開発開始前の時点で双方の技術レベルを互いに正確に把握する必要があり、そのためには双方の技術情報（通常、秘密情報）を開示し合う必要があります。

　したがって、守秘義務契約も契約等当事者双方が互いに秘密情報を開示しあう双方向のものが最も多く用いられています。[1]

1　今後、契約条件の解説については原則として、英米法、特に米国州上の契約法に準拠して説明することとします

第1章 ■ 守秘義務契約　日本Samurai社と米国Eagle社間の協業に関する守秘義務契約

2 独立した守秘義務契約と正式契約上の守秘義務条項

次に守秘義務契約には2つのパターンがあることを知っておいてください。

●パターン1：独立した守秘義務契約―商談用

最初のパターンは商談用の独立した守秘義務契約です。売買の商談のケースを例にして考えてみましょう。多くの商談は見込み顧客からの何らかの引合（例えば電話があった、問い合わせメールが届いた、ホームページで問い合わせのボタンがクリックされた等）で始まります。引合があると営業マンが見込み顧客とコンタクトし、まずは自社の製品・サービスについて公開情報（カタログ、パンフレット）等で説明を行います。そこで見込み顧客が前向きな興味を示すと（法人間の取引の場合）さらに詳細な商談・検討のために売り手も見込み顧客も双方の秘密情報を開示する必要が発生します。この段階で商談用の守秘義務契約が締結されることになります。この守秘義務契約の下での情報のやり取り、検討の結果、双方の意思が合致すれば、ハードウェアの売買契約、ソフトウェアのライセンス契約等正式契約が締結されることになります。

共同開発の検討、M&Aの検討などの局面においても、まず当事者間で守秘義務契約を結び、その後に正式契約を締結するということが通常行われています。

●パターン2：正式契約上の守秘義務条項

もう1つのパターンは、締結された正式契約（先ほどの例で言えばハードウェアの売買契約、ソフトウェアのライセンス契約）の中で、その正式契約の履行に関連してやり取りされる秘密情報に関して定めた守秘義務条項です。この場合は独立した守秘義務契約ではなく、正式契約上の多数ある条項の1つとなります。

なお、どちらのパターンでも規定すべき条項はほとんど同じですので、以下では特に区別せず、「守秘義務契約」という用語を使って説明していきます。

第1章 ■ 守秘義務契約　日本Samurai社と米国Eagle社間の協業に関する守秘義務契約

3 「守秘義務契約」の交渉ではどのようなことに気をつけるのか

　次に私自身の過去の経験から守秘義務契約の交渉の主要なポイントについて説明します。

❶秘密情報の特定

　守秘義務契約の交渉で最初にポイントになるのは、守秘義務の対象となる秘密情報をどのように定義するかです。多くの双方向守秘義務契約（双方が秘密情報を開示しあう契約）では特に受領者は「秘密であると開示時点で明示的に特定したものに限る。さらに書面、口頭、電子的な情報について具体的に秘密と明示する方法を定める」というアプローチを取ることになります。こうしておかないと相手方から受領した情報中、どの情報が守秘義務を負う秘密情報かを明確に特定できず、社内での管理が困難となり、ひいては万一情報が漏洩した場合に訴訟等紛争リスクが高まるからです。先ほどの仮想事例に即して言うと、特にSamurai社が主に情報を受領する立場であれば、必ずこの秘密情報を明確に限定するアプローチを取るべきです。この趣旨の例文を下記に示します。

例文1：秘密情報は秘密と明確に特定されたもの限る旨の条文　　【情報受領者に有利】

"Confidential Information" means (i) any specifications, schematics, technical information, software code (including source code and object code), application program interface (API), flow chart, trade secret, know-how, design, layout, formula, process, intellectual property, drawing, diagram, plan, strategy, forecast, pattern, model, sample and (ii)any other information, data or material, whether in writing or in oral, graphic, electronic or any other form or manner, of a business, financial or technical nature, **which is marked or** otherwise indicated as confidential (or, if disclosed orally, is identified as confidential at the time of disclosure and is summarized in a writing marked as confidential and transmitted to Receiving Party within thirty (30) days of such disclosure), and which may be disclosed by a Party or any of its Affiliates ("Disclosing Party") to the other Party or any of its Affiliates ("Receiving Party") hereunder.

[和訳]
「秘密情報」とは (i) 仕様、図表、技術情報、ソフトウェアのコード (ソースコードとオブジェクトコードの双方を含む)、アプリケーション・プログラム・インターフェイス (API)、フローチャート、企業秘密、ノウハウ、設計、レイアウト（回路図）、手法、プロセス、知的財産、図面、ダイアグラム（図式）、計画、戦略、予測、パターン、モデル、見本及び (ii) 書面、口頭、画像、電子的またはその他の形式または方法であれ、ビジネス的、財務的または技術的なその他情報、データ、資料であって、かつ秘密である旨を表示またはその他の方法で示され（あるいはもし口頭で開示されるなら開示の時点で秘密と特定され、かつ開示から30日以内に秘密表示を付して要約され）、かつ情報受領者に移転された情報であって、かつ一方当事者またはその関連会社（「情報開示者」）から他方当事者またはその関連会社（「情報受領者」）に開示されたものを言う。

しかしながら、時に「秘密表示をしなくとも『状況から判断して秘密と判断されるべき情報』も秘密情報に含まれる」と開示者側から主張されることもあります。これはどちらか一方の当事者の情報開示量が大幅に多い場合に、その当事者が取る立場です。例えば有力な技術を持つライセンス契約のライセンサー（許諾者）が時に採用する立場です。このように秘密と特定されない情報も守秘義務の対象とすると、情報受領者としては受領した情報について訴訟のリスクを避けるために、下記例文2に示すような特別の管理を検討する必要があります。私の過去の経験からするとなるべく避けるべきかと思いますが、実際はしばしばこの定義で合意することも

あります。以下にこの趣旨の例文を下記します。

> **例文2：秘密情報は秘密と明確に特定されたものに限らず周囲の状況から合理的に秘密と判断されるものも含むとする条文** 【情報開示者に有利】
>
> For purposes of this Agreement, the term "**Confidential Information**" shall be deemed to mean and include all such information, material and data of the Disclosing Party (i) labeled or designated in writing as confidential or proprietary, (ii) which the Receiving Party or its officers, employees, representatives and subcontractors (collectively, "**Representatives**") are advised is proprietary or confidential or (iii) which, in view of the nature of such information and/or the circumstances of its disclosure the Receiving Party knows or reasonably should know is confidential or proprietary, and solely by way of illustration and not in limitation shall include the following: information relating to financial data, plans, forecasts, intellectual property, methodologies, algorithms, agreements, market intelligence, technical concepts, customer information, strategic analyses, internal developments, publications, accountings or any other activities conducted or planned by either party.
>
> [和訳]
> 本契約書の目的において、「秘密情報」とは、開示者に関する次のすべての情報、資料及びデータを指し、また次の場合を含む：（ⅰ）書面にて秘密若しくは権利性のある情報と表示されているもの、（ⅱ）受領者及びその執行役、従業員、代表者または外注先（以下、総称して「**本件代表**」という）が権利性のあるまたは秘密情報であると告知されたもの、あるいは（ⅲ）情報の内容または開示の状況により、受領者が秘密または権利性のある情報であると知るあるいは合理的に知り得るものであり、例えば、秘密情報には、いずれかの当事者の財務データ、計画、予測（見通し）、知的財産、方法、方法論、ノウハウ、計算式、契約、市場情報、技術概念、顧客情報、戦略分析、内部開発、

出版物、会計もしくはその他当該当事者が従事するまたは計画する活動情報は例示であり、他の情報を含む。

❷守秘義務期間

その次に守秘義務契約の交渉で問題になるのは、守秘義務期間（当該秘密情報の秘密を守るべき期間）をどのように設定するかです。第一に意識すべきことは「**原則として守秘義務期間を契約に明示し、**（守秘義務期間が明確でないため）**永久の守秘義務期間と解釈される**」ことは避けるということです。実際上、ある特定の情報を永久に秘密に管理することは難しく、管理不能になってしまう惧れがあるためです。これは情報を受領するほうが多い立場に立った場合に特に留意すべき点です。

ただし、特定の極めて秘密性の高い情報（例：コンピュータ・プログラムのソースコード）については特別扱いにして永久の守秘義務を認めることも稀にあります。[2]

守秘義務期間を有限にするのが原則だとすると、その期間をどれくらいに定めるかが問題になります。これは対象となる秘密情報（特に技術関連の情報）の陳腐化の程度によるとされており、

・IT産業のように技術情報の陳腐化の速度が速い場合：（開示時点から）3～5年程度
・重電産業のように技術情報の陳腐化の速度が遅い場合：（開示時点から）5～15年程度

とされています。以下に「守秘義務期間を当該情報開示時点から5年間」と定めた例文を下記します。

例文3：守秘義務期間を情報開示から5年間と定める旨の例文 　一般的だが情報受領者に有利

For a period of five (5) years from the date of disclosure, the Receiving Party agrees to hold all such confidential information in

---

[2] なお商談段階の守秘義務契約の下で、このような高度な秘密情報が開示されることは、正式な契約が成立していないこともあり、一般的ではありません。むしろ正式契約書の守秘義務条項の中で規定されることが多いです。

trust and confidence within the specified subsidiary, division or other unit of the Receiving Party and not to use such confidential information other than for purposes of evaluating and facilitating the Possible Cooperation on＿＿＿＿．

[和訳]
秘密情報の開示日から5年間、情報受領者はかかる秘密情報を自社の特定子会社、事業部その他部門内で秘密に保ち、かつ当該秘密情報は＿＿に関する「協力の可能性」を評価し、促進する以外の目的では使用しない旨に合意する。

❸守秘義務のレベル

3番目に守秘義務契約の交渉で問題になるのは、守秘義務のレベルです。これについては「自己の秘密情報を扱うのと同等の注意、管理」あるいは少なくとも「合理的なレベル」の管理ないし「善管注意義務」が要求されることが通常で、このレベルであれば契約当事者双方にとって問題はありません。その趣旨の例文として下記を示します。

例文4：守秘義務のレベルを定める旨の例文 【中立的】

The Receiving Party shall hold in confidence Disclosing Party's applicable Confidential Information, using the same care and discretion to avoid disclosure of such Confidential Information as the Receiving Party uses with its own confidential information of a similar nature (and in any event, shall use no less than reasonable care).

[和訳]
情報受領者は自分自身の同種の秘密情報の際と同等の注意と慎重さをもって（かついかなる場合も合理的な注意のレベルを下回らずに）情報開示者の該当する秘密情報を取り扱う。

ただし秘密と特定されない情報も守秘義務の対象とした場合は、情報受領者は守秘義務違反という事態を防ぐため、特に厳格な管理手段を社内で講ずる必要が出てくる可能性があります。具体的には下記のような手段が考えられます。
①入手した秘密情報のアクセス管理者を決める
②秘密情報を含む書面、電子メディアは隔離された一定の場所に保管し、かつその場所へのアクセス（入退出）記録をつける。また秘密情報を含む電子ファイルにはパスワードロックをかける
③すべての秘密情報を含む書面または電子ファイルにはコピー管理を行い、すべてのコピーに番号をつけ、配布先を対応させる

このような管理手段を取ることは情報受領者の会社にとっては大きな負担となるので、そのような手段を採用すべきかは慎重に判断すべきです。

また主として正式契約の守秘義務条項においてコンピュータ・プログラムのソースコード等高度の秘密情報が開示される場合に、そのような秘密情報にアクセスした従業員に一定期間類似製品の開発への従事を制限する旨を規定することがあります。これは情報受領者側の人事異動に制限を加えることになるので、情報受領者側（例：技術ライセンス契約のライセンシー）は極力受け入れるべきではありません。やむなく認める場合の条文を下記します。

例文5：特定の秘密情報アクセス者の開発制限期間を定める旨の例文　情報開示者に有利

Any employee having access to Highly Confidential Information shall be required to have a ＿＿ day [or month, year] "cool off" period, in which the employee will not be allowed to work on project of a similar nature to the Highly Confidential Information.

[和訳]
「高度秘密情報」にアクセスした従業員は、＿日［又は月、年］間の「冷却」期間を要求され、この期間中は高度秘密情報と同種プロジェクトへの従事を許されない。

第1章 ■ 守秘義務契約　日本Samurai社と米国Eagle社間の協業に関する守秘義務契約

4 「守秘義務契約」では その他どんなことを取り決めるのか

　前項で述べた以外の守秘義務契約の主要な条項は以下の通りです。
①守秘義務の内容
②守秘義務の例外
③いわゆる実施権/使用権不許諾（No License）条項
④差止（Injunction）条項
⑤残存記憶（Residuals）条項

　これらの条項はほとんどすべての守秘義務契約に共通の条項で、多くの場合、あまり問題なく合意されます。ただし⑤残存記憶（Residuals）条項は主にIT業界のみで使用されています。

　具体的な英文契約の例文は和訳付で第3部資料編第1章に記載しましたので、実際に守秘義務契約を作成する場合には参考にしてください。

第2章
OEM販売契約
中国Panda社へのセキュリティ機能付ストレージ "Safety" の販売契約

1 そもそも「OEM販売契約」とは何か。普通の販売契約とどこが違うのか

　OEM（Original Equipment Manufacturer）販売契約とは買主A社が売主B社から製品・機器を購入し、自社のブランド（A社ブランド）にて再販する契約です。

　一般に「販売力、マーケティング力はあるものの製品開発力に劣る会社」が「買主、製品開発力・技術力は優れているが、販売力に劣る会社」が売主として契約が締結されます。1社が多種多様な製品を取り扱う電機業界では特に世界的に幅広く行われています（1社の技術開発力だけですべての分野で競争力のある製品を品揃えすることは不可能に近いため）。

　一般的にOEM販売契約の契約期間は2～3年程度です。

図表1　OEM販売契約の基本的枠組み

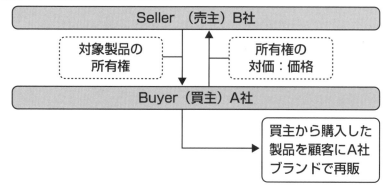

それではOEM販売契約について以下の仮想事例を設定して、もう少し具体的に考察することにしましょう。

> **仮想事例** 日本のIT企業Samurai社は中国のIT企業Panda社との間でセキュリティ機能付ストレージ（記憶装置）"Safety"をOEM供給することとなった。このためSamurai社はPanda社とOEM販売契約を締結することになった。

この仮想事例に即して言うとSeller（売主）がSamurai社、Buyer（買主）がPanda社となり、Samurai社が自社製品である"Safety"をPanda社へ販売、購入したPanda社は自社のブランドで"Safety"を顧客に再販することになります。

第2章 ■ OEM販売契約 中国Panda社へのセキュリティ機能付ストレージ"Safety"の販売契約

2 「OEM販売契約」の交渉ではどのようなことに気をつけるのか(1)
製品保証に関する条項

　次にOEM販売契約でどんな点が問題になるかを、私の過去の経験をもとに説明します。今までの経験から言うと最も問題になるのは以下の条項です。
①製品の保証及び責任制限条項（Warranty）
②独占販売権（Exclusive Sales Rights）
③最低購入数量（Minimum Purchase Commitment）
④価格及び支払条件（Price and Payment）
⑤知的財産権の権利非侵害の保証及び免責条項（Indemnification）
　これらのポイントについて仮想事例を適宜引用しながら、以下説明します。なお以下の説明では英米法に基づく契約（中国企業の場合は英米法である香港法またはシンガポール法）であることを前提として進めていきます。

　製品保証条項は、OEMを含む売買契約では最も後で問題になりやすい条項であり、特に慎重な検討が必要です。仮想事例の売主Samurai社、買主Panda社のケースで考えると、当事者の典型的なポジションは以下のようになります。

図表2 製品保証条項における当事者のポジション

売主Samurai社の主張の一例	買主Panda社の主張の一例
・供給する製品に製造、材料の瑕疵（法律用語で概ね「不良」と同義）のないこと、及び ・供給する製品が仕様書に合致していること 　の２点を保証する。設計の瑕疵に関する保証はしない ・保証期間は納入から12ヶ月（１年間） ・対象製品の保証違反の場合、売主の救済手段（取るべき対応）は修理（repair）及び交換（replace）。どうしても修理、交換不可なら返金（refund） ・保証の対象外の場合を規定する ・黙示の保証（契約上、明示されなくとも、法律で規定されている保証）は排除	・仕様書への合致及び製造、材料の瑕疵のないことに加え、設計の瑕疵もないことを要求する ・仕様書にはなるべく多くの性能、品質に関する約束数値を盛り込み、これらの数値が未達成であれば、保証違反となる ・保証期間は買主の検収から18ヶ月、２年間、３年間等、12ヶ月より長い期間 ・保証違反の場合の救済は原則修理または交換とし、どうしても不可なら返金、ということで可 ・保証の対象外の場合を規定することは内容次第で可 ・黙示の保証の排除は、明示の保証が十分記載されていれば可

両社の交渉の落とし所（妥協点）の一例
・製造・材料に瑕疵のないことは保証するが、設計に瑕疵のないことは保証しない ・保証の範囲になる仕様書については可能な限り、詳細に記載する ・保証期間は買主の検収から24ヶ月 ・対象製品の保証違反の場合、売主の救済手段（取るべき対応）は修理（repair）及び交換（replace）。どうしても修理、交換不可なら返金（refund） ・以下の場合には本契約の保証の対象外とする 　－自然災害による場合 　－買主または顧客による誤動作の場合 　－売主の同意のない改変の場合 ・黙示の保証は排除

　ただし保証期間についてはそれぞれの業界の慣行でばらつきが大きく、18ヶ月（１年半）、２年間、３年間とするもの（特に高い信頼性を要求さ

れる製品の場合）もしばしば見られます。

それでは売主Samurai社と買主Panda社とでそれぞれ具体的にどのような英文文言が主張されるかを見ていきましょう。

まず売主Samurai社の立場でよく使われる文言を下記します。

> **例文1：製造、材料に瑕疵のないこと及び仕様書への合致を保証し、保証期間は12ヶ月とする文言** 〔一般的。ただし売主に有利〕
>
> Seller warrants to Buyer only that for a period of twelve (12) months from [Seller's invoice date/Seller's delivery date/Buyer's acceptance date] in the case of new Products, and for a period of sixty (60) days from [Seller's invoice date/Seller's delivery date/Buyer's acceptance date] in the case of repaired components, such Products and components (a) will be free from defects in materials and workmanship under normal and proper use, and (b) will comply with the Specifications (Exhibit A) in all material respects.
>
> [和訳]
> 売主は新品の場合はその請求書の日付（または納入日または買主の検収日）から12ヶ月間、修理部品の場合は（同じく）請求書の日付（または納入日または買主の検収日）から60日間、かかる製品または修理部品は（a）通常及び適切な使用の下で材料及び製造の瑕疵のないこと及び（b）仕様書（添付A）に合致していることを保証する。

一方、買主Panda社の立場では設計の瑕疵に対する保証を求めるのが通常です。次に買主の立場での例文を示します。

> **例文2：設計、製造、材料に瑕疵のないことを含め、保証の範囲が広い文言** 〔買主に有利〕
>
> For a period of twenty four (24) months from the Buyer's acceptance date, Seller warrants that Product supplied as well as all

materials and/or parts integrated into Product shall (a) be free from either patent or latent defects in material, design and workmanship, (b) be of the kind and quality described in any descriptions, specifications or Individual Contract and (c) meet all performance guarantees set forth in Individual Contract.
[和訳]
買主の検収から24ヶ月間、売主は製品に含まれるすべての材料、部品及び供給される製品に（a）材料、設計、製造の明示または隠れた欠陥のないこと、（b）製品の記述、仕様書及び個別契約に記載された性質及び品質であること、及び（c）個別契約に記載されたすべての性能保証を満たすことを保証する。

上記売主Samurai社と買主Panda社の主張がぶつかり、交渉の結果の落とし所（妥協点：保証期間は長いので買主に有利だが、保証の範囲は売主寄りの例）に至った場合の文言の一例を以下に示します。

例文3：保証条件に関する妥協点の文言の一例　妥協案

Seller hereby represents and warrants that the Products shall meet in all material respects the Product Specifications as set forth in Exhibit X, and be free from material defects in workmanship and materials for a period of twenty four (24) months from the date of the acceptance of such Products (a "Warranty Period").
[和訳]
売主は製品の検収日から24ヶ月間（「保証期間」）、添付書類Xに記載される製品仕様書に実質的なすべての面で合致していること及び材料及び製造について瑕疵のないことを保証する。

上記のレベルの文言で妥協して合意した場合、実際上は保証の根拠となる製品仕様書の解釈で揉めることが多いため、製品仕様書を記述する技術部門が正確かつ明確な製品仕様書を作成することが非常に大切になります。

また供給製品が保証に反した場合の救済としては修理（repair）及び交換（replacement）が一般的で、どうしても修理、交換のいずれも不可能な場合に代金返金を規定することもあります。過去の経験ではこの救済に関する条項は売主Samurai社も買主Panda社も大きな問題はなく、概ね例文4のような条項に近い内容で合意されることが多いと言えます。

例文4：保証違反の場合に修理または交換を行い、それが不可能な場合は返金を行う旨の規定　　一般的。だたし売主に有利

Buyer's exclusive remedy and Seller's entire liability in contract, tort or otherwise for warranty claim for the Products or Spare Parts are the repair or replacement of any Products or Spare Parts which Seller determines during the warranty period are defective in materials or workmanship. If, after repeated efforts, Seller is unable to repair or replace a defective Product, Buyer's exclusive remedy and Seller's entire liability in contract, tort or otherwise, shall be the issuance of a credit by Seller in an amount not to exceed the invoiced device. This shall be Buyer's sole and exclusive remedy in event of warranty claim.

[和訳]
製品または部品に対する保証違反のクレームに対する契約、不法行為その他の理由に基づく買主の唯一の救済あるいは売主の唯一の責任は、売主が保証期間中に材料または製造の瑕疵があったと決定した製品の修理または交換である。もし繰り返しの努力の後も売主が欠陥ある製品の修理または交換できない場合には、契約、不法行為その他の理由に基づく買主の唯一の救済あるいは売主の唯一の責任は請求金額を越えないクレジット（返金）を行うことである。これが買主にとって保証違反のクレーム時における唯一かつ排他的な救済である。

　次に、自社に責任がなく、保証の対象外となる場合の規定ですが、以下のような（1）自然災害による場合、（2）誤使用による場合、（3）買主による改変のなされた場合については買主Panda社でも受け入れることが

多いといえます。

> **例文5：上記3つの場合は保証の対象外とする文言** 〔一般的。だたし売主に有利〕
>
> Seller shall treat the following returned Products as "Out of Warranty" despite of the Product being within Warranty Period by Seller's discrete judgment:
> (A) Products damaged by natural disaster (Damage caused by lightning, earthquake, fire, etc.);
> (B) Products damaged by misoperation or misuse (such as, but not limited to, excessive voltage supplies, cable and/or cable connector damage, program/parameter misdownloading, etc.) of Buyer's or Buyer's customer (s); and/or
> (C) Products altered or modified without Seller's agreement, or modified any portion other than repaired.
>
> [和訳]
> 売主は自身の裁量による判断で、下記の場合の返却済み製品を例え保証期間内であっても「保証対象外」として扱うものとする：
> (A) 自然災害により損傷を受けた製品（落雷、地震、火災等で引き起こされた損害）
> (B) 買主または買主の顧客による誤操作（例：過大な電圧供給、ケーブルまたはケーブルコネクタの損傷、プログラム/パラメータの誤ったダウンロード等、ただしこれらに限られない）により損傷を受けた製品、または
> (C) 売主の同意なく変更、改変された製品または修理部分以外の箇所が変更された製品

　次に契約で明示された以外の一切の保証は排除される旨の規定です。売主Samurai社の立場では必ずこの黙示の保証排除文言を入れるべきであり、買主Panda社の立場でも契約上明文の保証が十分規定されていれば、合理的なものとして受け入れるのが通常です。

なおUCC（Uniform Commercial Code：米国統一商法典）上、この保証排除文言はconspicuous（よく目立つ）であることが要求され、契約書上、すべて大文字または赤字で記載されるのが通例です。

例文6：黙示の保証排除文言 〔一般的。だたし売主に有利〕

DISCLAIMER OF WARRANTY. THE FOREGOING WARRANTIES ARE THE SOLE AND EXCLUSIVE WARRANTIES GIVEN BY SELLER TO BUYER IN CONNECTION WITH THIS AGREEMENT, EXPRESS OR IMPLIED, AND SELLER DISCLAIMS ALL IMPLIED WARRANTIES, INCLUDING IMPLIED WARRANTIES OF MERCHANTABILITY AND FITNESS FOR A PARTICULAR PURPOSE. SELLER DOES NOT PROMISE THAT THE PRODUCT IS ERROR-FREE OR WILL OPERATE WITHOUT INTERRUPTION.

[和訳]

保証の排除　上記の保証は黙示のものであれ、明示のものであれ、本契約に関連して買主より売主に与えられる唯一かつ排他的な保証であり、かつ売主は商品性[1]または特定目的の適合性[2]を含む黙示の保証を排除する。売主は製品にエラーがないこと及び中断なく動作することは保証しない。

---

1 「商品性」：契約対象製品が少なくともそのような物品が通常使われる目的に適合することの保証。売主が承認の場合に成立します。
2 「特定目的の適合性」：契約対象製品が特定の目的に適合することを内容とする保証。①物品がある特定の目的に使用されること、②その目的に適合する物品の選択や調達について買主が売主の技術力または判断力に依存していること、を契約締結時に売主が知り得べきであった場合に成立します。
－いずれも米国UCC上で規定されている黙示の保証です。

第2章 ■ OEM販売契約　中国Panda社へのセキュリティ機能付ストレージ"Safety"の販売契約

3 「OEM販売契約」の交渉ではどのようなことに気をつけるのか(2) 責任制限条項(Limitation of Liabilities)

次に責任の制限条項について説明します。まず責任の制限条項の意味ですが、例えば製品の不良（契約上の用語で言えば保証違反）があって、売主が買主に対し損害賠償（売主が買主に対し、生じた損害を穴埋めするために支払をすること）を行う場合にその金額の限界をどのように定めるか、という問題です。

売主Samurai社、買主Panda社のケースで考えると、当事者の典型的なポジションは以下のようになります。

図表3 責任制限条項における当事者のポジション

売主Samurai社の主張の一例	買主Panda社の主張の一例
（基本的な立場） ・1つのビジネスで無限大のリスクを負うわけにはいかないので、売主の損害賠償責任に制限を設ける（金額上限をつける）条項を規定することは必須 ・**無制限の賠償責任のリスク（いわゆる「青天井」のリスク）は必ず避ける** （具体的な主張） ・責任の上限は（約50M$の金額の契約について）5M$（5億円、1$＝¥100換算）または本契約のもとで受領した金額の低いほうとする ・間接責任の排除	（基本的な立場） ・売主の契約違反から生じた損害は全額売主が賠償するのが基本（もともと責任は売主にあるから） ・どうしても売主の責任の上限が必要と言うなら、ほとんどの場合をカバーするような大きな責任金額の上限とする必要がある （具体的な主張） ・責任の上限は原則なし。どうしてもSamurai社が責任の上限が必須、と言うなら約50M$の契約だから、上限金額は（それより十分大きい）100M$（100億円、1$＝¥100換算） ・間接責任の排除は責任上限が十分に大きければ、受け入れ可 ・納期遅延の場合の約定損害賠償（liquidated damages）を求める

> **両社の交渉の落とし所
> （妥協点）の一例**
>
> ・売主の責任制限金額は契約違反を生じた対象製品のトータル売上金額を上限とするが、以下の場合は例外（すなわち上限なく、無制限）
> ①過失による人身傷害の場合
> ②第三者知的財産権侵害の免責・補償の場合
> ③守秘義務条項違反の場合
> ・間接責任の排除は合意する
> ・納期遅延の場合の約定損害賠償は規定しない

　では売主Samurai社、買主Panda社の立場で具体的な契約文言としてそれぞれどんな主張がされるかを考えてみましょう。

● 1．責任の上限金額について

　まず買主Panda社の立場で「責任の上限は原則なし」ということになれば、単純に責任制限の規定は置かないことになります。ただし、このアプローチは売主Samurai社としては非常に受け入れがたいので、ほとんどの契約では何らかの形の責任制限条項が規定されています。このような責任制限の規定のやり方としては
①具体的な絶対金額を規定するもの
②当該契約で買主が売主に対して支払った金額を上限とするもの
　がよく用いられています。
　①のやり方の例文を以下に示します。

例文7：責任の上限を絶対的な金額で定めた例　**一般的。ただし売主に有利**

NOTWITHSTANDING ANY OTHER PROVISION OF THIS AGREEMENT, NEITHER PARTY'S TOTAL AGGREGATE LIABILITY FOR DIRECT DAMAGES HEREUNDER SHALL EXCEED (X) MILLION DOLLARS ($X,000,000).

[和訳]
本契約の他のいかなる条項にかかわらず、本契約上での各当事者の直接損害の責任は［X］M＄を超えないものとする。

さきほどの売主Samurai社と買主Panda社の主張で言えば、上記条文のXM$の金額を5M$とすれば、売主Samurai社の主張、100M$とすれば、買主Panda社の主張となります。このように契約の規模を念頭に置きつつ、単純に契約金額上限の絶対金額の交渉になることもしばしばあります。

次に②のやり方の例文を下記に示します。

> **例文8：責任の上限を個々の注文書で支払った金額を上限とすると定めた例　[売主に有利]**
>
> IN NO EVENT SHALL SELLER'S TOTAL LIABILITY OF EACH INDIVIDUAL PURCHASE ORDER COVERED UNDER THIS AGREEMENT TO BUYER EXCEED THE TOTAL PURCHASE AMOUNT OF SUCH INDIVIDUAL PURCHASE ORDER.
>
> [和訳]
> 本契約の下で対象となる個々の注文書に関する売主の買主に対する責任はかかる個々の注文書の購入金額を越えないものとする。

②のやり方は絶対金額を指定するのと異なり、当該契約の取引規模によって上限が変動するので、取引の規模が大きくなるか小さくなるか予想しがたい、比較的長期の契約の場合によく採用されています。

この責任金額の上限について、売主Samurai社と買主Panda社の主張がぶつかり、交渉の結果の落とし所（妥協点）に至った場合の文言の一例を以下に示します。

> **例文9：責任金額上限に関する妥協点の文言の一例（責任制限金額の上限は設定するが、例外として上限のない場合を定める規定）　[妥協案]**
>
> NOTWITHSTANDING ANY OTHER PROVISION OF THIS AGREEMENT, EXCEPT FOR (1) PERSONAL INJURY CAUSED BY SELLER'S NEGLIGENCE, (2) INDEMNIFICATION OBLIGATIONS UNDER SECTION XX, (3) BREACH OF CONFIDENTIALITY OBLIGATIONS UNDER SECTION

YY, SELLER'S TOTAL AGGREGATE LIABILITY FOR DIRECT DAMAGES HEREUNDER SHALL NOT EXCEED THE AMOUNT PAID BY BUYER TO SELLER FOR THE SPECIFIC PRODUCTS THAT CAUSE THE DIRECT DAMAGES OR THAT ARE THE SUBJECT MATTER OF, OR ARE DIRECTLY RELATED TO, SUCH DAMAGES.

[和訳]
本契約の他のいかなる条項にかかわらず、(1)売主の過失に基づく人身傷害(2)XX条に規定されている(売主の)保証義務(3)YY条に規定されている守秘義務条項の違反の場合を除き、売主の責任金額の上限は直接損害を引き起こしたまたはその対象となったまたはかかる損害に直接関連している特定の製品について買主が売主に支払った金額を越えないものとする。

●2．間接損害の責任の排除について

「間接損害[3]（拡大、結果的、派生的）損害（indirect/consequential damages）」とは「様々な事情が介在することによって派生的・連鎖的に生ずる後発損害」のことです。

契約違反の当事者（OEM売買契約の場合は主に売主であるSamurai社）にとってはどこまでこの間接責任の範囲が拡がっていくかわからないので、間接責任については責任を負わない旨を明記することが一般的な原則とされています。この間接責任排除は（売主はもちろん）買主にとっても通常の規定であり、買主としては間接損害以外の直接責任については十分にカ

3　（主に英米法で）様々な事情が介在することによって発生する損害を一般に「間接損害」（indirect damages）と呼びます。それに対し何からの契約違反（例えば保証違反）の結果、必ず発生する損害を「直接損害」（direct damages）と呼びます。例えばスマートフォンが契約上の保証に違反して故障した場合を考えてみましょう：
(1)　この場合には少なくとも故障したスマートフォンの修理費用はほぼ確実に発生します。そのため、この費用は一般に直接損害とされています。
(2)　一方故障したスマートフォンを用いて所有者が電子商取引のようなビジネスをやっていたとしましょう。この場合、故障期間中そのビジネスができなくなり、所有者は当該ビジネスによる利益を失うことになります。このような利益は「逸失利益」と呼ばれており、かつこの利益は「所有者がスマートフォンを使って、電子商取引のようなビジネスをやっていた」という特別の事情が介在することによって発生した損害であり、それゆえ「間接損害」であるとされています。

バーされていることを前提に、一般に受け入れられています。先ほどの売主Samurai社と買主Panda社間でも間接責任の排除を認めることを落とし所としています。

例文10：間接損害の責任の排除を定める例文　（一般的。ただし売主に有利）

In no event shall Seller be liable for any special, incidental or consequential damages including, but not limited to, damages for loss of profit, claims of Buyer or Buyer's customers for service interruptions, and/or costs incurred in connection with substitute facilities or supply sources.

[和訳]
いかなる場合においても売主は、逸失利益またはサービスの中断あるいは代替設備または代替供給元に関連して発生した費用等の買主または買主の顧客からのクレームを含む特別、付随または結果損害について責任を負わない。

第2章 ■ OEM販売契約　中国Panda社へのセキュリティ機能付ストレージ"Safety"の販売契約

4 「OEM販売契約」の交渉ではどのようなことに気をつけるのか（3）
独占販売権（Exclusive Sales Right）に関する条項

　OEM売買契約において保証条項の次に大きな問題になるのは、買主（仮想事例の場合で言えばPanda社）に**独占販売権（Exclusive Sales Right）**を認めるかということです。この点は契約対象のビジネスに大きな影響を与えるので、契約担当の営業パーソン、企画パーソンとしては十分慎重に検討しなくてはなりません。

　その前提としてExclusive Sales Right（独占販売権）、Non-exclusive Sales Right（非独占販売権）の法的な意味をよく理解する必要があります。独占販売権の概念が十分に把握できれば、非独占販売権はその反対語として意味が十分理解できますから、ここでは独占販売権を中心に説明します。

●Exclusive Sales Right（独占販売権）とは何か

　Exclusive Sales Rightとは「売主が①当該独占販売権を許諾後、②当該独占権を持つ買主への販売権と重複するような他の販売権を、③当該買主以外の第三者に許諾しないことを約束する取り決め（言い換えると「**独占販売権顧客A社以外に売主が販売しないという約束**」）を指します。多くの場合、独占販売権には地域の限定がつきます（例：中国内での独占販売権、日本での独占販売権）。

　仮想事例の場合に即して説明すると、売主Samurai社が買主Panda社に中国国内において"Safety"を独占的に販売することを認めれば、売主Samurai社が買主Panda社に"Safety"の独占販売権を付与したことになります。

　したがって、すでに非独占販売権がある地域（例：日本）が存在していても、その非独占販売権を存続させたまま、新たな地域での独占販売権（例：日本以外のアジア）を合意することができます。

●Exclusive Sales Right（独占販売権）に関するポジション

　この点も売主Samurai社、買主Panda社のケースに当てはめて考えてみましょう。

図表4 独占販売権条項における当事者のポジション

売主Samurai社の主張の一例	買主Panda社の主張の一例
（基本的な立場） ・独占販売権には売主にとってビジネス上様々な問題があり、OEM販売契約の場合、原則として買主にこの権利を与えるべきではない （理由） ①独占権を持つ買主が「権利の上にあぐらをかき」、売主にとって十分な対価獲得即ち投資回収ができるほど、売主関連のビジネスに熱心に取り組まない可能性がある ②売主の将来事業展開の足枷になる可能性が大。当該独占販売権地域において、売主自身によるビジネスができなくなってしまう可能性もある ③独占権を持つ買主が破産した場合（そこまで行かなくても業績不振に陥った場合）、その地域での売主ビジネスの推進が困難 ④複数の独占販売権を地域ごとに異なる買主（例：米国ではA社の独占販売権、EUではB社の独占販売権）に許諾した場合、後で独占権を持つ買主間の競争・紛争発生のもととなる	（基本的な立場） ・自社の販売地域で同一製品（本件の場合 "Safety"）を取り扱う競合他社がいてはビジネスは伸ばせない。独占販売権はビジネスの拡大の上で必須 （理由） ・販売地域に全く同一製品（"Safety"）を扱う競合他社がいると（差別化要因は価格だけなので）個別顧客の案件では価格の叩き合いになり、利益の出るビジネスにならない ・独占販売権を取ることができれば、販売・マーケティング投資を行って、相当の台数、金額を販売する自信がある

　この独占販売権の問題に関する交渉の落とし所については、いくつかのパターンが考えられます。

図表5 独占販売権における妥協点のパターン

パターン	両社の交渉の落とし所（妥協点）
1	単純に独占販売権は認めず、両社の関係は非独占とする
1A	単純に独占販売権は認めず、両社の関係は非独占とする（ただし契約外、例えば売主Samurai社の幹部コメントのような形で「現時点、販売地域（例：中国）ではOEM販売先はPanda社1社である」旨を表明。Panda社に多少の安心感を与える）
2	一定の留保・条件をつけて独占販売権を認める。この留保・条件としては例えば以下のものがある ①売主Samurai社自身の販売は独占販売地域でも可能 ②独占権を持つ買主の販売台数または支払金額にミニマム（最低限）を設定し、それがもし未達成の場合には、独占販売権が非独占販売権に変わる、あるいは売主から一方的に独占販売権契約を解約できる ③販売権対象製品がOEM契約またはシステムの一部の場合（例：ITシステムの一部としてのプリンタ・補助記憶装置）には、システム一式に含まれる形で販売権対象製品が当該独占地域で販売される可能性がある

　私の経験した限りではパターン1で決着するケースが大半ですが、稀にパターン1A、パターン2で決着したこともあります（Samurai社のような売主は独占販売権の条項に強い抵抗を示し、他の条項で譲歩しても独占販売権は認めない方向で交渉することが多いため）。
　以下パターン1とパターン2の場合について、それぞれ具体的な文言例を示します。

例文12：（パターン1）売主と買主との関係が非独占であることを明示する文言　一般的かつ中立的

The relationship between Seller and Buyer under this Agreement is non-exclusive. Seller may sell the Products or similar products to other purchasers in such a form and under such terms as Seller may desire.

[和訳]

本契約上の売主と買主の関係は非独占とする。売主は自身が望む方式及び条件で（契約対象）製品及び類似の製品を他の購入者に販売することができる。

パターン２の例文として、
① 当該独占地域での売主自身のビジネスの留保
② 独占権を持つ買主の対象製品販売台数未達成の場合のNon-exclusive Sales Right（非独占販売権）への切替え
③ OEMまたはシステムの一部としての販売は独占販売権の例外
を規定した場合の文言を以下に示します。

例文13：（パターン２）留保権つき独占販売権の許諾条文例　買主に有利

Seller grants and agrees to grant to Buyer during the term of this Agreement an exclusive, non-transferable right to sell Products in Territory subject to the following:

1) In case Seller and a third party or parties outside Territory enter into OEM contract on Products, Buyer recognizes that Products may be sold by such a third party or parties in Territory;
2) Buyer recognizes that Japanese customers may bring Products into Territory as a part of their system, which are supplied by Seller to such Japanese customers; and
3) In case Buyer's total sales volume of Products does not reach XXX units during the first YYY years after the execution of this Agreement, Buyer agrees that the exclusive right to sell Products granted hereunder shall become non-exclusive.

[和訳]
本契約期間中、売主は買主に対し当該地域において製品を販売する独占的かつ譲渡不可の権利を以下の条件のもとで許諾する：

1）売主と当該地域外の第三者が製品のOEM契約を締結した場合、買主は当該地域において、かかる第三者により製品が販売される可能性のあることを認識する。
2）日本の顧客が（売主の提供した）自社システムの一部として製品を当該地域に持ち込む可能性のあることを買主は認識する。
3）買主による製品の購入数量が契約締結後YYY年間でXXX台に達しない場合、本契約上で許諾された独占的に製品を販売する権利が非独占に変更になることに買主は同意する。

第2章 ■ OEM販売契約　中国Panda社へのセキュリティ機能付ストレージ"Safety"の販売契約

5 「OEM販売契約」の交渉ではどのようなことに気をつけるのか（4）
最低購入数量（Minimum Purchase Commitment）に関する条項

　独占販売権条項と並んでOEM販売契約で大きな問題になるのが最低購入数量（Minimum Purchase Commitment：ミニマム・パーチャス・コミットメント）の条項です。

　この条項が規定されると買主は**最低購入数量条項に規定された台数（または金額）については購入する義務を負います**。

　この最低購入数量についても以下のような様々なパターンがあります。

①契約の全期間（例えば2年間）で一定の台数（または金額）の購入をコミットするもの

②契約の期間中、年度ごと、半期ごと、四半期ごとに一定の台数（または金額）の購入をコミットするもの

③契約対象の製品の機種別には購入台数をコミットするもの

　この最低購入数量（Minimum Purchase Commitment）に関しても売主Samurai社、買主Panda社のケースに当てはめて考えてみましょう。

図表6 最低購入数量（Minimum Purchase Commitment）条項における当事者のポジション

売主Samurai社の主張の一例	買主Panda社の主張の一例
（基本的な立場） ・OEM販売契約はボリュームの確保を目的としているから、この最低購入数量の条項は極力入れたい ・買主Panda社に独占販売権を認めざるを得ない場合はその見返りとして一定レベルの最低購入数量の約束が必要である	（基本的な立場） ・今後Panda社自社ブランドでどれくらい売れるかわからないのにSamurai社からの購入数量、台数をコミットするなど論外であり、基本的に不可 ・ただし以下の条件を満たすなら、最低購入数量条項について規定することも例外的に考慮に値する ①独占販売権を取得できる場合 ②一定の最低購入数量をコミットすることにより、売主からより有利な価格の提示を期待できる ③最低購入数量のレベルが実際に予想される購入数量より十分に低い（例：予想購入数量は年間1,000台であるが、最低購入数量は年間200台のレベル）ので、確実に達成できる

　この最低購入数量（Minimum Purchase Commitment）の問題に関する交渉の落とし所についてもいくつかのパターンが考えられます。

図表7 最低購入数量条項における妥協点のパターン

パターン	両社の交渉の落とし所（妥協点）
1	最低購入数量については規定なし（独占販売権についても認めず、非独占販売権とする）[4]
2	独占販売権を認めるとともに、一定レベルの最低購入数量を規定する
3	非独占販売権とするが、非常に低いレベルの最低購入数量を規定する

私自身の過去の経験では**パターン１で決着するケースが大半**ですが、パターン２及びパターン３で決着することも稀にあります。

仮にパターン２またはパターン３で決着したとして、年度ごとに最低購入数量を定める趣旨の例文は次のようになります。

例文14：年度ごとに最低購入数量を定める文言　売主に有利

Buyer shall purchase from Seller the minimum quantity of the Products specified below during the term of this Agreement as follows:

First Year (2016)　　　＿＿＿＿＿＿＿ Units
Second Year (2017)　　＿＿＿＿＿＿＿ Units

Minimum quantities of Products or Spare Parts to be purchased in any extension term shall be agreed upon by the parties no later than the commencement of such extension term.

[和訳]
本契約の期間中、買主は売主から以下に明記された製品の最低数量を購入する義務を負う：
契約第１年度（2016年）　　　＿＿＿＿＿＿＿台
契約第２年度（2017年）　　　＿＿＿＿＿＿＿台
契約延長期間における製品または部品の購入数量についてはかかる契約延長期間が開始される時点より以前に当事者によって合意されるものとする。

4　最低購入数量の条項が確保できない場合には以下の代替手段が検討に値します。
①設計コスト回収のため、契約時前払いのNRE（Non-recurring Engineering）Feeの条項を定める。
②フォーキャストの一部（例：直近３ヶ月分）について購入義務を定める。（いわゆるForecast Binding条項）

第2章 ■ OEM販売契約　中国Panda社へのセキュリティ機能付ストレージ"Safety"の販売契約

6 「OEM販売契約」の交渉ではどのようなことに気をつけるのか(5)
価格及び支払条項
(Price & Payment)

● 価格（Price）

　価格は当然、売買契約の一種であるOEM販売契約では最も重要な条件の1つです。したがって、価格そのものは売主の見積・提案または買主の希望価格をベースに激しくネゴされて、これまで説明してきたような契約条項とは独立して合意に至るわけですが、契約上は合意の前提条件を明確にしておく必要があります（そうでないと後の契約紛争の原因となります）。この明文化しておくべき前提条件には例えば以下のものがあります。

①通貨（円建て、米ドル建て、ユーロ建て、人民元建て等があり得る）

　日本に本社を置き、日本円で財務諸表を作成する日系企業の場合、当然円建てが為替リスクもなく、最も望ましいです。契約の通貨は買主との力関係で決まることになりますが、日系企業の営業担当者としてはまずは極力円建てで交渉すべきということになります。ただ実際上は円建てはなかなか通らず、米ドル建て、ユーロ建て等、円以外の通貨になることもよくあります。この場合には以下で説明する為替調整条項を規定することが売主としては検討すべき事項となります。

②金額が税込みか、税抜きか。税込みなら、どの税金が含まれているか
③船積み条件の扱い

　また価格は頻繁に見直しの対象になることや、製品機種別毎に定める必要があることから、契約の添付書類（Attachment/Exhibit）に規定することもよくあります。これらの前提条件を明確にした例文を右に示します。

　上記の前提条件を含め、価格と関連して契約条項で当事者の争いになるものとして右の条項があります。

例文15:価格を契約の添付(Attachment)に規定し、通貨は米ドル建てとした例 　中立的

The prices of the Products and Spare Parts shall be as listed in Attachment A. The above mentioned prices shall be firm during the original term of this Agreement. Unless otherwise agreed in writing, payment by Buyer shall be made in United States dollars.

[和訳]
製品及び部品の価格は添付Aに記載される。上記で述べた(添付A記載の)価格は契約期間中、固定であるとする。別途書面で合意されない限り、買主の支払は米ドルとする。

項目	売主Samurai社の主張の一例	買主Panda社の主張の一例
為替調整条項	日本企業Samurai社としては円建て以外の場合は為替調整条項を定め、為替リスクを減らしたい	ドル、ユーロ等主要な通貨建てになった場合には売主の責任で財務部門と調整して(為替予約を取る等)為替リスクを減らす手をとって欲しい。したがって為替調整条項は規定しない
税金	契約上の価格には税金(Tax)は含まれず、すべて別途買主Panda社が負担する	契約上の価格には(税金を含め)納入までに必要なすべての費用が含まれる
支払条件	新興国の場合及び信用に不安のある買主の場合は前金(advance payment)、L/C (Letter of Credit)決済等代金回収が確実な支払条件にしたい	対象製品を受領し、検収を上げた後の電信為替送金が基本である
延滞利息	一定期間以上の納期遅延の場合には延滞利息を請求する	延滞利息の条項は規定しない
約定損害賠償	納期遅延の場合の約定損害賠償(liquidated damages:略してリキダメ)は規定しない	納期遅延の場合には約定損害賠償を請求する
最恵価格条項	売主としての価格設定の制約とならないよう、最恵価格条項は設定しない	他社に比べ、割高な価格を設定されないよう最恵価格条項を規定する

それではこれらの条項について落とし所と条文例について検討していきましょう。

● 為替調整条項

通貨が円建て以外（ドル建て、ユーロ建て等）になった場合の為替調整条項ですが、（売主と買主の力関係次第ではあるものの）結局為替調整条項は入らず、売主が為替リスクをすべて負担する、という場合が一番多いというのが過去の私の経験です。やはり買主は「お客様」ですので、売主がよほど強い立場（例えば独占的にその製品を供給している等）でない限りは顧客側である買主の主張が通ることが多いからです。この場合、売主Samurai社は財務部門と話して為替予約を取る等、契約条項ではなく、社内での対策を推進することになります。

例外的に為替調整条項が合意された場合について、以下例文を示します。

例文16：1＄＝¥120を基準レートとした為替変動条項の例　　売主に有利

Prices are based on the exchange rate of Japanese yen to the U.S. dollar, as defined in the Wall Street Journal (the "Rate"). In the event the Ratio changes beyond the limits of +/-10%, then the excess (gain or loss) shall be shared equally between Buyer and Seller provided, however, that the Ratio exceeds the limits specified for three (3) consecutive months during the term of this Agreement. The starting exchange Ratio to be used is that ratio is (120 JYen/US$1). The settlement method will apply to future deliveries only and shall be negotiated in good faith by Buyer and Seller in accordance with this Section.

[和訳]
価格はウォール・ストリート・ジャーナルで定義される日本円の米ドルに対する為替レート（「レート」）に基づく。レートが上下10%以上を越えて変動した場合、その余剰（為替益または為替損）は買主と売主で等分に負担される。但し本契約の期間中、連続して特定の3ヶ月レートが上下限を超えることを条件とする。最初の時点のレートは1

米ドル＝120円とする。（為替益または為替損の）清算は将来の納入分のみとし、本条項に基づき、買主と売主で誠実に協議するものとする。

●税金

　税金については、私の過去の経験では売主Samurai社側の主張（税金はすべて買主負担）の線で合意することも買主Panda社側の主張（契約の価格にすべて税金は含まれ、税金は売主負担）で合意することも比較的稀です。結局、契約対象の取引で発生する**税金を一つ一つチェックし、どれが売主負担、どれが買主負担と個別に決めていく**、というのがよくある落とし所（妥協点）です。この前提で以下具体的な条文を検討することにしましょう。

　まず、売主Samurai社の主張（税金は価格に含まれず、原則買主負担とする条文です。

例文17：契約上の価格には税金は含まれないと定めた例 〔売主に有利〕

Prices do not include any taxes, now or hereafter applicable, which apply or may apply to the Products sold pursuant to this Agreement. Any such taxes will be added by Seller to the sales price where Seller is required by law to collect same, and will be paid by Buyer unless Buyer provides Seller with a proper tax exemption certificate in form and substance satisfactory to Seller.

[和訳]
（本契約記載の）価格は、本契約に基づき販売される製品に現在または今後適用されるまたは適用され得るいかなる税金も含まないものとする。かかる税金は法律上徴収が要求される場合、売主により価格に上乗せされ、かつ売主が満足する形式及び実質の適正な（税額控除のための）納税証明書を買主が売主に交付しなければ、買主により支払われる。

逆に売主側税金を負担すべき旨を定めた買主Panda社有利の文言を以下に示します。

例文18：売主側の税金はすべて売主負担とする文言 〔買主に有利〕

Any and all taxes, assessments or excises levied on Seller, and fees or charges incurred by Seller in connection with performance of any Contract shall be borne by Seller.

[和訳]
本契約の履行に関連して売主側に課されるすべての税金、評価額、または間接税あるいは売主に発生する費用はすべて売主負担とする。

最後に、関連する税金項目を検討した上で売主と買主がそれぞれ税負担の分担を決めた例（妥協点の一例）を下記します。

例文19：税金に関する妥協点の一例 〔妥協案〕

Prices set forth in this Agreement are exclusive of any applicable taxes or duties. For the purpose of clarification, Seller shall be responsible for the payment of all taxes and duties which are levied on Products until they are delivered to the point of Delivery pursuant to Article XX.

[和訳]
本契約上の価格には適用される税金及び公租は含まないものとする。ただし明確化のために述べるが、第XX条に基づく納入地点に納入されるまでに製品に関して取られる税金及び公租については売主負担とする。

●支払条件

支払条件（決済条件）は営業キャッシュフローとも密接な関係があり、適切に定める必要があります。主要な支払条件としては次のものがあります。

①T.T決済（Telegraphic Transfer：電信為替）

　荷為替手形を介さずに、外貨の受払が電信指図によって行われるものです（ほぼ日本での銀行振込と同じようなプロセスとなります）。銀行手数料が安く、手続が簡便である一方、相手方の意志次第なので代金回収のリスクが他の決済条件より高いです。代金回収リスクの低い海外関連会社や大手の欧米企業との代金決済についてこの手段を用いている場合が多いと言えます。

　以下に請求書日付から45日以内にT.T決済にて支払う旨の例文を示します。

> **例文20：支払条件を売主のインボイス（請求書）の日付から45日以内、T.T決済と定めた文言　一般的**
>
> Payment by Buyer shall be made no later than forty-five (45) days from dates of Seller's invoice to Buyer by telegraphic transfer.
> [和訳]
> 買主による支払は売主による請求書日付より45日以内に行うものとする。

②L/C決済

　L/C（Letter of Credit:信用状）は銀行が顧客の依頼により開設する支払確約書で、輸出者に対して、輸出者が振り出した荷為替手形（Bill of Exchange）の引受・支払を保証する証書のことを指します。当社が振出した荷為替手形・船積書類がL/Cに記載された条件と合致している限り、銀行が支払保証をしてくれるので、債権保全として有効な手段となります。代金回収リスクの高い新興国・発展途上国向けの債権については原則このL/C決済の手段を用いるべきと考えます。

　L/C決済とする旨の例文を下記します。

> **例文21：中国顧客向けにL/C決済とする旨の文言　売主に有利**
>
> For the Purchase Order of Products, Buyer shall establish an irrevocable letter of credit (L/C) issued by Chinese Bank, which

> are listed below under this subsection, at least fourteen (14) calendar days prior to the delivery date. The letter of credit shall be payable in full within ninety (90) days after the date of Bill of Lading or Airway Bill and shall have an expiry date not earlier than ninety (90) days after the latest shipping date under the accepted order sheet.
>
> Each letter of credit shall be established at one of the following banks in XXX by Buyer.
>
> _____
> _____
>
> [和訳]
> 製品の注文書のために、買主は遅くとも納入日の14日より前に本条の付帯条項に記載されている中国銀行の発行した取消不能の信用状を発行する義務を負う。信用状は船荷証券または航空運送状の日付より90日間支払い可能とし、合意済みの注文表の下での直近の船積み日から90日経過する以前には失効しないものとする。
>
> 個別の信用状は以下に列挙されるXXX市所在の銀行において発行されるものとする。
>
> _____
> _____

　売主としては新興国の顧客や信用に不安のある顧客についてはL/C決済にしたいところです。私の過去の経験では**新興国の顧客の場合は比較的L/C決済の条件は受け入れられますが、先進国の顧客の場合は（多少信用に不安があっても）なかなかL/C決済の条件にならず、T.T決済で合意することが多いと言えます。**

● 延滞利息
　売主Samurai社の立場では、買主Panda社の支払が遅延した場合、延滞利息を請求できる規定を設けるべきです。また支払遅延の期間、出荷を停

止できることも合わせて規定しておくべきであると言えます。

> **例文22：支払い遅延の場合に法の許す延滞利息を取り、かつ出荷停止のできる旨の例文** 売主に有利
>
> Late Payment and Interest Charges
> Each late payment will be subject to a late payment charge which will not exceed the maximum authorized by law. Without liability to any person and without prejudice to any other remedy, Seller may withhold or delay shipment of any order or terminate this Agreement if Buyer is late in payment for more than sixty (60) days or otherwise in default under this Agreement.
>
> [和訳]
>
> 支払遅延及び延滞利息
>
> 個別の支払遅延は法律上許容される上限を超えない支払遅延損害金に服する。もし買主が60日以上支払を遅延し、その他本契約上の不履行に至った場合には、売主は他者に対し責任を負うことなく、かつ他の救済手段を排除することなく、製品の出荷を遅らせ、または停止することができ、あるいは本契約を解約することができる。

　一方、買主としてはこの条項は極力避けたい条項です。①次に述べる約定損害賠償条項等を要求して、妥協案としてこの延滞利息条項は売主に取り下げさせるか、②仮にこの条項を受け入れるとしても延滞利息の利率は極力低いレベルに抑えるべきかと思います。実際の妥協点のパターンについては次の「納期遅延と約定損害賠償（Liquidated Damages）」の箇所で延滞利息と約定損害賠償と双方をリンクさせて説明します。

●納期遅延と約定損害賠償（Liquidated Damages）

　買主Panda社の立場からは売主Samurai社の納期遅延の場合に約定損害賠償（Liquidated Damages：略してリキダメ）を要求することがあります。約定損害賠償とは損害賠償金額を事前に取り決めておく規定であり、①納期遅延の防止、②納期遅延の場合の早期解決、を目的に規定されます。

売主Samurai社としては極力避けたい条項ではあり、IT/電機系のOEM販売契約ではあまり見られません。一方、プラント建設契約などインフラ系の契約では幅広く採用されています。

例文23：納期遅延の場合の約定損害賠償例 　買主に有利

If the shipment of the Products is not completed by the date of shipment as provided in Article XX hereof, the Seller shall pay to the Buyer liquidated damages at the rate of US$ XX.XX per week for every week or part of a week during which the shipment of the Products remains uncompleted.

[和訳]
もし製品の出荷が本契約第XX条に規定される出荷日までに完了しなかった場合、売主は買主に対し出荷が完了しない間、XX.XX米ドル/週の約定損害賠償を毎週または週の一部の期間、支払義務を負う。

なお売主から延滞利息条項を要求すると、反対に買主（顧客）からは納期遅延の場合の約定損害賠償条項を要求されることが多いと言えます。このような場合は延滞利息条項も約定損害賠償条項も両方とも規定しないことで妥協を図ることがしばしば見られます。売主としては約定損害賠償を支払うことが社内の財務的、経理的に困難なことがしばしばあるためです。

以上を踏まえ、延滞利息と約定損害賠償に関する私の過去の経験に基づく落とし所（妥協点）は以下の通りです。

①いずれも規定する（特にインフラ系の契約でよくあるパターン）
②いずれも規定しない（インフラ系の契約ではまず見られない。約定損害賠償の条項はほとんどの場合規定されるから。IT関連の契約ではしばしば見られる）
③約定損害賠償のみ規定する（買主に有利な合意点）
④延滞利息のみ規定する（売主に有利な合意点）

私の過去の経験から言うとパターン１または２が多く、パターン３また

は４も時に見られるという感触です。

● 最恵価格条項（Most Favored Price Clause）

買主より、「当該顧客への価格は他の顧客へ販売される同種製品の販売価格と同等またはそれ以下の価格であること（すなわち当該顧客向けの価格は他の顧客向けの価格に比べ不利ではないこと）」を要求される場合があります。これがいわゆる**最恵価格条項（Most Favored Price Clause）**です。

一般的には本条項は売主の価格設定に制約を設けるので、OEM販売契約の場合、売主としてはなるべく受けるべきではないと言えます。

逆に買主の立場では一般に他社より割高な価格で購入する、ということは許容されないので、多くの場合この最恵価格条項を要求することとなります。特に大手企業の調達部門が作成した標準形契約には多くの場合、この最恵価格条項が規定されています。

売主の立場では買主との力関係上、最恵価格条項を受け入れざるを得ない時でも次のような限定をつける必要があります。

- **価格の決定時点、またはその定期的見直し時点における最優遇価格であること**（そうでないと、より低い販売価格が出てくる都度、価格を改定しなければならなくなる）
- あくまで**同じ製品**（同種製品：similar productという言葉は範囲が不明確なのでどうしても使うのであれば定義をはっきりさせる必要あり）を、**同程度の数量、同種の取引条件で購入している顧客との比較においての最優遇価格であること**

落とし所（妥協点）としては
① そもそも最恵価格条項は規定しない（売主の立場が相対的に強い場合）
② 最恵価格条項は規定するが、売主による何らかの限定がついている（買主の立場が相対的に強い場合）

のいずれかかと思います。過去の経験では①、②どちらも見かけます。

以下に最恵価格条項の条文を２件示します（売主に有利な最低限度のものと買主に有利なより詳細なもの）。

例文24：最低限度のレベルの最恵価格条項　　売主に有利

At the time when the price is determined quarterly, Seller will provide Buyer the most favored customer pricing available to any its customers for the Products and volumes on similar terms and conditions.

[和訳]
四半期毎に価格を決定する際、売主は買主に対し、類似の条件及び数量の顧客に提示している最恵価格を提供することとする。

例文25：より詳細で買主に有利な最恵価格条項　　買主に有利

The Seller's prices to Buyer for each of the Products to be provided under this Agreement will be at least as low as Seller's lowest prices to other customers for the same or substantially similar products. Seller will adjust the prices to Buyer effective as of the date such lower prices were first offered to such other customer. At the end of each contract year, a financial officer of Seller will certify in writing to Buyer that Seller has strictly complied with this provision and that no other customer of Seller is receiving prices lower than the prices for the supply of similar products.

[和訳]
本契約上での売主の買主に対する製品の価格は同種は又は類似の製品について売主が他の顧客に提供する価格より少なくとも同等（あるいはそれより低い）ものとする。売主はかかる他の顧客により低い価格が最初に提示された時点から（売主への）価格の調整（引き下げ）を行う。各契約年度の終わりに売主の財務担当役員は売主が本契約の条項に厳格に従っており、売主の他の顧客は同種の製品の提供において買主よりも低い価格を適用されていないことを書面で認証することとする。

第2章 ■ OEM販売契約　中国Panda社へのセキュリティ機能付ストレージ"Safety"の販売契約

「OEM販売契約」の交渉ではどのようなことに気をつけるのか(6)

7 知的財産権の権利侵害の免責・補償条項（Indemnification）

　OEM販売契約において、売主Samurai社の提供する製品（Safety）が第三者の知的財産権（特許権、著作権等）を侵害していると買主Panda社がクレームを受けた場合の扱いを定めた条項です。通常、売主は契約対象製品について第三者権利侵害のないことを買主に保証し、第三者からもしこのようなクレームがあった場合には買主を免責し、もし買主に損害が発生した場合は買主の損害を補償することを定めています。

図表8 Indemnification（免責・補償）条項の構造

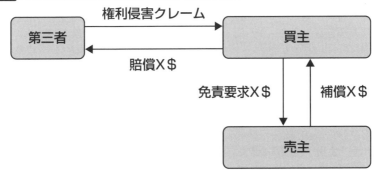

　平たい言葉で言うと買主が売主に第三者からクレームの「ツケをまわす」条項がこのIndemnification（免責・補償）条項です。

●Indemnification（免責・補償）条項での双方のポジション

　この点も売主Samurai社、買主Panda社のケースに当てはめて考えてみましょう。

図表9 免責・補償条項における当事者のポジション

売主Samurai社の主張の一例	買主Panda社の主張の一例
（基本的な立場） ・OEM販売契約において第三者権利侵害のクレームについて免責・補償の条項を設けることは一般的で、条項そのものは受け入れられる ・ただし売主のリスクを減らすべく、なるべく免責・補償の範囲に限定を設けたい。限定の方法としては例えば以下のものがある ①免責・補償の対象となる権利を限定する（例：特許権のみ、著作権のみ等） ②免責・補償の対象となる国・地域を特定する（例：日本のみ、日本と中国のみ、販売対象国のみ） ③免責・補償を納入時点に限定する ④免責・補償を「（売主が）知る限りにおいて」に限定する ・免責・補償を行う場合の手続を明確にする（逆に言うと買主が規定された手続を遵守しない場合は免責・補償しない場合もあり得る） ・侵害クレームが買主の責めに帰す場合等、免責・補償の例外となる場合を規定する	（基本的な立場） ・OEM購入なのだから、第三者から権利侵害のクレームを受けても買主としてはよくわからない。製造元である売主ですべての場合について、限定つけることなく、責任を取って欲しい ・売主による免責・補償の限定は少ないほうがいいが、合理的なものについては受け入れる用意がある。売主の個々の限定要求に対する対応は以下の通り ①免責・補償の対象となる権利を限定することは基本的に認められない。どの権利の侵害についてクレームを受けても買主として多大な影響を受けるから ②免責・補償の対象となる国・地域を特定するのも原則不可であるが、OEM製品の販売地域が限定されている場合は、その販売地域の国をすべてカバーしていれば、受け入れる余地はある ③及び④、すなわち免責・補償を「納入時に限定する」ことや「（売主が）知る限りにおいて」という限定をつけることは原則不可。買主がコントロール不能な場合でも売主の免責・補償が及ばなくなる可能性があるから ・免責・補償を行う場合の手続を明確にすることはその手続が合理的であれば、受け入れ可能 ・侵害クレームが買主の責めに帰す場合等、免責・補償の例外となる場合を規定することはその内容が合理的であれば、受け入れ可能

　私の過去の経験では、落とし所（妥協点）は

①売主による免責・保証の範囲・内容については（多少売主による限定はつくものの）比較的広い範囲で認められる
②免責・補償を行う場合の手続は詳しく規定される
③侵害クレームが買主の責めに帰す場合等、免責・補償の例外となる場合は規定される

といったところになります。以上を踏まえて、以下の英文文言を見ていきます。

まず売主の限定がなく、広く免責・補償する例（第三者の特許権、著作権、トレードシークレット等知的財産権の侵害のないことの免責・補償を定める例）を下記に示します。売主にとっては厳しい規定であるものの、このレベルの内容で合意することも多いのが実態です。

例文26：米国及び外国の第三者知的財産権侵害のない旨の保証条項
【一般的。買主に有利】

Subject to the other provisions of this Article X, the Seller warrants to the Buyer that the Product shall be delivered free of the rightful claim of any third party by way of infringement of any U.S. or foreign patent, utility model, registered design (design patent), trademark, mask work right, copyright or any other intellectual property right, or wrongful use or disclosure of a trade secret. These rights are collectively referred to as "Intellectual Property Right," and this warranty is referred to as the "Intellectual Property Warranty" elsewhere in this Article X.

[和訳]
売主は、この章に別段の規定がある場合を除き、契約物品が米国又は外国の特許権、実用新案権、意匠権（意匠特許権）、商標権、半導体の回路配置利用権、著作権その他の知的財産権の侵害または営業秘密の不正な使用もしくは開示を理由とする第三者の適法な権利主張を伴うことなく納入されるものであることを買主に保証する。本X条において、これらの権利を総称して「知的財産権」といい、この保証義務を「知的財産権にかかる保証」という。

> **例文27:第三者からクレームがあった場合の免責条項** 　買主に有利
>
> Subject to the other provisions of this Article X, the Seller shall bear all damages and expenses which the Buyer may reasonably sustain (including attorney's fees) as a result of a breach of this Intellectual Property Warranty.
> [和訳]
> 売主は、X章に別段の規定がある場合を除き、「知的財産権にかかる保証」に違反した場合に買主が合理的に被るすべての損害と費用(弁護士費用を含む)を負担する。

上記免責・補償文言は比較的広く売主の義務を規定しているので、売主Samurai社の立場からは何らかの範囲の限定をつけることが望ましいのは先ほど述べた通りです。以下何らかの限定をつけた例を4つ示します。

①免責・補償の対象となる権利を限定する

> **例文28:免責・補償の対象となる権利を特許権のみに限定する例**
> 　売主に有利
>
> Subject to the other provisions of this Article X, the Seller warrants to the Buyer that the Product shall be delivered free of the rightful claim of any third party by way of infringement of any U.S. or foreign patent.
> [和訳]
> 売主は、本X条に別段の規定がある場合を除き、契約物品が米国又は外国の特許権の侵害を理由とする第三者の適法な権利主張を伴うことなく納入されるものであることを買主に保証する。

②免責・補償の対象となる国を限定する

例えば、国を特定する(米国及び日本に限る等)、別紙に対象国をリストする(parties in the countries specified in Attachment Y)等の方法があります。この限定は特にOEM製品の販売地域が全世界ではなく、特定

の国、地域に限定されている場合によく規定されます。

> **例文29：免責・補償の対象となる国を米国及び日本に限定する例** 〔売主に有利〕
>
> Subject to the other provisions of this Article X, the Seller warrants to the Buyer that the Product shall be delivered free of the rightful claim of any third party by way of infringement of **any U.S. or Japanese** patent, utility model, registered design（design patent）, trademark, mask work right, copyright or any other intellectual property right, or wrongful use or disclosure of a trade secret.
>
> ［和訳］
> 売主は、本X条に別段の規定がある場合を除き、契約物品が**米国又は日本の**特許権、実用新案権、意匠権（意匠特許権）、商標権、半導体の回路配置利用権、著作権その他の知的財産権の侵害又は営業秘密の不正な使用もしくは開示を理由とする第三者の適法な権利主張を伴うことなく納入されるものであることを買主に保証する。

③免責・補償の時期を特定する（免責・補償は納入時点：at the time of deliveryに限るとする等）

> **例文30：免責・補償を納入時点に限定する例** 〔売主に有利〕
>
> Subject to the other provisions of this Article X, the Seller warrants to the Buyer that, **at the time of delivery,** the Product shall be delivered free of the rightful claim of any third party by way of infringement of any U.S. or foreign patent, utility model, registered design（design patent）, trademark, mask work right, copyright or any other intellectual property right, or wrongful use or disclosure of a trade secret.
>
> ［和訳］
> 売主は、本X条に別段の規定がある場合を除き、**納入時点において**契約物品が米国又は外国の特許権、実用新案権、意匠権（意匠特許権）、

商標権、半導体の回路配置利用権、著作権その他の知的財産権の侵害又は営業秘密の不正な使用もしくは開示を理由とする第三者の適法な権利主張を伴うことなく納入されるものであることを買主に保証する。

④ 免責・補償を売主の「知る限りにおいて」(to the best of its knowledge) に限定する

> **例文31：免責・補償を売主の「知る限りにおいて」に限定する例**
> 【売主に有利】
>
> Subject to the other provisions of this Article X, the Seller warrants, **to the best of its knowledge,** to the Buyer that the Product shall be delivered free of the rightful claim of any third party by way of infringement of any U.S. or foreign patent, utility model, registered design (design patent), trademark, mask work right, copyright or any other intellectual property right, or wrongful use or disclosure of a trade secret. These rights are collectively referred to as "Intellectual Property Right," and this warranty is referred to as the "Intellectual Property Warranty" elsewhere in this Article X.
>
> [和訳]
> 売主は、本X条に別段の規定がある場合を除き、**売主が知る限りにおいて**契約物品が米国又は外国の特許権、実用新案権、意匠権（意匠特許権）、商標権、半導体の回路配置利用権、著作権その他の知的財産権の侵害又は営業秘密の不正な使用もしくは開示を理由とする第三者の適法な権利主張を伴うことなく納入されるものであることを買主に保証する。

次に免責・補償条項について手続面、実体面で限定、制約をつけた条項を紹介します。

① 侵害が買主の責に帰すべき場合に免責の例外とする

具体的には「買主の設計図又は仕様書に起因する場合」「買主が提供す

る部品に起因する場合」「契約物品と他の物品、外部素子、外部回路又は外部装置との組み合わせに起因する場合」等が含まれます。

> **例文32：侵害が買主の責に帰す場合に免責の例外とする文言**　【売主に有利】
>
> Notwithstanding any other provision of this Article X, the Seller has no liability to the Buyer under this Intellectual Property Warranty when:
> (i) the infringement is attributable to the Buyer (including, without limitation, the situation in which infringement results from the Buyer's designs or specifications or results from components furnished by the Buyer, or results from combination with other products, external elements, external circuits or external apparatus);
> (ii) the infringement results from a modification or addition to the Product made by the Buyer or by a third party;
>
> [和訳]
> 本X条の他の規定にかかわらず、売主は買主に対して「知的財産権にかかる保証」に基づく責任を以下の場合負わないものとする：
> (i) 侵害の責任が買主に帰せられる場合（侵害が買主の設計または仕様書が原因である場合または買主から提供された部品により引き起こされた場合、または他の製品、外部の素子、回路、機器との組み合わせにより生じた場合を含む。ただしこれらに限られない）
> (ii) 買主または第三者による製品に対する修正または追加が侵害の原因である場合

②侵害が買主の要望に基づき、契約の範囲外で提供される情報、サービス、サポートに基づく場合に免責の例外とする

> **例文33：契約の範囲外の提供情報、サービス、サポートを免責の対象外とする文言** 〔売主に有利〕
>
> Notwithstanding any other provision of this Article X, the Seller has no liability to the Buyer under this Intellectual Property Warranty when：
> (i) the infringement results from any information, services or technical support concerning the application of the Product which the Seller furnishes to the Buyer at Buyer's request outside the scope of this Agreement;
>
> [和訳]
> 本X条の他の規定にかかわらず、売主は買主に対して「知的財産権にかかる保証」に基づく責任を以下の場合負わないものとする：
> (i) 本契約の範囲外で買主の要求により売主が買主に提供した製品の応用に関する情報、サービス、技術サポートが侵害の原因である場合

③買主が免責を受けるためにはクレームを受けてから合理的な期間内に売主に通知することを要するという条件（明示の期限をつけることもある）

> **例文34：買主のクレーム通知義務を定めた文言例** 〔売主に有利〕
>
> If, after delivery of the Product, the Buyer learns of a claim of infringement that could give rise to a breach of this Intellectual Property Warranty, the Buyer shall, within a reasonable time, not to exceed ＿＿＿ weeks after Buyer's discovery of the claim, give the Seller written notice thereof.
>
> [和訳]
> もし製品の納入後、買主が「知的財産権にかかる保証」違反を生じさせるような侵害クレームがあることを知った場合には、買主は合理的な期間内（ただし買主がかかるクレームがあったことを認識した時点から＿週間以内に）売主に書面でかかるクレームを通知する義務を負う。

④買主が訴訟を提起された場合に免責を受けるためには、売主に訴訟の指揮権を渡すこと及び買主の情報提供等協力を条件とする

> **例文35：買主が売主に訴訟の指揮権を渡すこと及び訴訟への協力を定めた文言例** 　一般的。売主に有利
>
> Seller's agreement and obligation to indemnify the Buyer shall arise only if Buyer gives Seller prompt notice of the infringement claim; grants Seller, in writing, exclusive control over its defense and settlement; and provides reasonable information and assistance to Seller, at Seller's expense, in the defense of such claim.
>
> [和訳]
> 売主による買主を免責する合意及び義務は以下の場合にのみ与えられる。買主が売主に権利侵害のクレームを早急に通知し、かつ書面により売主に訴訟の防御及び和解の排他的な指揮権を与え、かつ売主の費用負担において、訴訟防御において合理的な情報提供と援助を与える。

⑤売主の免責には金額の上限を設ける

売主Samurai社の立場では、この上限は必ず要求すべきです。

> **例文36：売主の責任の上限を契約金額（又はその＿＿％）と定める文言** 　売主に有利
>
> NOTWITHSTANDING ANY PROVISIONS CONTAINED IN THIS AGREEMENT, IN NO EVENT SHALL THE SELLER'S LIABILITY TO THE BUYER UNDER THIS SECTION (INCLUDING, WITHOUT LIMITATION, DIRECT, INCIDENTAL AND CONSEQUENTIAL DAMAGES) EXCEED THE TOTAL PURCHASE PRICE（or ＿＿＿％ OF THE TOTAL PURCHASE PRICE）OF THE ALLEGEDLY INFRINGING PRODUCT.
>
> [和訳]
> 本契約に含まれる他のいかなる条項にかかわらず、本条項上の責任（直接、付随及び結果損害を含むがこれに限らない）はいかなる場合

> においても侵害を主張された製品の全売上金額（あるいは全売上金額の__%）を越えないものとする。

ただし最近の傾向として、この第三者権利侵害に関する免責については一般的な責任金額制限の例外とすることもしばしば見られます（すなわち上限なしとする）。一旦権利侵害のクレームにより損害が発生した場合、その金額が膨大になる可能性があるためです。

⑥売主の免責の具体的な行為内容を定める
　また売主の免責の具体的な行為内容を定めることもよくあります。これら行為内容としては、
・買主が契約物品の使用もしくは販売を継続できるように権利を取得すること
・契約物品を改良し、もしくは契約物品と同等以上の物で代替するなど回避方法を講じること
・契約物品の返却に応じ、代金及び返却コストを払い戻すこと
が規定されることが多いです。

例文37：売主の免責の具体的内容を定める文言例　**一般的かつ中立的**

If an infringement claim is asserted, or if Seller believes one likely, Seller will have the right and the obligation: (i) to procure for Buyer the right to use Products for the use contemplated by Seller and Buyer in making this Agreement; (ii) to modify Products as appropriate to avoid such rightful claim of infringement, as long as modification for this purpose does not materially impair the operation thereof; or to use Products for the use contemplated by Seller and Buyer in making this Agreement; or (iii) to accept the return of Products and reimburse Buyer for the purchase price thereof and for the actual costs incurred from such return of Products, such as customs duty, tax and freight cost;

[和訳]
もし権利侵害のクレームが提起された場合、あるいは提起されそうだと売主が判断した場合、売主は以下の行為を行う権利と義務がある：

(i) 本契約締結において売主と買主により想定されていた使用のために製品を使用する権利を買主のために調達すること、または

(ii) 正当な権利侵害のクレームを避けるために適切なように製品を修正すること（ただしこの目的の修正が製品の動作または本契約締結において売主と買主により想定されていた使用を実質的に妨げないことを条件とする）または

(iii) 製品の返却及び製品購入金額及び返却に伴い発生する直接費用（関税、税金、輸送費等）の払い戻しを受け入れること。

第2章 ■ OEM販売契約　中国Panda社へのセキュリティ機能付ストレージ"Safety"の販売契約

8 「OEM販売契約」ではどんなことを取り決めるのか（どんな条項があるのか）

　ここまで、「製品保証に関する条項」「責任制限条項」「独占販売権に関する条項」「最低購入数量に関する条項」「価格及び支払条項」「知的財産権の権利侵害の免責・補償条項」について述べてきました。それ以外のOEM販売契約の主要な条項は以下の通りです。

①物の納入に関する条項－購入数量見通し（Forecast）、注文と受領、納期、納入、検査と検収、注文のキャンセル、リスケジュール、返品及び修理等
②ソフトウェアの保証
③OEM契約における商標の扱い
④メンテナンス及びサポート
⑤製品の技術的修正（Engineering Change）
⑥納入終了期限
⑦ソフトウェア・ライセンス及びドキュメンテーション

　これらの条項については具体的な英文契約の例文は和訳付で第3部資料編第2章および第3章に記載しましたので、実際にOEM販売契約を作成する場合には参考にしてください。

　なお、例文はつけませんでしたが、契約上の重要な用語を定義（Definition）の条項につけることもよく行われます。

COLUMN

中国企業との交渉で一般に何に気をつければよいのか

　OEM販売契約の一般的な注意事項に加え、中国では特に（日本企業が売主の場合）以下の点に注意が必要です。

❶入金及び代金回収に十分留意すること

　中国では（大分変わってきたとはいえ）まだまだ「ともかく支払を引き延ばすのが優れた経理担当者」という考え方が強く、一般に確実な入金の確保は相当困難です。確実な入金確保のために取るべき施策としては例えば以下のものがあります。
・（可能な限りの）信用調査とそれに基づく適切な与信枠の設定
・入金を確実にするような支払条件（前金、L/C）の契約上の確保
・ファクタリングの活用

　これらの手段を組み合わせた上で、担当営業者が足しげく顧客の所に通って、入金フォローをすることが実務上必要になります。

❷贈賄等コンプライアンス上の問題発生のリスクが日本より高いことを意識すること

　最近とみに取締りが厳しくなっていますが、中国ではしばしば贈賄等コンプライアンス上の問題が発生します。日本及び欧米とはかなり感覚が異なりますので、現地のOEM相手先、代理店等の状況をよくウオッチし、贈賄等コンプライアンス上の問題が発生していないかが常にチェックすることが大切です。

第3章 ソフトウェア・ライセンス契約
米国Eagle社への個人生体認証ソフト"Recognize"の契約

1 そもそも「ソフトウェア・ライセンス契約」とは何か

　コンピュータ・プログラム（例えばマイクロソフト社の文書作成ソフト・ワードや表計算ソフト・エクセル）等のソフトウェアの取引には**ライセンス契約**の形態が用いられます。

　「ライセンス契約」とはソフトウェア等について
・ソフトウェア等の権利者（licensor：ライセンサー）が
・その権利の実施、使用等の許諾を求める者（licensee：ライセンシー）に対して
・一定の内容の権利（例：使用権）を（通常は何らかの対価を得て）許諾する契約です。

　例えばAさんがマイクロソフト社のワード[1]・ソフトウェアのパッケージを入手し、仮に3万円を支払った場合で考えてみましょう。この場合には
・ライセンサーであるマイクロソフト社と
・ライセンシーであるAさんの間で
・ワード・ソフトウェアの使用権に関するライセンス契約が対価3万円で成立したことになります。

1　Wordは、米国 Microsoft Corporation の、米国およびその他の国における登録商標または商標です。

図表1 ライセンス契約[2]の基本的枠組み

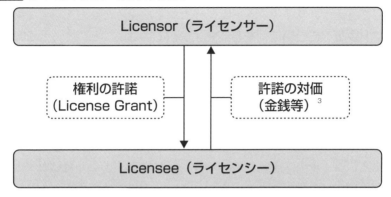

●ハードウェアの売買契約とどこが違うのか

　ライセンス契約の場合、ライセンサーはライセンス契約成立後も対象ソフトウェアに対する自己の権利（著作権等）をそのまま持っています。一方、売買契約の場合は契約に基づき売主から買主に所有権が移転すると、買主がその対象物に絶対的な支配権を得る、俗に言う「煮て食おうと焼いて食おうと自由」になります。この点がまずライセンス契約と売買契約で最も異なる点です。

　次にライセンスの対象となる知的財産は複数の権利の束であることに留意してください。例えばソフトウェアの権利の中核である著作権は複製権、修正権、サブライセンス権（再実施権）といった複数の権利から構成されています。したがって、

① 複製権はライセンスするが、修正権はライセンスしない
② 複製権、修正権はライセンスするが、サブライセンス権（再実施権）はライセンスしない

といった様々なライセンス形態が可能です。

　①の場合にライセンシーが勝手に契約ソフトウェアを修正すれば契約違反となります（ライセンスされていない修正権を行使したことになるため）。②の場合に契約対象ソフトウェアをライセンシーが無断で第三者に

2　「ライセンス契約」はソフトウェアの場合、「使用許諾契約」と訳されることが多いです。
3　ライセンス契約の場合、この許諾の対価である金銭は一般にroyalty: ロイヤルティと呼ばれています。

コピーを配布すれば、やはり契約違反となります（ライセンスされていない再販権を行使したことになるため）。

　一言で言えば、ライセンシーはライセンスを受けたからといって**契約対象ソフトウェアについて何をしてもよい訳ではない**、ということを理解するのがポイントです。

　さらに、ライセンサーはライセンス契約時、ライセンスに**種々の制限、条件をつけることができます**。例えば、「契約対象ソフトウェアの使用は社内の自己使用に限られる（"for internal use only"）」という制限はその代表的なものです。

　要するにライセンス契約というのは、ソフトウェアを「買った」と言うよりも「一定の条件で借りた」というイメージに近いものであると理解しておけばいいでしょう。

第3章 ■ ソフトウェア・ライセンス契約 米国Eagle社への個人生体認証ソフト"Recognize"の契約

2 「ソフトウェア・ライセンス契約」の種類
—エンドユーザー向けライセンス契約とサブライセンス権付ライセンス契約

ソフトウェア・ライセンス契約には、

①ライセンサーが実際にソフトウェアを使用するユーザー(エンドユーザー:最終使用者)に直接ライセンスする契約(いわゆる「エンドユーザー向けライセンス契約」)

②ライセンサーがエンドユーザーに直接のライセンスをせず、中間に第三者(サブライセンス権付ライセンシー)を入れ、その第三者がエンドユーザーにライセンスする契約(いわゆる「サブライセンス(再実施許諾)権付ライセンス契約」)

の2種類があります。

図表2 エンドユーザー向けライセンス契約とサブライセンス権付ライセンス契約

①エンドユーザー向けライセンス契約

Licensor(ライセンサー)
↓ ライセンス
Licensee(ライセンシー)

②サブライセンス権付ライセンス契約

Licensor(ライセンサー)
↓ ライセンス
サブライセンス権付ライセンシー
(Licensee with Sublicense Right)
↓ サブライセンス
エンドユーザー(End User)

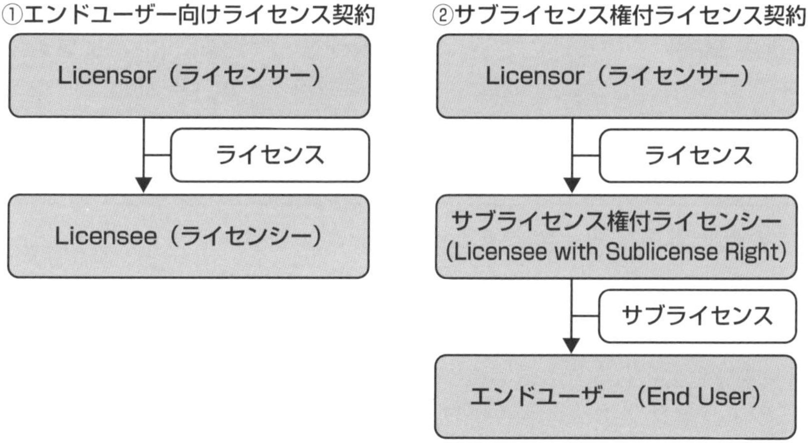

例えば米国A社開発の生産管理ソフトウェアXを、日本のライセンシーB社(多くの場合、販売代理店を兼ねます)がサブライセンス権付ライセンスで取得し、日本の顧客に日本語版Xを提供する、という形態が典型的なサブライセンス権付ライセンス契約です。この場合のよくあるパターン

は、B社はA社からソフトウェアXのソースコードを入手し、日本語化するための修正を実施（契約上はソフトウェアXの修正権のライセンスを受ける）し、その日本語化したソフトウェアXをオブジェクトコード形式で頒布するというものです。このためB社自身がソフトウェアXの頒布権、複製権を得るとともに、エンドユーザーに対し使用権をサブライセンス（再使用許諾）するライセンスを取得することとなります。[4]

これに対し、ライセンサー（ソフトウェアの権利者）が直接エンドユーザーにソフトウェアのライセンス（主に使用権）を行うのが、エンドユーザー向けライセンス契約です。

本章では以下サブライセンス権付ライセンス契約の条文についてまず最初に説明していきたいと思います。これは一般にサブライセンス権付ライセンス契約のほうがビジネスの規模が大きく、その結果、契約も複雑なためです。その後に適宜エンドユーザー向けライセンス契約についても、サブライセンス権付ライセンス契約との違いを中心に触れていくこととします。

サブライセンス権付ライセンス契約について、OEM販売契約の場合と同様に以下の仮想事例を設定して具体的に考えることにしましょう。

> **仮想事例** 日本のIT企業Samurai社は米国のIT企業Eagle社に個人生体認証用のソフトウェア"Recognize"をサブライセンス権付でライセンス提供することとなった。このためSamurai社はEagle社とサブライセンス権付ライセンス契約を締結することとなった。

この仮想事例に即して言うとLicensor（ライセンサー）がSamurai社、Licensee（ライセンシー）がEagle社となり、Eagle社がSamurai社の製品である"Recognize"をライセンス導入し、自社（Eagle社）の顧客に"Recognize"をサブライセンスの形で提供することとなります。

このようなサブライセンス権付ソフトウェア・ライセンス契約の交渉で留意すべき点はまず下記の3つです。

①ライセンス条項（License Grant）
②ロイヤルティ等対価条項（Royalty）
③ソフトウェアの保証条項（Warranty）

---

4 「ソースコード」、「オブジェクトコード」については次項参照。

第3章 ソフトウェア・ライセンス契約　米国Eagle社への個人生体認証ソフト"Recognize"の契約

3 「サブライセンス権付ライセンス契約」の交渉ではどのようなことに気をつけるのか(1)
ライセンス条項(License Grant)

　まず最も注意すべき点は、ソフトウェア・ライセンス契約の中核となる**ライセンス条項**です。このライセンス条項には

① ライセンス対象物の範囲（プログラムは当然として、マニュアル、仕様書等ドキュメントをどこまで含むか）

② ライセンスされる権利の内容（使用権、複製権、頒布権、サブライセンス権、改変・修正権等、翻訳権、表示権、開発委託・作業委託の権利等）

③ ライセンスの性質（独占か非独占か、ライセンス期間が永久か・期限付きか、無償ライセンスか有償ライセンスか等）

について、実に様々なバリエーションがあります。実際のビジネスに大きな影響を与えるので、この部分はソフトウェア・ライセンス契約の中で一字一句に細心の注意を払ってドラフトを作成し、交渉、合意すべきです。

　ソフトウェアのライセンスは基本的に著作権ライセンスになりまので、前提として著作権法上、どんな権利のライセンスが可能かを右に示します。

　ソフトウェア・ライセンスの実務では右の様々な権利を組み合わせてライセンスすることとなり、そのライセンス条件の詳細が本条項で規定されることとなります。

●ソースコードとオブジェクトコード

　その際に「ソースコード」と「オブジェクトコード」の違いがライセンス契約上重要になってくることがありますので、以下説明しておきます。

　「ソースコード」とは人間は解読できる形式で記述されたコンピュータ・プログラムのことで、プログラムの修正、改変を行うためにはソースコードが必要となります。ソースコードにアクセスして、内容を解析するとそのソフトウェアのノウハウがわかってしまうので、一般にソフトウェア会社はソースコードの他社へのライセンスについては慎重な立場を取ります。一方「オブジェクトコード」はバイナリ（二進数の01の形式）の形で記述

図表3 著作権（及びそのライセンス）の分類

英語による表現	日本語訳	解説	
		プログラム	マニュアル・ドキュメンテーション
use	使用	コンピュータで実行すること	マニュアル等を使用すること
copy、reproduce	複製、再生	プログラムを別の媒体にまったく同一に複製（コピー）すること	複写（コピー）すること
distribute	頒布（配布）	他者へ頒布（配布）すること	
sublicense	サブライセンス/使用許諾	ライセンスされた権利を更に第三者へライセンスすること。使用権と複製権が一般的	
modify、change、amend、enhance、improve、develop、create derivative works	改変、変更、修正、エンハンス、改良、開発、二次的著作物作成	コードを変更し、機能を追加、修正すること。また、一部を利用して新しいプログラムを作成すること	記述内容を変更し、内容を追加、修正すること。また、一部を利用して新しいものを作成すること
translate	翻訳	他の言語に訳すこと	
display	表示	プログラムの内容、成果物を画面又はプリントアウト等で展示、表示すること	マニュアル等を展示、表示すること
have developed、have made	開発委託（外注）、作業委託（外注）	第三者に外注すること	

され、機械（コンピュータ）で直接実行できる形式のものを指し、一般にオブジェクトコード形式のライセンスが広く行われています。

●ライセンス条項における当事者のポジション

　それでは、サブライセンス権付ライセンス契約の場合で、ライセンサーSamurai社、ライセンシーEagle社、それぞれの当事者の典型的な立場を考えてみましょう。

図表4 ライセンス条項における当事者のポジション

ライセンサーSamurai社の主張の一例	ライセンシーEagle社の主張の一例
（基本的な立場） ・ライセンスの範囲はEagle社のビジネスが可能な範囲でなるべく狭めたい （具体的な主張） ・ソースコードはソフトウェア会社にとってももっとも重要な資産であり、このソースコードのライセンスは不可 ・したがってライセンスされるのはオブジェクトコードのみであり、このオブジェクトコードのuse（使用）、distribute（頒布）、sublicense（サブライセンス/使用許諾）のみがライセンシーEagle社に許諾される権利 ・Eagleの顧客に提供する"Recognize"のオブジェクトコードのコピーはSamurai社側で準備する。したがってEagle社でコピーの必要はないので、複製権（right to duplicate）は許諾しない	（基本的な立場） ・自社のビジネスの自由度を上げるために可能な限り幅広くライセンスを取得したい （具体的な主張） ・自社（Eagle社）顧客のサポート（特に不良解析）のためにもソースコードのライセンスは必須 ・ソースコードのライセンスを受け、"Recognize"ソフトウェアの内容を理解の上、修正、改変できるようにしたい（契約的に言えばmodify、change、amend、enhance、improve、develop、create derivative worksの権利を取得したい） ・自社ビジネスをフレキシブルに行えるよう、"Recognize"のオブジェクトコードのマスターを入手し、自社で複製できるようにしたい（かつ契約上複製権の許諾を受けたい）

　このライセンス条項の問題に関する交渉の落とし所はいろいろなパターンがあり得るわけですが、典型的なものを下記します。

図表5 ライセンス条項における妥協点のパターン

パターン	両社の交渉の落とし所（妥協点）
1 （ライセンサー有利なものでよく見かけるもの）	ライセンシーに対し非独占（non-exclusive）かつ譲渡不可（non-transferable）な： ①エンドユーザーに対し、オブジェクトコードの形式で対象ソフトウェアを頒布及びサブライセンスする権利（及びその目的で代理店を任命できる権限） ②ライセンシーの自己使用の権利 が許諾される

2 (ライセンシー有利なもので時に見られるもの)	許諾される権利を**独占（exclusive）**とし、かつ ①ソースコードとオブジェクトコードの両方をライセンス対象とし、かつ ②著作権法上認められる全ての権利のライセンスを受ける
2A	許諾される権利を**非独占（Non-exclusive）**とし、かつ ①ソースコードとオブジェクトコードの両方をライセンス対象とし、かつ ②著作権法上認められる全ての権利のライセンスを受ける

パターン1の場合の英文文言例を下記します。

> **例文1：ライセンシーに非独占、譲渡不可、サブライセンス権付のライセンスを許諾する例** 　一般的。ただしライセンサーに有利

X.1　License Rights

Subject to the terms of this Agreement, Licensor grants to Licensee a non-exclusive, non-transferable right to distribute and sub-license to use the Product to end user only in the object code form in the Territory, provided that Licensee shall make and enter into a written agreement which is substantially contain, at a minimum, the provisions set forth in Exhibit B with each end user.

[和訳]

X.1条　ライセンス権

本契約の条件に従い、ライセンサーはライセンシーに対して販売地域においてオブジェクト・コード形式のみでエンドユーザーが製品を使用するための非独占、譲渡不可の頒布及びサブライセンス（再実施許諾）の権利を許諾する。

X.2　Internal Use License

X.2.1　Subject to the terms of this Agreement, Licensor grants to Licensee a license to use the Product for its own internal use. In principle, Licensor requires Licensee to pay license fee for internal use for each copy of Product.

X.2.2　Internal use shall be limited to the following purposes;
(a)　qualification testing;
(b)　demonstration;
(c)　benchmarking and performance evaluations; and
(d)　marketing and sales support.

[和訳]
X.2条　自己使用のライセンス
X.2.1条　本契約の条件に従い、ライセンサーはライセンシーに対して製品を自社の内部で使用する権利を許諾する。原則としてライセンサーはライセンシーに対し自社使用のための製品のコピーについてライセンス料を要求する。
X.2.2条　上記の（ライセンシーの）自己使用は以下の目的に限られるものとする：
(a)　品質試験
(b)　製品デモ
(c)　製品のベンチマーキング（他社製品比較）及び性能評価
(d)　マーケティング及び販売サポート

パターン2の場合の英文文言例を（対象のコンピュータ・プログラムを"Licensed Program"と定義済みという前提で）示します。

例文2：ライセンシーに独占権付、ソースコードライセンス付で広範なライセンスを許諾する例　ライセンシーに有利

Licensor hereby grants to Licensee and Licensee hereby accepts, under all patents and other intellectual property rights in and to the Licensed Program, subject to the terms and conditions provided in this Agreement, an exclusive and worldwide, perpetual, irrevocable and nontransferable right and license to;
(i)　use, print, translate, copy, reproduce, amend, enhance, modify, change, improve, develop, have developed, and create

derivative works of the Licensed Program in the Source Code form, and
(ii) use, copy, reproduce, display, distribute and sublicense the Licensed Program in the Object Code form.

[和訳]

ライセンサーは、ライセンスプログラムに関する特許及びその他知的財産権の下で、ライセンシーに対して、本契約に定められた条項に従い、独占的にかつ全世界における［永久的、変更不能及び譲渡不能の］、以下のことを行う権利及びライセンスをここに許諾し、ライセンシーはここにこれを受諾する。

(i) ソースコードの形態でのライセンスプログラムの使用・印刷・翻訳・複写・複製・修正・エンハンス・改変・変更・改良・開発・開発委託・二次的著作物の作成、及び

(ii) オブジェクトコードの形態でのライセンスプログラムの使用・複写・複製・表示・配布及びサブライセンス

　パターン２Aについては、上記パターン２の英文文言４～５行目の"an exclusive ----- right and license"となっている部分を"a non-exclusive ---- right and license"と変更するとパターン２Aの場合の文言となります。

　またソフト・ライセンス契約で許諾されるライセンスには様々なタイプがありますので、次ページでまとめて説明します。

図表6 ライセンス契約のタイプ

タイプ	内容
①royalty-free license（無償のライセンス）	ロイヤルティ等金銭的な対価を要しないライセンスを言います。反対語は"royalty-bearing license"（有償のライセンス）です。ただし、特にroyalty-bearing licenseと明記しなくとも、①royalty-free licenseと明文で規定せず、かつ②royalty条項/Compensation条項が契約上規定されていれば、有償のライセンスとなります。
②perpetual license（永久ライセンス）	ライセンスの許諾期間が永久のライセンスを指します。多くのライセンスはその許諾を「当該契約の期間」（during the term of this Agreement）に限定し、その旨を明文で規定することが多いので、perpetual licenseはその例外となります。
③fully paid-up license（完全に支払い済みのライセンス）	すでに払ったロイヤルティで対価の支払が完了し、今後の対価の支払を要さないライセンスを言います。通常、ライセンスの継続にはランニング・ロイヤルティの継続的な支払が要求されるので、fully paid-up licenseはその例外となります。"fully paid-up and perpetual license"と規定すると、「今後一切対価の支払のない永久ライセンス」という意味になります。
④non-transferable license（譲渡不能のライセンス）	許諾されるライセンスが第三者に譲渡できない旨のライセンスを言います。反対語はtransferable license（譲渡可能なライセンス）である。一般にライセンス契約は契約当事者間のパーソナルな信頼関係に基づくものであり、ライセンスは譲渡不能とすべきであるとされています。
⑤non-sublicensable license（サブライセンス権なしのライセンス）	ライセンシーに対し、サブライセンス権（再使用許諾権）を許諾しないライセンスを言います。サブライセンス権（再使用許諾権）とは「ライセンスされた権利をさらに第三者にライセンスする権利」を指します。
⑥irrevocable license（取消不能のライセンス）	ライセンサーが一旦許諾すると取消、撤回不能になるライセンスを言います。反対語はrevocable license（取消可能なライセンス）です。前に説明したfully paid-up, perpetualと組み合わせて永久・無制限のライセンスを表すために使用されることが多いです。

以上のライセンスのタイプを契約条件ごとに分類して整理すると以下のようになります。

図表7 ライセンスのタイプ分類表

分類項目	区分	用語
対価	無償	Royalty-free License
	有償	Royalty-bearing License
期間	永久	Perpetual License
	期間限定あり	（例えば）License during the term of this Agreement
将来の ロイヤルティ	支払済み	Fully paid-up License
	支払あり	特に決まった用語はなく、契約上明らかになる
譲渡可能性	譲渡不能	Non-transferable License
	譲渡可能	Transferable License
サブライセンス	不可	Non-sublicensable License
	可能	Sublicensable License
取消、撤回	不能	Irrevocable License
	可能	Revocable License

第3章 ソフトウェア・ライセンス契約　米国Eagle社への個人生体認証ソフト"Recognize"の契約

「サブライセンス権付ライセンス契約」の交渉ではどのようなことに気をつけるのか(2)

4 ライセンス料（ロイヤルティ）及び支払条項(License Fees and Payment)

次に留意すべきなのはライセンスの対価であるライセンス料（いわゆるロイヤルティ）及び支払について規定する**ロイヤルティ等対価条項**です。

それでは仮想事例のサブライセンス権付ライセンス契約の場合で、ライセンサーSamurai社、ライセンシーEagle社、それぞれのロイヤルティ等対価条項の当事者の典型的な立場を考えてみましょう。

図表8 ロイヤルティ等対価条項における当事者のポジション

ライセンサーSamurai社の主張の一例	ライセンシーEagle社の主張の一例
（基本的な立場） ・当然のことながら、ロイヤルティをなるべく多く取りたい。特に一定金額のロイヤルティの支払をライセンシーEagle社にコミット（確約）して欲しい ・ロイヤルティの計算方式についてはケースバイケースで柔軟に対応することで可	（基本的な立場） ・自社（Eagle社）が顧客に順調にソフトウェアを再販（サブライセンス）できれば、その売上に見合ったロイヤルティをライセンサーSamurai社に支払う用意はある。しかしながら、自社顧客への販売の状況にかかわらず、先にライセンサーSamurai社に支払をすることは不可 ・ロイヤルティの計算方式についてはケースバイケースで柔軟に対応することで可

（具体的な主張）	（具体的な主張）
・アドバンス・ロイヤルティ（前払いのロイヤルティ）、ミニマムロイヤルティ（ロイヤルティの最低支払金額保証）など何らかの一定金額の支払のコミット（確約）が欲しい ・ロイヤルティの計算方式については一般的なもの、例えばパー・コピー・ロイヤルティ方式、料率実施料（パーセント・ロイヤルティ）方式なら受け入れる。その他の方式も合理的であれば、対応可能	・アドバンス・ロイヤルティ（前払いのロイヤルティ）、ミニマムロイヤルティ（ロイヤルティの最低支払金額保証）などは自社（Eagle社）の事業が順調に行くかどうかわからないのに何らかの一定金額の支払を約束するので、受け入れ不可 ・ロイヤルティの計算方式については一般的なもの、例えばパー・コピー・ロイヤルティ方式、料率実施料（パーセント・ロイヤルティ）方式なら受け入れる。その他の方式もロイヤルティの支払が自社（Eagle社）の売上にリンクするものであれば、対応可能

　このロイヤルティ条項の問題に関する交渉の落とし所はいろいろなパターンがあり得るわけですが、典型的なものを下記します。

図表9 ロイヤルティ（対価）条項における妥協点のパターン

パターン	両社の交渉の落とし所（妥協点）
1 （ライセンサー/ライセンシー双方にとって中立で最もよく見かけるもの）	・ロイヤルティの計算方式はパー・コピー・ロイヤルティ方式、料率実施料（パーセント・ロイヤルティ）方式のいずれか ・アドバンス・ロイヤルティ（前払いのロイヤルティ）、ミニマムロイヤルティ（ロイヤルティの最低支払金額保証）は規定しない
2 （ライセンサーにとって有利で比較的まれに見られるもの）	・ロイヤルティの計算方式はパー・コピー・ロイヤルティ方式、料率実施料（パーセント・ロイヤルティ）方式のいずれか ・アドバンス・ロイヤルティ（前払いのロイヤルティ）またはミニマムロイヤルティ（ロイヤルティの最低支払金額保証）を規定する

　それでは以下で上記パターンに対応する具体的な契約文言について検討

してみましょう。まずソフトウェアの場合、ライセンス料（ロイヤルティ）の決め方としては、下記2つのやり方が多く用いられており、ライセンサー/ライセンシーの双方にとって受け入れられる方式です。

❶パー・コピー・ロイヤルティ（Per Copy Royalty）方式

　ソフトウェアの1コピー当たりいくら（例：10$）と決めるやり方。コピー数さえわかれば、簡単にロイヤルティが計算できるのがメリットです。一方、ソフトウェアの価格変動はまったく考慮されないので、ソフトウェア自体の価格変動によって、ライセンサーが有利になったり、ライセンシーが有利になったりすることが起こり得ます。このパー・コピー・ロイヤルティ方式での支払いを定めた条項例を下記します。

> **例文3：パー・コピー・ロイヤルティ方式の条項例** 〔中立的〕
>
> In consideration of the license granted hereunder, Licensee agrees to pay Licensor a royalty, calculated as follows:
> － US$ [＿] for each copy of the Licensed Programs distributed by Licensee.
>
> [和訳]
> 本契約の下で許諾されるライセンスの対価としてライセンシーはライセンサーに対して、ライセンシーにより頒布された対象ソフトウェアのコピー1枚当たり［　］米ドルのロイヤルティを支払う。

❷料率実施料（パーセント・ロイヤルティ）方式

　販売された対象ソフトウェアの正味販売価格（"Net Selling Price"）の何パーセント（例えば10%）と決めるやり方。ソフトウェアの価格変動をロイヤルティに反映させることができるメリットがある一方、計算が複雑になるというデメリットがあります。

　このパーセント・ロイヤルティ方式を採用する場合は正味販売価格（"Net Selling Price"）を定義する必要があります。この定義については「インボイス（請求書）上の売上金額から一定の控除項目（例：運賃、保険料、値引き、税金）を差し引いた金額」と定義するのが一般的です。以

下、その旨の例文を示します。

> **例文4：正味販売価格の定義例** 中立的
>
> "Net Selling Price" shall mean the invoice price of Licensed Programs distributed by Licensee to its customers after deduction of the following charge:
> 1）freight charges;
> 2）insurance;
> 3）trade and quantity discounts; and
> 4）commodity, exercise, sales, use, value-added and similar taxes.
> ［和訳］
> 「正味販売価格」とはライセンシーによりその顧客に頒布されるライセンス対象プログラムの請求書上の価格から、以下の項目を控除した金額を言う：
> 1）運賃
> 2）保険料
> 3）数量割引
> 4）商品税、行使税、販売税、使用税、付加価値税他類似の税金

　次に正味販売価格の概念を用いたパーセント・ロイヤルティの条項を示します。

> **例文5：料率実施料（パーセント・ロイヤルティ）方式での支払いを定めた例** 中立的
>
> In consideration of the license granted hereunder, Licensee agrees to pay Licensor royalties of percent of [__] % of Licensee's Net Selling Price of the Licensed Programs distributed by Licensee.
> ［和訳］
> 本契約の下で許諾されるライセンスの対価として、ライセンシーはライセンサーに対してライセンシーより頒布されるライセンス対象プログラムの正味販売価格の［　］％のロイヤルティを支払う。

このロイヤルティ条項については上記以外にも様々なパターン（例：サイトライセンス）[5]があります。従ってビジネスの形態に応じて最適な対価条項を合意していく必要があります。

　上記の代表的なパターンの他に以下のロイヤルティの決定方式があります。先ほどのパターン１、２で異なっていた部分で、これらを規定するか否か、話し合いによって落とし所を探ります。いずれもライセンサーにとって有利な方式で、私の過去の経験ではよほどライセンサーが強い立場（例：そのソフトウェア市場の分野で圧倒的なシェアがあり、独占的な地位を持っている）にある場合を除き、あまり見られません。

❸アドバンス・ロイヤルティ（advance royalty）

　一般にロイヤルティの支払いは対象ソフトウェアの出荷後ですが、これを出荷前に支払う（いわゆる前受金）ことにする方式のことを意味します。この場合、ソフトライセンス契約発効後、このアドバンス・ロイヤルティの金額を超えるまでは実際のロイヤルティの支払は発生せず、単にロイヤルティ・レポート等により発生したロイヤルティについてライセンシーから報告を受ける[6]だけ、ということになります。このアドバンス・ロイヤルティを規定した条項例を以下に示します。

例文６：アドバンス・ロイヤルティを規定した例 【ライセンサーに有利】

In consideration of the license granted hereunder, Licensee agrees to pay Licensor on the effective date of this Agreement the amount of US$ [__], which will be deemed to be a prepayment of royalties under Section [ ] and credited dollar-for-dollar against royalty payments due hereunder.

[和訳]
本契約で許諾されるライセンスの対価として、ライセンシーはライセ

5　「サイトライセンスとは、企業や大学な、団体などの組織が、大量に同じソフトを導入する際に結ばれる契約のひとつである。通常、企業や大学などの大規模な組織でソフトウェアを購入する場合、ソフトウェアのライセンスを一括で購入することから、一定額の割引が行われる。なおこの場合、親となるディスクとマニュアルのみが提供され、あらかじめ決められた人数分だけ、親となるディスクから、ソフトウェアをコピーすることになる。」(IT用語辞典Binaryより「サイトライセンス」の項を引用
6　松永芳雄著『技術輸出契約の手引き(改訂版)』（日刊工業新聞社刊　1976年）P.85-86

ンサーに対し、本契約の発効日に［　］米ドルの金額を支払う。この金額は第［　］条の下でのロイヤルティの前払金とみなされ、本契約の下で支払義務のあるロイヤルティに１対１の割合でクレジットされる。

❹ミニマム・ロイヤルティ（minimum royalty）

　契約期間中、ライセンシーがライセンサーに対し、ある一定金額（例：１MUS$）のロイヤルティの支払を保証することをミニマム・ロイヤルティと言います。対象ソフトウェアの実際の売上動向にかかわらず、一定の金額の入金、ひいてはソフトウェア開発費の回収が可能になるので、ライセンサーにとっては有利な規定となります。

　売買契約における最低購入数量保証（ミニマム・パーチャス・コミットメント）の条項に似ていて、ライセンシーとしては極力受け入れたくない条項です（ただし独占ライセンス権を得られる場合には考慮に値します）。

　以下にミニマム・ロイヤルティを規定した条項を示します。

例文７：ミニマム・ロイヤルティを規定した例　**ライセンサーに有利**

Licensee will pay Licensor a minimum amount for the license fees of the Product during the term of this Agreement ("**Minimum Commitment**"). The Minimum Commitment for the whole period of this Agreement shall be [__] US$.

[和訳]
ライセンシーはライセンサーに対して本契約期間中ライセンス料として最低金額（「**最低ライセンス料金額**」）を支払うものとする。契約全期間における最低ライセンス料金額は［　］米ドルとする。

第3章 ソフトウェア・ライセンス契約　米国Eagle社への個人生体認証ソフト"Recognize"の契約
「サブライセンス権付ライセンス契約」の交渉ではどのようなことに気をつけるのか(3)

5 保証条項（Warranty）──ソフトウェアの場合

　3番目に問題になるのはソフトウェアの保証条項です。これについても仮想事例のサブライセンス権付ライセンス契約の場合で、ライセンサーSamurai社、ライセンシーEagle社、の当事者としての典型的な立場を考えてみましょう。

図表10 Warranty（保証）条項における当事者のポジション

ライセンサーSamurai社の主張の一例	ライセンシーEagle社の主張の一例
（基本的立場） ・バグ（ソフトウェアのエラー、ミス）のないソフトウェアはないので、その点を踏まえ、ハードウェアとは異なる限定的な保証にしたい ・可能ならソフトウェアそのものは無保証とし、別途メンテナンス（保守）契約（有償）を締結し、そこでソフトウェアのバグフィックス（エラー修正）等は対応することとしたい （具体的な主張） ・対象ソフトウェアについてバグがないことは保証できないが、仕様書、マニュアルへの合致は保証する ・保証期間は最長でも12ヶ月。この期間は無償のバグ修正に応じる。それ以降の保守サポートについては別途有償の保守契約を締結する ・機能追加を伴うバージョンアップ、エンハンスの場合は有償契約を別途締結する	（基本的立場） ・ソフトウェアにバグのないことは理解するが、極力広い範囲の保証が欲しい。特にソフトウェアの仕様書またはマニュアルへの合致は必須 ・特に一定期間（最低12ヶ月）の無償のバグ修正は有償ソフトウェアである以上当然 （具体的な主張） ・最低12ヶ月、場合によってはそれより長い期間、少なくとも仕様書、マニュアルへの一致を含む保証を要求する ・保証期間中は無償かつ迅速なバグ修正は当然で、マイナーな機能追加を伴うバージョンアップ、エンハンスメントも無償で行うことを要求する ・無償保証期間終了後に、有償保守契約を締結するかはその保守契約の条件次第で判断する

このWarranty（保証）の問題に関する交渉の落とし所はいろいろなパターンがあり得るわけですが、典型的なものは次の2つです。

図表11 Warranty（保証）条項における妥協点のパターン

パターン	両社の交渉の落とし所（妥協点）
1 （ライセンサーにやや有利だが、ほぼ中立でよく見かけるもの）	一定の期間（例えばソフトウェアの受領から1年間）、定義された「エラー」を含む不具合がなく、かつ添付された仕様書と合致していることの保証（したがって保証期間はエラーがあれば、無償で修正する）
2 （ライセンシーにとってやや有利なもの）	・一定期間（例えばソフトウェア受領から1年間）ソフトウェアにエラーを含む不具合がなく、かつ添付された仕様書と合致している ・不具合があった場合、通知から30日以内で修正する。かつ不具合修正版の受領日から当初の保証期間が再度適用される

以下にパターン1の条文例を示します。

例文8：エラー（Error）の定義条項例　中立的

The term "Error" shall mean any mistake, problem, or defect which causes either an incorrect functioning of Licensed Program or an incorrect or incomplete statement or diagram in the User Manual and the Documentation, if such mistake, problem or defect (i) renders the Licensed Program inoperable, (ii) causes the Licensed Program to fail to meet the specifications thereof, (iii) causes the Documentation to be inaccurate or inadequate in any material respect, (iv) causes incorrect results, or (v) causes incorrect functions to occur.

[和訳]
「エラー」とは、ライセンスプログラムの不正確な動作、またはマニュアルもしくはドキュメンテーション中の不正確もしくは不完全な記述もしくは図表の原因となるあらゆる誤り、問題又は瑕疵で、それら

の誤り、問題又は瑕疵が（i）ライセンスプログラムを動作不能にする、（ii）ライセンスプログラムをその仕様と合わなくさせる、（iii）重要な点で文書を不正確又は不十分なものにする、（iv）不正確な結果をもたらす、または（v）不正な動作を発生させる場合をいう。

例文9：保証条項の例　【一般的。ただしライセンサーに有利】

Licensor warrants for a period of one (1) year (s) from the date of Licensee's acceptance of the Licensed Software, that the Licensed Software is free from defects, including but not limited to, Error of the Licensed Software, and meet the specifications, including performance specifications, as provided or referenced in Exhibit ___.

[和訳]
ライセンサーはライセンシーによるライセンスソフトウェアの受領日から1年間、ライセンスソフトウェアにはライセンスソフトウェアのエラーを含む不具合がなく、かつ付属書面____により示される性能仕様を含む仕様と合致することを保証する。

次にパターン2の例文を示します。

例文10：ソフトウェアの保証制限条項例
【一般的。ただしライセンサーに有利】

X.1　Licensor warrants for a period of one (1) year (s) from the date of Licensee's acceptance of the Licensed Software, that the Licensed Software is free from defects, including but not limited to, Error of the Licensed Software, and meet the specifications, including performance specifications, as provided or referenced in Exhibit ___.

[和訳]
X.1条　ライセンサーはライセンシーによるライセンスソフトウェアの受領日から1年間、ライセンスソフトウェアにはライセンスソフトウェアのエラーを含む不具合がなく、かつ付属書面____により示され

る性能仕様を含む仕様と合致することを保証する。

X.2 If defects are discovered by Licensee, Licensor agrees to correct such defects at Licensor's expense within thirty (30) days following receipt of notice from Licensee of such defects. After defect correction of the Licensed Software, Licensee may inspect such Licensed Software as provided in Article XX of this Agreement.

[和訳]
X.2条　ライセンシーによって不具合が発見された場合には、ライセンサーはライセンシーからのかかる不具合の通知を受けた日から30日以内に、ライセンサーの費用でかかる不具合を修正することに同意する。ライセンスソフトウェアの不具合修正後、ライセンシーは当該ライセンスソフトウェアを本契約第XX条に規定される通り検査する権利を有する。

X.3 In case of defect correction, the same warranty period as described above shall be applied from the date of Licensee's acceptance of such correction.

[和訳]
X.3条　不具合修正の場合には、上記と同じ保証期間が修正されたライセンスソフトウェアの受領日から適用されなければならない。

X.4 Licensor warrants that the media on which the Licensed Program is provided is free from defects in material and workmanship. If defect is discovered by Licensee, Licensor shall replace such media with the one conforming to the warranty above without any charge.

[和訳]
X.4条　ライセンサーはライセンスプログラムの搭載された媒体に、材料上及び製作上の不具合がないことを保証する。ライセンシーによって不具合が発見された場合、そのメディアをライセンサーは上記の

> 保証に合致するものと無償で交換しなければならない。

　この他に独占権の有無の条項、責任制限条項についてもしばしば問題になりますが、これらの条項のポイントは「OEM販売契約」とほぼ共通なので、そちらを参照ください。

第3章 ソフトウェア・ライセンス契約 米国Eagle社への個人生体認証ソフト"Recognize"の契約

6 「ソフトウェア・ライセンス契約」ではどんなことを取り決めるのか(どんな条項があるのか)

　前項で述べた以外のソフトウェア・ライセンス契約の主要な条項は以下の通りです。

サブライセンス権付ライセンス契約の条項
①定義（Definition）条項
②注文書及び製品の納入（Purchase Order and Delivery of the Product）
③技術サポート（Support）
④免責・補償（Indemnification）
⑤責任制限（Limitation of Liability）
⑥ライセンシーの責任（Licensee's Responsibility）

エンドユーザー向けライセンス条項
①ライセンス条項とその制限（License and its Limitations）
②保証（Warranty）条項

　これらの条項については具体的な英文契約の例文を和訳付で第3部資料編第4章及び第5章に記載しましたので、実際にソフトウェア・ライセンス契約を作成する場合には参考にしてください。

COLUMN

米国企業との交渉で一般に何に気をつければよいのか

　米国は世界経済の中心であり、現在の世界の主流である西欧文明の中心であると自負しています。また世界中からの移民で成立した多民族、多言語、多文化の国家でもあります。さらに多民族国家であることを反映して、世界でも最も訴訟の多い国でもあります。その結果、契約交渉上、私の見るところ以下のような特徴があります。

①**異文化の人間にもよく理解できるような明確なロジック（論理）と詳細な資料を好む**。ある文化（例えば日本文化）を前提としたあいまいな言い方や含みのある表現を嫌い、「以心伝心」「あうんの呼吸」といった考え方は基本的に受け入れません。

→したがって、契約交渉上は西欧文明、特に（米国の保守本流である）アングロサクソンの論理に沿った交渉案、ドキュメントを用意し、徹底的に理屈で戦うことが基本となります。逆にロジックが明確で反論できる余地のない主張の場合、それが多少自分にとって不利であっても（プライドもあるので）受け入れる傾向があります。

②非常に訴訟が多い国であることを反映して、**契約書になるべく多くのリスクを想定した条項を盛り込もうとする傾向があります**。特に米国弁護士がドラフトした契約にその傾向が顕著で、その結果、契約書が非常に長くなります。その長い契約ドラフトをベースに１項目ずつ長時間の交渉を行うのが通常です。

③米国のベンチャー企業と交渉することはよくありますが、その際にはベンチャー企業が特にスピード重視で経営を行っていることを意識する必要があります。

→したがって、契約交渉の場でも何よりも即断即決が求められます。コンセンサス重視の日本企業が好む「持ち帰ってよく検討し、それから回答する」というアプローチは一般に歓迎されません。日本企業も契約交渉に臨む前に十分に準備、社内調整を済ませ、**交渉の場では極力即断即決ができるようにしておくべきです**。

第4章
共同開発・開発委託契約
米国Eagle社とのAIソフト"Intelligence"の共同開発契約

1 そもそも「共同開発契約」「開発委託契約」とは何か。両者はどこが違うのか

　共同開発契約とは「二者以上の当事者が開発リソース（人、資金、施設・道具、基礎技術情報等）を持ち寄り、共通の目標技術の開発を行う契約」と定義されます。

図表1 共同開発契約（Joint Development Agreement）の基本的枠組み

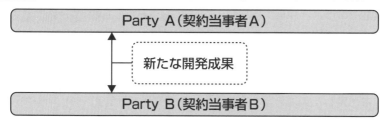

　一方「開発委託契約」は両社が開発行為を行うのではなく、一方当事者＝受託者が開発行為（の大半）を行い、他方当事者＝委託者がその対価を支払うという契約です。

図表2 開発委託契約（Development Agreement）の基本的枠組み

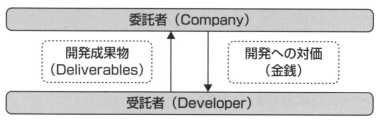

なお、この開発委託契約であっても委託者側にも一部開発行為が発生することも多く、その結果このような開発委託を中核とする契約にも「共同開発契約」という用語が使われることもあります。したがって表面的な契約名称ではなく、契約の実態に即して、その契約が共同開発か、開発委託かあるいはその複合形かを理解する必要があります。

　前章で触れたライセンス契約と共同開発契約の違いについても触れておくと、「ライセンス契約はすでに存在する技術の取り扱いを中核とする契約であるのに対し、共同開発契約は新たな開発成果を作り出すことが目的である点で異なる」ということになります。

　ただし共同開発契約においても開発の前提となる基礎技術（Background Intellectual Property Rights: IPR[1]、Existing IPR）を開発目的で契約相手方にライセンスすることが多く、共同開発契約を理解する上で、ライセンスの知識は必須です。

　それではこの共同開発・開発委託契約について以下の仮想事例を設定して、もう少し具体的に考察することにしましょう。

> **仮想事例**　日本のIT企業Samurai社は米国ののIT企業Eagle社との間でAI（人工知能）ソフトウェア"Intelligence"を協力して開発することとなった。この協力開発の形態は次の２つが考えられている。
> （形態１）日本Samurai社と米国Eagle社が対等の立場で共同開発する。
> （形態２）日本Samurai社が米国Eagle社に開発を委託し、Eagle社はこの開発を受託する。

1　IPR（Intellectual Property Right：知的財産権）については契約の別の箇所ですでに何らかの形で定義済みのものであることが前提。

第4章 ■ 共同開発・開発委託契約　米国Eagle社とのAIソフト"Intelligence"の共同開発契約

2 開発成果物の権利帰属
——「共同開発契約」「開発委託契約」の交渉では どのようなことに気をつけるのか

　共同開発契約・開発委託契約で一番問題になるのは（この契約が新たな開発成果物を生み出すことを目的にしていることから）契約の下で生まれた**開発成果物の権利帰属**です。この開発成果物の権利帰属には様々なパターンがありますが、代表的なものを以下に示します。

● 1．（主に）民間企業同士の対等型の共同開発の場合

　この場合には「開発成果物を（i）共同開発の範囲内で一方当事者の従業員が単独で開発した成果物（ii）共同開発において両当事者の従業員が共同で開発した成果物に分け、（i）については一方当事者に権利が帰属するが、相手方に無償ライセンス、（ii）については両当事者の共有とする」というパターンがよく見られます。このパターンの場合は両当事者が対等の立場でそれぞれリソース（開発の人員、資金、設備等）を出しあい、成果をほぼ対等の立場でシェアします。そのためSamurai社とEagle社という両当事者の立場に本質的な差はなく、立場の違いによる対立と言うことはあまり問題になりません。

　以下にこのタイプの例文を示します。

例文1：一方当事者の従業員の開発成果（発明）はその一方当事者の単独所有、両当事者の従業員の共同開発は共有とする条文例　`一般的かつ中立的`

X.1　If such Invention is made by personnel of only one of the Parties, it and all patents on it shall be the property of that Party. The Inventing Party hereby grants to the other Party a worldwide, irrevocable, nonexclusive, nontransferable and fully paid-up license to make, have made, use, have used, import, lease, sell, or otherwise transfer any apparatus, product, machine, or manufacture, and to practice and have practiced any process, that is covered by such solely owned patents. All such licenses shall include the right of the grantee to grant revocable or irrevocable sublicenses of any or all of the foregoing rights to its Subsidiaries, such sublicenses to include the right of the sublicensed Subsidiaries to correspondingly sublicense their own Subsidiaries.

[和訳]
X.1条　もしかかる発明が一方当事者の人員によってのみなされた場合、当該発明とそれにかかわるすべての特許はその一方当事者の所有物となる。発明をなした当事者は他方当事者に対して、かかる単独所有特許がカバーする機器、製品、機械を製造、製造外注、使用、外注の使用、輸入、賃貸、販売その他移転するまたは（かかる単独所有特許でカバーされる）プロセスを実施する全世界、撤回不可、非独占、譲渡不可かつ完全払込済みの権利を許諾する。かかる権利許諾は上記で述べた権利の一部または全部を子会社にサブライセンス（再実施許諾）する撤回可能または撤回不可の権利を含むものとし、（さらに）かかるサブライセンスはサブライセンスを受けた子会社がさらに自分の子会社にサブライセンスする権利を含むものとする。

X.2 If such Invention is made jointly by personnel of both Parties ("Joint Invention"), it and all patent applications claiming such Joint Inventions and all patents issuing from such applications shall be jointly owned by the Parties.

[和訳]
X.2条　もしかかる発明が当事者双方によって共同してなされた場合（「共同発明」）にはその発明及びそれにかかわるすべての特許出願およびその出願から成立した特許は両当事者によって共有される。

上記で共有とされた成果物（発明）の特許出願の扱いについて定める規定を置くこともよく行われます。以下にその例文を示します。

例文２：共有発明の特許出願に関する規定（原則として共願とし、費用も折半とするが、一方当事者による単独出願も可能とする規定。さらに一方当事者による出願の場合に他方当事者への権利譲渡と単独出願者からのライセンスを定める）　一般的かつ中立的

The Parties shall mutually agree upon a filing plan and share equally in the expenses of seeking and maintaining patent protection for Joint Inventions, except that either Party at its own expense may seek and/or maintain patent protection for a Joint Invention if the other Party declines to share the expenses of implementing the filing plan. In such case, and following notice to the non-seeking Party, the seeking Party shall have full control over prosecution (or abandonment) of the application and maintenance of (or decisions not to maintain) the patent, and any patent issuing from such application shall be assigned to the seeking Party. If the non-seeking Party has any ownership interest in or to such patent, the non-seeking Party shall assign all of its right, title and interest in or to such patent to the seeking Party. In the event that ownership to a Joint Invention is assigned to one Party, such party shall grant to the other Party an irrevocable, transferable, worldwide, royalty-free license to use, make, have made, offer for sale, sell and import the Invention covered by such patent, with the right to sublicense the above rights through multiple tiers of sublicensees. Each Party shall have the right to grant licenses to third parties or assign its rights under patents for Joint Inventions without accounting to the other Party. Each Party shall be responsible for compensation of its own employees who are inventors of any Inventions hereunder and for performing its obligations under any law regulating inventions by employees.

[和訳]
両当事者は特許出願計画に合意し、かつ共有発明の特許保護を追及し、維持するための費用を均等に負担するものとする。ただし一方当事者

が出願計画の実施のための費用負担を拒否し、他方当事者のみが自己の費用負担で特許保護を追及し、維持する場合を除くものとする。このような場合、特許保護を追及しない一方当事者への通知の後、特許保護を追及する他方当事者が出願の遂行（または放棄）及び特許の維持（または維持の決断）について完全な支配権を有し、かつかかる出願から成立した特許は特許保護を追及する他方当事者に譲渡される。もし特許保護を追及しない一方当事者に当該特許に関し何らかの所有する権利が存在する場合、かかる一方当事者は当該特許に関し所有する権利を特許保護を追及する他方当事者に譲渡するものとする。共有特許の所有権が一方当事者に譲渡された場合、かかる一方当事者は他方当事者に対し、当該特許でカバーされる発明を使用、製造、製造外注、販売の申込、販売及び輸入する権利（複数の階層のサブライセンシーを通してサブライセンスする権利を含む）の撤回不可、譲渡可能、全世界での無償ライセンスを許諾するものとする。各当事者は本契約のもとにおける発明の自社での発明者に対する報償及び従業員による発明を規制する法規の下での義務の履行について責任を負うものとする。

なお例文2のパターンの場合、実務的な観点からはなるべく**共有の範囲を狭くしておくこと**が望ましいと言えます（成果物を共有にしておくと譲渡時の扱い等実務上の制約になるケースが多いためです。末尾の表参照）。

●2．開発委託契約の場合

開発委託契約の代表的なパターンとして、一方当事者（委託者：日本Samurai社）が他方当事者（受託者：米国Eagle社）に開発を委託し、その費用を委託者が全額負担するという場合で考えてみましょう。

この場合の委託者と受託者のそれぞれの当事者の典型的な立場は、例えば次のようになります。

図表3 ライセンス条項における当事者のポジションと落とし所

委託者Samurai社の主張の一例	受託者Eagle社の主張の一例
・開発費の負担をする以上、受託者は外注先であり、開発成果物の権利はすべて委託者であるSamurai社に帰属する	・開発費全額負担の場合のみ、委託者Samurai社に開発成果物の権利が帰属する。一部負担の場合は（知的財産権法の一般原則に従い開発を担当した受託者Eagle社に権利を留保したい ・開発成果物の権利を委託者Samurai社に帰属させる場合でも自社のビジネスを可能にするために成果物の権利のライセンスを受けたい
両社の交渉の落とし所（妥協点）の一例	
・開発成果物の権利は委託者Samurai社に帰属するが、受託者Eagle社にも自己の開発、製造を可能にするためのライセンスを許諾する	

上記の落とし所の趣旨の例文を以下に示します。

例文3：開発成果物の権利は委託者が所有するが、受託者に非独占ライセンスを供与する旨の例文　妥協案

X.1 The copyrights in and to all copyrightable items of the Developed Technology, including computer programs, shall belong exclusively to the Company and shall be deemed to be works made for hire.

[和訳]
X.1条　開発成果技術中のすべての著作権対象物（含むコンピュータ・プログラム）の著作権は委託者に帰属し、職務著作物とみなされる。

X.2 The Company shall own, and the Developer hereby assigns to the Company, all Intellectual Property Rights in and to any Inventions which were conceived or reduced to practice by the Developer during the development of the Developed Technology ("Developed Inventions"). The Developer agrees, at the Company's expense, to execute such additional documents and take such further action as the Company may reasonably request and as may be necessary to evidence, perfect or maintain such ownership rights.

[和訳]
X.2条　開発成果技術の開発の間に受託者により着想され、または実施された発明中の知的財産権は本契約のもとで受託者が委託者に譲渡し、委託者が所有する。

X.3 The Company grants to the Developer an irrevocabke, non-exclusive, worldwide, royalty-free perpetual license, under Intellectual Property Rights in and to the Developed Technology that are owned by the Company or to which the Company has the right to grant licenses of the scope herein without the payment of consideration to the third parties,
(i) to make, use, market, service, improve and Sell XXX Products
(ii) to the extent that XXX Products include any computer program or other copyrightable works, to reproduce, modify and distribute such programs and works as part of the XXX Products.

[和訳]
X.3条　委託者は受託者に対して開発成果技術中の知的財産権で、本契約の範囲内で委託者が所有または第三者への対価支払をすることなくライセンスを許諾する権利を有するものについて、撤回不能、非独占、無償、永久の以下の権利を許諾する：
(i) XXX製品の製造、使用、拡販、サービス、改良及び販売を行う権利
(ii) XXX製品がコンピュータ・プログラム他著作権の対象物を含む限りにおいて、XXX製品の一部としてかかるプログラムを複製、修正及び頒布する権利

この他「共同開発の範囲内の成果は原則として両当事者の共有とするパ

ターン」（これは共有の成果物の範囲が広くなり、後の成果物の処理の面からはあまり奨められませんが、実際には時に見かけます）といったパターンもあります。いずれにしろ契約の時点でこの点を明確に規定することが大切です。

3 共有に関する特許法、著作権法の規定 日米中比較

　実務的には開発後の成果物の処理（特に成果物の権利の譲渡やライセンスの場合）をなるべく当事者の一方が単独で簡便にできるように共有となる成果物の範囲を狭めておくことが望ましいです。成果物の権利を共有にしておくと、多くの国の知的財産権法上、権利の譲渡やライセンスに相手方の同意が必要となり、手続が煩雑になるからです。参考までに日本、米国、中国での共有の権利物の扱いについてまとめた一覧表を下記に示します（数字は各国の当該法条項、「民」は民法、「民訴意見」は「民事訴訟法の適用に関する若干問題についての意見」の略、「著実」は「中華人民共和国著作権法実施条例」の略、「ソ保護」は「中国コンピュータソフトウェア保護条例」の略）。

1．特許法

権利者／行為	共有特許権者 日本	共有特許権者 米国	共有特許権者 中国
単独で自己実施できるか	○ 73（2）	○ 262	○ 15
単独で登録できるか	× 38, 66（3）	× 116	× 15
自己の権利を単独で実施許諾できるか	× 73（3）	○ 262	○ 15
自己の権利を単独で持分譲渡できるか	× 73（1）	△	× 15
単独で差止請求できるか	○ 100	▲	× 民訴意見56
単独で損害賠償請求できるか	○ 102	▲	× 民訴意見56

日本の場合、共有特許のライセンス（実施許諾）には他の共有権者の同意が必要です。一方、米国及び中国では共有特許を(相手方の許諾なく)単独でライセンス（実施許諾）できる点に留意ください。

2．著作権法

行為 \ 権利者	共有特許権者		
	日本	米国	中国
単独で自己実施できるか	× 65（2），（3）	△	× 13、著実9、ソ保護10
自己の権利を単独で実施許諾できるか	× 65（2），（3）	△	× 13、著実9、ソ保護10
自己の権利を単独で持分譲渡できるか	× 65（1）	△	× 13、著実9、ソ保護10
単独で差止請求できるか	○ 117（1），（2）	○ 501（b），502（a）	× 民訴意見56
単独で損害賠償請求できるか	○ 117（1），（2）	○ 501（b），502（a）	× 民訴意見56

（凡例）
○　法令で規定されており、共有権利者一人の単独行為でも効力あり
△　法令の根拠はないが判例又は学説等により共有権利者の一人の単独行為でも効力ありと推定
▲　法令の根拠はないが判例又は学説等により共有権利者の一人の単独行為では効力なしと推定
×　法令で規定されており、共有権利者の一人の単独行為では効力なし

［出典］「第7回　共同研究開発契約にまつわる企業実務と仮想ケース検討」（NBL No.973・2012/3/15）、『特許法［第2版］』（中山信弘・弘文堂・2010）、『著作権法［第2版］』（中山信弘・有斐閣・2014）、『米国特許法逐条解説［第6版］』（ヘンリー幸田・発明推進協会・2013）、『アメリカ著作権法』（マーシャル・A・リーファー・レクシスネクシスジャパン・2008）、『アメリカ著作権法』（デイビッド・A・ワインスティン・商事法務研究会・1990）、『中国経済六法［2014年版］』（射手矢好雄・日本国際貿易促進協会・2014）
公益社団法人著作権情報センターホームページ内、外国著作権法一覧：http://www.cric.or.jp/db/world/

第4章 共同開発・開発委託契約 米国Eagle社とのAIソフト"Intelligence"の共同開発契約

4 「共同開発・開発委託契約」ではどんな事を取り決めるのか(どんな条項があるのか)

ここまで述べた以外の共同開発・開発委託契約の主要な条項は以下の通りです。
①定義(Definition)条項
②開発プロジェクト(Project)に関する条項
③費用(Cost)負担に関する条項
④公表(Publication)及び商標に関する条項(Trade Name & Trademark)
⑤保証・責任制限に関する条項
⑥知的財産権に関する条項

これらの条項については具体的な英文契約の例文を和訳付で第3部資料編第6章に記載しましたので、実際に共同開発・開発委託契約を作成する場合には参考にしてください。

第5章 合弁契約
インドBollywood社とのインド市場向けソフトウェア開発の合弁会社設立

1 そもそも「合弁会社」とは何か

　「合弁会社」（「合弁企業」も同じ）とは一言で言うと「複数の企業が、ある目的を達成するために資金を出し合って設立した企業」[1]のことです。このような企業（会社）が設立されるのは、当該事業を単独で実施するにはリソース（資金、技術、営業ノウハウ等）が不足している場合に、出資するそれぞれの企業がリソースを出し合うことで不足を埋め、かつ互いにリスクを分散するためです。

　例えば未知の新規事業に参入したいが、自社単独ではリスクが大きすぎる場合に合弁会社設立という手段が用いられることになります。

1　新語時事用語辞典（Weblio辞書内）。

第5章 ■ 合弁契約　インドBollywood社とのインド市場向けソフトウェア開発の合弁会社設立

2 なぜグローバル事業ではよく合弁会社が設立されるのか

　グローバル事業では自社にとって不慣れな海外で事業を行うので、自社に不足しているリソースを補うために海外企業と合弁会社を設立することがよく行われます。例えばインド国内で販売力のある現地インド会社と自社のインド向け新製品を販売する合弁会社を設立する場合が1つの典型例です。

　本章では日本企業Samurai社がインドのITサービス企業Bollywood社とインド市場向けのソフトウェアを開発し、販売するための合弁会社を設立するような場合を事例として想定します。これは日本企業Samurai社が自社に不足するリソース（この場合は特にインド市場に関する知識、ノウハウ）を現地企業Bollywood社との合弁事業という形を取ることで補うことが想定されており、合弁事業の典型例と言えます。

　一方、インド現地企業Bollywood社のほうも当然日本企業Samurai社のソフトウェア開発力を活用することにより、自社の開発リソースの不足を補うことを想定しており、Bollywood社側にとっても合弁事業を選択するメリットがあるわけです。このような場合には合弁会社を設立して事業を行うことになります。

　また多くの国、特に新興国では、外資規制により外資単独では事業そのものが許可されない分野がかなりあるのが通常です（特にサービス分野）。その場合、日系企業が市場に参入するためには合弁会社を設立することが必須となります。

第5章 ■ 合弁契約　インドBollywood社とのインド市場向けソフトウェア開発の合弁会社設立

3 「合弁契約」とはどんな契約か。どんな特徴があるのか

　合弁事業で最も一般的なケースは、2社またはそれ以上の会社が共同で海外または日本国内で合弁会社を設立する場合です。合弁契約とは「出資予定者（数社または数人）が新会社を設立し、運営するにあたっての基本的事項と互いの役割分担について取り決める契約」と定義されます。

図表1 合弁契約の基本的枠組み[2]

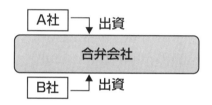

　合弁契約はこれまで述べたように、単独では難しい事業を2社以上が役割を分担するための契約です。したがって以下の点が特に問題となります。

❶設立した合弁会社の意思決定のプロセス（ガバナンス）

　合弁会社の出資当事者は通常
・多数株主：通常過半数以上を出資し、会社の経営を主導する株主と
・少数株主：出資比率が低く、会社の経営を主導しない株主

に分かれます。[3]この多数株主と少数株主の間で、合弁会社の意思決定をどのように進めるかがよく争われ、問題となります。多数株主は当然経営の重要事項（例：取締役他経営幹部の選任、事業計画）はすべて自社のみで決めようとしますし、一方少数株主は可能な限り、自社の意向を合弁

2　英文では合弁契約には"Stockholders Agreement"、"Shareholders Agreement"、"Joint Venture Agreement"等の用語が使用されます。
3　双方対等（出資比率が50：50）の合弁会社も存在しますが、例は少なく、かつ経営の意思決定が遅れがちでなるべく避けるべきものとされています。

会社の経営に反映させようとします。これらの点は通常合弁契約の主要な争点となり、特に取締役の選任、取締役会決議事項（特に少数株主の拒否権条項）などにその交渉結果が反映されることになります。

❷合弁解消条項

合弁契約は2社以上が共同して事業を行うための契約ですが、時間の経過とそれに伴う事業環境の変化により、合弁会社が経営困難に陥ることはしばしばあります。逆に事業がうまく行って、合弁当事者（株主）、特に多数株主が単独で事業を行うことを希望してくることもあります。その結果、合弁を解消せざるを得ないことも発生します。

このような場合を想定して、いかにスムーズに合弁を解消できるか、その手続を明確に合弁契約に盛り込むことが大切です。「合弁契約というのは結婚（合弁契約締結）時に離婚（合弁解消）に備えておくことが大切」と言われるのを聞いたことがありますが、まさにその通りかと思います。

それでは合弁契約について以下の事例を設定して、もう少し具体的に考察することにしましょう。

> **仮想事例** 日本のIT企業Samurai社はインドのIT企業Bollywood社との間でインド市場向けソフトウェア（主に金融市場向け）を開発するための合弁会社を設立することとなった。現在Samurai社が多数株主、Bollywood社が少数株主になることだけが合意されており、双方の出資比率はこれから詰めることとなっている。

第5章 ■ 合弁契約 インドBollywood社とのインド市場向けソフトウェア開発の合弁会社設立

4 「合弁契約」の交渉ではどのようなことに気をつけるのか(1)
合弁会社のガバナンス

● 取締役会における少数株主拒否権条項

　多くの国の会社法制においては、株式会社の最高意思決定機関は株主総会です。しかしながら株主総会はそう頻繁に開催されるものではなく（年1回程度とする法制が多い）、多くの場合、日常の株式会社の意思決定は経営の専門家からなる取締役会に委ねられています。そこで合弁会社において多数株主（事例ではSamurai社）の派遣した取締役と少数株主の派遣した取締役（事例ではBollywood社）が取締役会にいる場合、少数株主派遣の取締役の同意を要する事項（つまり少数株主が拒否権を持つ事項）をどのように規定するかが、合弁会社のガバナンスに大きな影響を与えるわけです。

　ここで多数株主Samurai社、少数株主Bollywood社でそれぞれどのような主張がなされるのか、典型的なものを示します。

図表2 合弁会社のガバナンスに関する当事者のポジション

多数株主Samurai社の 主張の一例	少数株主Bollywood社の 主張の一例
（基本的な立場） ・株主の権利に重大な影響を与える行為を除き、極力合弁事業に関する意思決定は自社単独で行いたい （具体的な主張） ・（一定の利益配当を株主に約束するという前提で）事業計画・予算は通常のオペレーショナルなものであり、Samurai社単独の意思で決定できるようにしたい	（基本的な立場） ・株主の権利に重大な影響を与える行為のみならず、合弁会社の運営の意思決定全般にBollywood社の同意を要することとしたい （具体的な主張） ・事業計画、予算は合弁会社の運営に重大な影響をもたらすので、Bollywood社の同意を要することとしたい

> **両社の交渉の落とし所
> （妥協点）の一例**
>
> ・株主の権利に重大な影響を与える下記行為についてはBollywood社の同意を要する（配当、社債・株式の発行、定款変更、事業範囲の重大な変更、合併、株式買戻し、会計方針変更、清算、担保提供、重要な会社資産売却）
> ・事業のオペレーションにかかわる行為でも金額が大きく、合弁会社の経営に影響を与えるものについてはBollywood社の同意を要する（一定金額以上の借入、関連当事者との取引、投融資、保証）

　上記の妥協点の考え方をベースに作成した取締役会での少数株主拒否権条項の項目例および条文を、以下に示します。

A．配当の宣言もしくは支払
B．社債の発行及び株式その他の証券の発行
C．一定金額（例文の場合は1回で100万米ドル以上、複数回合算して1,000万米ドル以上）以上の借り入れ
D．一定金額（例文の場合は12ヶ月で100万米ドル）以上の関連当事者との取引
E．定款及び内規の変更
F．事業範囲の重大な変更
G．吸収合併及び新設合併
H．一定金額（例文では累計500万米ドル）以上の投融資及び保証
I．自己株式等の買い戻し
J．当該会社にとって不利となる会計方針・税務申告上の選択の変更
K．清算、倒産またはリストラクチャリング
L．担保提供
M．一定金額以上（例文の場合は連結ベースで会社資産全体の10％以上）の資産の売却

　上記項目中、（太字の）A、B、E、F、G、I、J、K、Lは一般的に株主の利益にとって重大な影響を及ぼす事項であり、多くの場合少数株主の拒否権条項が認められます。一方、項目C、D、H、Mは事業のオペレーションにかかわる事項であり、多数株主としては少数株主に拒否権を与えるのは避けたい事項ですが、会社の経営に対して重大な影響を与える一定金額以上の場合には少数株主の拒否権を認めるという妥協をしたものです。

なお上記規定の金額はあくまで例示であり、会社の規模によって変動します。

以下より、A～Mそれぞれを条項にした場合の例文を記載します。

> **例文1：少数株主側取締役の拒否権条項（特別決議条項）の例　【全体として中立的】**
>
> So long as any Bollywood Party holds any shares of Class A Common, the Company shall not, and shall not permit any Subsidiary to, without the approval of the Board including the approval of the Bollywood Director, take any of the following actions:
> [和訳]
> 当事者BollywoodがクラスA普通株を所有する限りにおいて、会社はBollywood側の取締役を含む取締役会の承認なくして以下の行為を行わず、かつ子会社に以下の行為をさせないものとする。
>
> (A) Dividends.
> Directly or indirectly declare or pay any dividends or make any distributions upon any of the Company's or any Subsidiary's (other than distributions to Wholly Owned Subsidiaries) capital stock or other equity securities;
> [和訳]
> (A) 配当
> 直接または間接に会社またはその子会社（ただし100%子会社への配分を除く）の自己資本その他の有価証券について配当を宣言し、または配当の支払を行い、その他分配を行うこと。
>
> (B) Issuances.
> Except as contemplated in Section X(c) hereof, authorize, issue, sell or enter into any agreement providing for the issuance (contingent or otherwise), or permit any Subsidiary to authorize, issue, sell or enter into any agreement providing for the issuance (contingent or otherwise) of (a) any notes or debt securities containing equity features (including, without limitation, any notes or debt securities

convertible into or exchangeable for equity securities, issued in connection with the issuance of equity securities or containing profit participation features) or (b) any equity securities (or any securities convertible into or exchangeable for any equity securities) or rights to acquire any equity securities, other than issuances of equity securities by a Subsidiary of the Company or another Wholly Owned Subsidiary and issuances pursuant to the Stock Option Plan (as defined in the Stock Purchase Agreement);

[和訳]

(B) 株式発行

本契約のX (c) 条の場合を除いて、(a) 資本の性質を含む小切手または社債（含む株式等持分証券の発行と関連して発行される株式等持分証券に転換または交換可能な社債、または利益配分の性質を持つ社債）、または (b) 会社の子会社またはその他100%子会社による株式等持分証券の発行または（株式購入契約で定義される）ストックオプションプランに基づく新株発行以外の何らかの株式等持分証券（または株式等持分証券に転換又は交換可能な有価証券）、またはこのような持分証券を取得する権利を授権、発効、販売または（条件付か否かにかかわらず）発効を認める何らかの契約の締結または子会社にこのような持分証券を取得する権利を授権、発効、販売または（条件付か否かにかかわらず）発効を認める何らかの契約の締結を認めること。

(C) Indebtedness. 　多数株主の妥協

Create, incur, assume or suffer to exist, or permit any Subsidiary to create, incur, assume or suffer to exist, Indebtedness exceeding $1 million and/or an aggregate principal amount of $10 million outstanding at any time on a consolidated basis;

[和訳]

(C) 借入

連結ベースで100万米ドルを越える借入または合算して元本が1,000万米ドルを越える借入を新たに行い、または債務を負担するあるいは子会社に借入を行わせ、または債務を引き受けさせる行為。

(D) Agreements with Insiders.　多数株主の妥協

Except for entering into the Collateral Agreements and the transactions set forth therein, enter into, amend, modify or supplement, or permit any Subsidiary to enter into, amend, modify or supplement, any agreement, transaction, commitment or arrangement with Samurai or any of Samurai's Affiliates or any of their respective officers, directors, employees, stockholders (or any of their respective Affiliates) or with any individual related by blood, marriage or adoption to any such individual or with any entity in which any such Person or individual owns a beneficial interest, except for customary employment arrangements and benefit programs on reasonable terms and except for such agreements, transactions, commitments or arrangements that do not exceed $1 million in the aggregate on a consolidated basis during any 12 month period and which are no less favorable to the Company or such Subsidiary than the Company or such Subsidiary could otherwise obtain from nonAffiliates;

[和訳]

(D) 関連当事者との取引

補完契約の締結及びそこで規定されている取引を除き、SamuraiまたはSamuraiの関連会社またはその役員、従業員、株主（またはそれぞれの関連会社）または血縁、婚姻、縁組等で関連する個人又は便益を有する個人（ただし通常の雇用契約及び合理的な福利厚生プログラムによる便益を除く）との間で契約を締結し、修正し、補足すること、あるいは子会社がかかる契約を締結し、修正し、補足するのを認めること。ただし連結ベース、12ヶ月間以内で累計100万米ドルを超えず、かつ関連会社でない第三者から得られるであろう契約、取引よりも有利でないものを除く。

(E) Amendment of Governing Documents.

Except as expressly contemplated by this Agreement, make or

permit any Subsidiary to make, any amendment to the Company's Certificate of Incorporation or bylaws or to any Subsidiary's certificate of incorporation or bylaws (or comparable Articles of Incorporation with respect to a foreign entity), including without limitation any amendment that alters any terms or rights of any security of the Company;

[和訳]
(E) 会社定款等統治書類の変更
本契約上明文で規定されているものを除き、会社の基本定款及び付属定款または子会社の定款または付属定款（または外国会社における基本定款等同等の書類）（なお会社の株式等証券に関する条件または権利の変更を含む）に対し修正を行うことまたは子会社の修正を認めること。

(F) Material Change in the Scope of the Business.
Enter into, or permit any Subsidiary to enter into any business involving activities other than those activities described in Section Y(b).

[和訳]
(F) 会社の事業範囲の変更
Y（b）条に記述されている以外の活動に参入するまたは子会社が参入することを認めること。

(G) Mergers and Consolidations.
Merge or consolidate with any Person or permit any Subsidiary to merge or consolidate with any Person other than a Wholly Owned Subsidiary, or agree to any Sale of the Company;

[和訳]
(G) 合併及び統合
100%子会社以外の会社との合併、統合または子会社の合併、統合または会社の売却を認めること。

(H) Loans; Guaranties; Investments. 多数株主の妥協

Make, or permit any Subsidiary to make, any loans or advances to, guarantees for the benefit of, or Investments in, any Person (other than a Wholly Owned Subsidiary), exceeding $5,000,000 in the aggregate on a consolidated basis during any 12-month period, other than a Permitted Investment or acquire any assets outside the ordinary course of business in excess of $5,000,000 in the aggregate on a consolidated basis;

[和訳]

(H) 投融資及び保証

12ヶ月間以内に連結ベースで累計500万米ドルを超える法人（除く100％子会社）に対する融資、前払い金、保証または投資（ただし許容される投資または通常の事業外での資産の取得で12ヶ月間以内に連結ベースで累計500万米ドルを超えるものを除く）を認めること。

(I) Repurchase of Securities.

Directly or indirectly repurchase, redeem or otherwise acquire, or permit any Subsidiary to repurchase, redeem or otherwise acquire, any of the Company's or any Subsidiary's capital stock or other equity securities (including, without limitation, warrants, options and other rights to acquire such capital stock or other equity securities), except for repurchases of Common Stock from employees of the Company and its Subsidiaries upon termination pursuant to arrangements approved by the Board so long as no default under any material agreement of the Company or Subsidiary is caused by any such repurchase and except for repurchases expressly permitted by this Agreement;

[和訳]

(I) 証券の買戻し

直接または間接に会社またはその子会社の株式その他持分証券（含むワラント[4]、オプション[5]その他株式ほか持分証券を取得する権利）を買戻し、償還その他取得すること、または子会社が買戻し、償還その

他取得するのをかかる買戻しにより会社または子会社の実質的な契約の違反が引き起こされない限りで、かつ本契約で明示的に認められた買戻しを除き認めること。

(J) Changes in Tax or Accounting Policies.
Make any change in the Company's or any Subsidiary's accounting policies unless such change is not reasonably expected to be adverse to the Company or any such Subsidiary or, if such change is reasonably expected to be adverse to the Company or such Subsidiary, the Company or such Subsidiary is indemnified by Samurai on terms reasonably acceptable to Bollywood. Make any election to report the Company's or any Subsidiary's financial results on a basis other than US GAAP. Make any tax election or assert any position in any Tax Return with respect to the Company or any of its Subsidiaries in response to a specific concern or position of Samurai unless such election or position could not reasonably be expected to be adverse to the Company or any of its Subsidiaries (or, if such election or assertion is reasonably expected to be adverse to the Company or such Subsidiary, such election or assertion shall be permitted if the Company or such Subsidiary is indemnified by Samurai on terms reasonably acceptable to Bollywood).

［和訳］
(J) 会計方針・税務申告上の選択の変更
会計方針の変更が会社または子会社に悪影響を与えることが合理的に予期されない場合に、あるいはもしかかる変更が会社または子会社に悪影響を与えることが合理的に予期される場合には、SamuraiによりBollywoodにとって合理的に承認できる条件で会社または子会社が免

4　新株予約権証券ともいい、発行会社の株式を一定の価格（行使価格）で、定められた期間内（行使期間）に、取得できる権利を持つ有価証券のこと。この権利が付された社債を「新株予約権付社債」と言います（野村證券用語解説集）。
5　オプションとはある商品を、将来のある期日までに、その時の市場価格に関係なくあらかじめ決められた特定の価格（＝権利行使価格）で買う権利、又は売る権利を意味します（野村證券用語解説集を一部修正）。

責される上で会社または子会社の会計方針の変更を行うこと。米国会計基準以外のベースで会社または子会社の会計報告をすること。Samuraiの（税法上の）特定の懸念または立場に対応して会社または子会社に関して税法上の選択または税還付についての方針を、会社または子会社に悪影響を与えることが合理的に予期されない場合に、あるいはもしかかる選択・方針が会社または子会社に悪影響を与えることが合理的に予期される場合には、SamuraiによりBollywoodにとって合理的に承認できる条件で会社または子会社が免責される上で、取ること。

(K) Liquidations, Bankruptcy or Restructurings.
Liquidate, dissolve, elect to declare bankruptcy or effect a recapitalization or reorganization in any form of transaction (including, without limitation, any reorganization into a limited liability company, a partnership or any other noncorporate entity which is treated as a partnership for federal income tax purposes) or do any of the foregoing for a Subsidiary;
［和訳］
(K) 清算、破産及び再編
清算、解散または破産を宣告するあるいは会社の資本変更または組織再編の効果を生ずる何らかの形式の取引を行うこと（含む有限責任会社、パートナーシップ（組合）その他連邦所得税法上パートナーシップとして扱われる会社形態以外への再編）。

(L) Pledge of Assets; Credit Support.
Pledge the assets of the Company or any Subsidiary (including the Business) or require any Stockholder to grant a lien on any of its Stockholder Shares or otherwise provide credit support to the Company or any Subsidiary.
［和訳］
(L) 担保提供（信用供与支援）
会社または子会社（含む事業）の資産を担保提供することあるいは株

主にその株式に抵当権を設定する他会社または子会社の信用供与の支援を提供すること。

(M) Sale of Assets. 多数株主の妥協

Sell, lease or otherwise dispose of, or permit any Subsidiary to sell, lease or otherwise dispose of, more than 10% of the consolidated assets of the Company and its Subsidiaries (computed on the basis of the greater of book value, determined in accordance with US GAAP consistently applied, or fair market value, determined by the Board in its reasonable good faith judgment) in any transaction or series of related transactions or sell or permanently dispose of any of its or any Subsidiary's material Intellectual Property Rights.

[和訳]
(M) 会社資産の売却
会社または子会社の連結ベースの資産の10%以上（継続して適用される米国会計基準に基づいて決定される簿価または取締役会による合理的な判断により決定される公正価格のどちらか大きいほうとして計算される）を特定の取引または一連の取引で売却、賃貸その他処分すること、または子会社の売却、賃貸その他の処分を認めること、及び会社または子会社の知的財産権を売却又は恒久的に処分すること。

第5章 ■ 合弁契約　インドBollywood社とのインド市場向けソフトウェア開発の合弁会社設立

5 「合弁契約」の交渉ではどのようなことに気をつけるのか(2)
株主の事前同意を要する条項

　また、合弁会社運営の重要事項について株主の事前同意（特に株主全員の同意）を要することを定めることがしばしば行われます。これは株主にとって重大な利害関係のある事項（会社の名称変更、定款変更、事業目的の変更、合併、解散・清算、新株発行等）に限られるのが通例です。

　以下に英米法系の新興国で株主の全員一致を要する事項を定めた例を記します。

例文2：株主の事前同意を要する条項　【全体として中立的】

A. Unanimous Consent Matters for General Meeting

Unless expressly stated otherwise in this Agreement or the Articles of Association or otherwise the Act calls for a resolution other than simple majority, all matters to be decided by resolution in a General Meeting shall be decided by a simple majority of the votes cast, except for the following matters which require (in addition to unanimous approval by the Board) unanimous consent of the Parties:

[和訳]

A. 株主総会の全員一致事項

本契約または会社定款で明示的に別途規定される場合または会社法で別途規定される場合を除き、株主総会の議決は投票の単純過半数によって決定される。ただし（取締役会全員一致の承認に加え）当事者（株主）全員一致の承認を要する下記事項を除くものとする。

(1) increase or decrease of the Company's authorized or issued Share Capital;

[和訳]

（1）会社の授権資本または払込済み資本の増額あるいは減額

（2）merger, company split, change to the formation of the company, sale of substantial assets or business, dissolution, liquidation, or the similar actions of the Company;
[和訳]
（2）会社の合併、分割、会社形態の変更、事業のまたは会社の実質的資産の売却、解散、清算及びそれらと類似の事項

（3）amendment to the Charter Documents;
[和訳]
（3）会社の定款変更

（4）entering into business or technological alliance with a Third Person（excluding agreements in the ordinary course of business）;
 多数株主の妥協
[和訳]
（4）重要な第三者との業務提携及び技術提携（通常の営業業務に伴う契約は除く）

（5）investments by the Company pursuant to acquisitions or equity participation, exceeding USD five hundred thousand（500,000）within one（1）fiscal year; 多数株主の妥協
[和訳]
（5）単一会計年度中の50万米ドル以上の買収、資本参加等の重要な投資

（6）borrowings exceeding USD five hundred thousand（500,000）within one（1）fiscal year; and 多数株主の妥協
[和訳]
（6）単一会計年度中の50万米ドル以上の借入れ

> (7) appointment and dismissal of the Auditor.
> [和訳]
> (7) 会計監査人の任命また解任

　上記の例文で株主の全員一致の承認を要するとされるのは、要約すると以下の事項です。
（1）会社の授権資本または払込済み資本の増額あるいは減額
（2）会社の合併、分割、会社形態の変更、事業の買収売却、解散及び清算などの事項
（3）会社の定款変更
（4）重要な第三者との業務提携及び技術提携（通常の営業業務に伴う契約は除く）
（5）50万米ドル以上の買収、資本参加等の重要な投資
（6）50万米ドル以上の借入れ
（7）会計監査人の任命また解任

　なお当然のことながら、項目（5）の投資および（6）の借入金額について株主の全員一致の承認を要する金額は会社の事業の性質、規模によって変動することになります。50万米ドルというのはあくまで一例です。

　また合弁契約に明示的に規定しなくても、各国の会社法において少数株主が一定以上の出資比率を持っていると、その少数株主の同意を要する条項（すなわち少数株主の拒否権条項）が定められています。例えば日本の会社法では全株主の1/3以上（33.3%）の出資比率を持つ株主は多くの重要事項について拒否権を持つことが定められています（いわゆる特別決議事項）。[6]

6　会社法309条2項

第5章 合弁契約 インドBollywood社とのインド市場向けソフトウェア開発の合弁会社設立

6 「合弁契約」の交渉ではどのようなことに気をつけるのか(3) 合弁解消条項

多数株主と少数株主間合弁株主間の対立が解消できず、合弁を解消する場合には次の条項を設けることがよくあります。

●プット条項、コール条項

①少数株主の株式買取請求権（Put Option：プット条項）

少数株主が多数株主に対して自己の持分の株式の買取を求め、合弁を解消する条項（少数株主にとって有利、多数株主にとって不利な条項）

②多数株主の株式買取請求権（Call Option：コール条項）

多数株主が少数株主の持分の買取を求め、合弁を解消する条項（多数株主にとって有利、少数株主にとって不利な条項）

なおプット条項とコール条項は一対にして規定されるのが通例です。プット条項とコール条項を一対で規定すると多数株主、少数株主双方にとって中立的な条項になると言えます。

会社設立から一定期間（例：5年間）経過後に、プット条項またはコール条項による合弁解消を可能とする条項がよく見られます。会社設立から5年後に権利を行使できる旨の例文を以下に示します。

例文3：プット条項の例文 　少数株主に有利

The Parties hereby agree that at any time after the expiry of 5 (five) year from the Completion Date, Bollywood shall be entitled to issue a notice (the "**Put Option Notice**"), to Samurai, requiring Samurai to purchase from Bollywood (the "**Put Option**") all but not part of the Equity Securities held by Bollywood (the "Put Shares") at the Fair Market Value determined in accordance with the valuation procedure set out in Exhibit A (the "Put Option Price").

The Put Option Notice shall set out the date on which Bollywood shall sell the Put Shares, which shall not be earlier than sixty (60) days from the delivery of the Put Option Notice and the number of Put Shares.

[和訳]
合弁会社設立手続完了日から5年間経過以降、（少数株主）Bollywoodは（多数株主）Samuraiに対しSamuraiがBollywoodの所有する全株式（プット株式）を添付Aに規定する評価手続に基づき決定される公正価格（プットオプション価格）で買い取る（**プットオプション**）旨を要求する通知（**プットオプション通知**）を発行する権利を持つことに両当事者は合意する。プットオプション通知にはプット株式の売却日（ただしこの売却日はプットオプション通知日より60日以上経過した日とする）及びプット株式数を記載するものとする。

例文4：コール条項の例文　多数株主に有利

The Parties hereby agree that any time after the expiry of 5 (five) years from the Completion Date, Samurai shall be entitled to issue a notice to Bollywood (the "Call Option Notice"), requiring Bollywood to sell to Samurai (the "Call Option") all but not part of the Equity Securities held by Bollywood on the date of the issuance of the Call Option notice (the "Called Shares") at the Fair Market Value determined in accordance with the the valuation procedure set out in Exhibit A (the "Call Option Price") The Parties shall complete the sale and purchase of the Called Shares within a period of fifteen (15) Business Days of the determination of the Call Option Price (the "Call Settlement Date").

[和訳]
合弁会社設立手続完了日から5年間経過以降、（多数株主）Samuraiは（少数株主）Bollywoodに対しBollywoodがその所有する全株式（コール株式）を添付Aに規定する評価手続に基づき決定される公正価格（コールオプション価格）でSamuraiに売却する（コールオプション）

旨を要求する通知（コールオプション通知）を発行する権利を持つことに両当事者は合意する。両当事者はかかるコールオプション価格の決定から15営業日（コール決済日）以内に当該株式の売買を完了させることに合意する。

●デッドロック条項

次に多数株主と少数株主の双方が対立して、取締役会にて会社の重要事項を議決できない場合に合弁解消ができる、と規定することもあり、これをデッドロック条項と言います。この条項の規定そのものは多数株主に有利とも少数株主に有利とも言えず、中立的な条項です。

例文5：デッドロック条項の例文 【全体として中立的】

X.1 Deadlock

(a) For the purpose of this Agreement, a Deadlock shall be deemed to have occurred if:

(i) any Reserved Matter has been raised at and/or considered by a meeting of the Board or a General Meeting of the Company and no resolution has been passed on at least two (2) successive occasions by such meeting as a result of not achieving unanimous consent of all the Directors or Shareholders, as the case may be in respect of that matter;

(ii) a quorum is not present on two (2) successive duly convened Board Meetings or General Meetings of the Company by reason of the absence of a person nominated as a Director by the same Party or absence of the representative of the same Shareholder respectively;

(iii) any Party gives notice that by reason of fundamental difference related to the strategy for the Company or other circumstances seriously affecting the relationships of the Party as Shareholders, it is the wish of that Party to terminate the Joint Venture. For the purpose of this Clause X.1(a), fundamental differences would be deemed to have occurred if such differences could have an impact on the basic objective of the shareholder relationship and existence of the Company, such that continuation of such relationship needs to be re-evaluated. Differences in day to day matters shall not be considered fundamental differences.

[和訳]

X.1条　デッドロック

(a) 本契約の目的において「デッドロック」は以下の場合に発生したとみなされる。

(i) 会社の取締役会または株主総会において全会一致決議事項が討議または考慮され、その事項に関し取締役または株主全員の合意が得られなかった結果として、少なくとも2回連続して何らの会社決議もなされなかった場合

(ii) 手続通り召集された取締役会または株主総会において2回連続して同一の契約当事者によって指名された取締役の欠席または株主代表の欠席により定足数を満たさなかった場合

(iii) 会社の戦略に関する根本的な相違という理由あるいは株主としての契約当事者の関係に重大な影響を与えるその他の状況のため、契約当事者が合弁事業を解消したいという希望を通知した場合。本X.1(a)条の目的において根本的な相違はその相違が株主関係の基本的な目的及び会社の存在そのものに影響を与えるので、株主としての関係を継続することと再評価せざるを得ない場合に発生したものとみなされる。日常の事項における相違は根本的相違とはみなされない。

(b) In the event of any event of Deadlock, the matter shall be referred to the respective senior management of the Parties. If the Deadlock is not resolved within thirty (30) days after such reference, any Party may serve notice (a warning notice) that it intends to implement the Deadlock procedure contemplated by this Section X.1.

[和訳]
(b) 上記のデッドロックのいずれかの事態が発生した場合、その事態は契約当事者の上級経営陣に報告される。デッドロックがかかる報告から30日以内に解決されない場合、契約当事者は本X.1条で想定されているデッドロック手続を実施する意図がある旨の通知（警告通知）を発することができる。

(c) Within a period of thirty (30) days after service of the warning notice, any Party may serve a notice in writing to other Parties ("Deadlock Option Notice") to proceed under Sections X.1(d), X.2, X.3 and X.4 below.

[和訳]
(c) 警告通知を発してから30日以内に契約当事者は他の契約当事者に対してX.1（d）条、X.2条、X.3条、X.4条の下での手続を進める旨の書面による通知（デッドロックオプション通知）を発行することができる。

(d) In pursuance of Section X.1(c) above, either Samurai or Bollywood (hereinafter referred to as the "Purchasing Parties") who wish to continue the operation of the Company shall purchase (directly or through a third Person) from the other Party hereto (hereinafter referred to as the "Selling Parties") all the Equity Securities held by the Selling Parties (but not less than all) at the price based on (i) the Fair Market Value of such Equity Securities to be determined by the valuation procedures as described in Exhibit A or (ii) the face value per Equity Securities of such Equity Securities held by the Selling Party, whichever is higher.

> 少数株主に有利

[和訳]
上記X.1（c）項の手続を進めるに当たって、会社の事業の継続を希望するSamuraiまたはBollywood（以下「購入当事者」）は（直接にまたは第三者を通して間接に）他方当事者（以下「売却当事者」）から売却当事者の所有する全株式（必ず全株式でそれ以下は不可）を（i）添付Aに規定する評価手続に基づき決定される公正価格または（ii）当該株式の額面価格のいずれか高いほうで購入する。

X.2 Purchasing Parties' Liability
Upon transfer of all Equity Shares held by the Selling Parties in accordance with the provisions of Section X.1(d), the Purchasing Parties shall, jointly and severally be liable to, assume the obligation of any guarantees, indemnities and securities or otherwise given or created by the Selling Parties for the Company's borrowing or otherwise, and shall procure that the Selling Parties are released and discharged from such obligations under the guarantees, indemnities, securities or otherwise. Furthermore, the Selling Parties may assign and transfer to the Purchasing Parties all their existing rights and interests in the Company at the time, including but not limited to, Shareholder loans to the Company, if any, at the price based on the fair value of such rights and interests to be determined by the valuation procedures set out in Exhibit A.

[和訳]
X.2条　購入当事者の責任
X.1（d）項の規定に基づく売却当事者が所有する株式の移転において、購入当事者は会社の借入他のために売却当事者が与えた保証、免責または証券他について連帯してまたは個別に責任を負い、かつ債務を引き受け、かつかかる保証、免責及び証券他の下での義務から売却当事者が免責されることを確保する。さらに売却当事者は購入当事者に会社における売却時点での既存の権利及び利益（含む株主の会社への融資がこれに限られない）がもしあれば、添付Aの評価手続によっ

て決定される公正価格にて譲渡または移転することができる。

X.3 Initiating Dedalock Procedure
In the event that no Party expresses its intention to continue the operation of the Company within ninety (90) days after the occurrence of any of the events listed in Section X.1(a) above, the Parties shall cause the Company to be dissolved and liquidated as soon as practicable.
[和訳]
X.3条　デッドロック手続の開始
上記X.1（a）項に規定するいずれかの事態の発生から90日以内に会社の事業を継続する意思を表明する契約当事者がいない場合、契約当事者は会社を実際上可能な限り速やかに解散し、清算するものとする。

X.4 Dedalock Procedure
In the event no Shareholder wishes to exit the Joint Venture, both XYZ and ABC (directly or through a third Person) shall be entitled to provide their bids for purchasing all the Equity Securities held by the other Shareholders ("Bidding Process") and the Shareholders making the higher bid (per Equity Share) shall be entitled to acquire all the Equity Securities held by the other Shareholder(s). The base price for the bidding will be the Fair Market Value. The Parties agree that if any Shareholder exercises its right to make a higher bid in terms of this Section X.4, then such higher bid (per Equity Share) shall be at least X% higher than the immediately preceding bid (per Equity Share) made by the other Shareholder(s). This Bidding Process shall continue until one of the Shareholders refuses to provide its bid in terms of this Section X.4. The Bidding Process shall be conducted under the supervision of an independent third party, appointed jointly by the Shareholders and shall have the power to resolve any issue raised during the Bidding Process in good faith and for the benefit of the

Shareholders. Once the Bidding Process has been completed, the Shareholder making the highest bid (per Equity Share) shall be required to complete the process of share transfer and payment of consideration within thirty (30) days, subject to obtaining necessary regulatory approvals, if any.

[和訳]

X.4条　デッドロックの手続

どの株主も共同事業を止めることを希望しない場合、(少数株主) Bollywoodと (多数株主) Samuraiはともに他の株主の所有するすべての株式を購入するために入札 (入札過程) を行う権利を有し、かつ (一株当たり) 一番高い入札価格を提示した株主が他の株主の所有するすべての株式を取得する権利を有する。入札の基準となる価格は公正価格とする。契約当事者は本X.4条に関して (一株当たり) より高い入札価格を提示する場合には他の株主が提示した直近の (一株当たりの) 入札価格より少なくともX%以上高い価格であることを要する旨に合意する。入札過程は本X.4条に関して自身の入札を拒否するまで継続される。入札過程は株主が共同して任命した独立の第三者の監督の下で行われるものとし、その第三者は入札過程において発生した問題を善意かつ株主の利益のために解決するものとする。いったん入札過程が完了すれば、(一株当たり) 最高の入札価格を提示した株主が株式の移転と対価支払を30日以内に完了することが (もし株式取得に必要な法規制上の承認手続があれば、その制限に服した上で) 要求される。

X.5 Regulatory Approval Period

Any time period required for obtaining regulatory approvals for transfer of Equity Securities shall be excluded from the time limits specified in Section X.4.

[和訳]

X.5条　認可期間

株式移転の法規制条の承認を取るために必要な期間はX.4条で規定される期間の制限から除外される。

第5章 ■ 合弁契約　インドBollywood社とのインド市場向けソフトウェア開発の合弁会社設立

7 「合弁契約」ではどんなことを取り決めるのか（どんな条項があるのか）

　ここまで述べた以外の合弁契約の主要な条項は以下の通りです。
①定義（Definition）条項
②合弁会社の設立に関する条項
③合弁会社の資本金、株式引受、払込に関する条項
④合弁会社の定款に関する条項
⑤株主総会に関する条項
⑥取締役の選任、取締役会決議に関する条項
⑦代表取締役等の指名権・派遣に関する条項
⑧配当、配当受取権に関する条項
⑨株式の譲渡制限に関する条項
⑩競合禁止条項

　これらの条項については具体的な英文契約の例文を和訳付で第3部資料編第7章に記載しましたので、実際に合弁契約を作成する場合には参考にしてください。

COLUMN

インドでの合弁契約の交渉上気をつけること

特にインドでの合弁契約に特化すると、これまでの点に加えて、以下の点も交渉上留意すべきです。
❶通常、株式譲渡制限の条項が入るので、極端に譲渡が難しい条項になっていないか、確認しておく（必要に応じ、弁護士等専門家のアドバイスを受ける）
❷合弁解消手続としてよく使われるプット・コール条項のインド会社法上の有効性をよく確認しておく

●インド企業との交渉で一般に何に気をつければよいのか

私自身のインド企業との交渉の経験からは以下のことが言えるかと思います。インド人は全般に
①日本よりも個人主義的傾向が強く、膨大な人口を要する国の中で目立たないと生き残れない。したがって、ともかく自己主張しないとやっていけない
②終身雇用という考え方はあまりなく、しばしば欧米企業以上に人の入れ替わりが激しい。その結果、（各人の個人技はしばしば日本人より卓越しているものの）各部門の個人がそれぞれのペースで仕事を進め、他部門との連携は日本ほど意識しない
③まず大きな話を決め、詳細は後回しにする。日本人ほど細部を詰めることにこだわらない。逆に細部を詰めずに大枠を決めて、後で（細部を詰める段階で）進まなくなることもある
という傾向があるように思います。
これらの特性を踏まえた上で、私自身が感じたインド人との交渉の主な傾向とその対応案を下記します。

インド側交渉の傾向	日本側の対応案
相手が話しているところへ割り込む、複数の人が同時に話す、こちらに話をさせずにまくしたてる（特に電話会議でよく起こる）	双方が合意したファシリテータ（議事進行役）を事前に設定し、議論の進行を交通整理する
インド側メンバーでの事前の情報共有が不足しており、日本側との会議中にインド側参加メンバー同士で打ち合わせを始めることがある（特に電話会議の場合）	・事前に会議目的を明確にし、インド側出席メンバーと極力情報共有を図る ・それでもインド側の情報共有が不十分の場合、議論をいったん区切り、インド側に情報共有の時間を与える
詳細な検討なしに大きな方向性を決断し、後から詳細を検討する（特に急ぎの案件の場合）。その結果、方向性の決断の後、詳細に検討すると課題が解決できないことがわかり、大きな方向性決断の段階まで逆戻りすることがある	・逆戻りがあることを十分考慮して各種納期を設定する ・納期に対して、逆算でリードタイムを計算し、必要であれば期限の見直し・調整を日本側から提案する
こちらの都合に構わず、リクエストにすぐに応えるように要求することがある（特に急ぎの案件の場合）	・無理を承知の上で言ってくることが多いので、対応不可の場合は理由を明確に伝えて拒否する
アクションを何度フォローしても、対応しないことがある（特に担当者が交代した場合）	・対応期限を設ける ・相手のアクションが遅れた場合に、全体スケジュールにどういう影響が出るかをフォローの際に伝える
社内各専門部署の横連携ができていないことがある（特に大手企業の場合）	・相手に把握・判断して欲しい内容にずれがないか、可能であれば、打ち合わせごとに直接インド側幹部へ確認する ・議事を相手先内で共有してもらうように依頼する

第 3 部

[資料編]
各種契約でよく見られる条項

第1章
守秘義務契約で よく見られる条項

　第3部では、交渉上大きな争点にはならないものの、各類型の契約書でよく出てくる条項について解説します。第2部と第3部を併せて読むことで、1つの契約類型の全体像が把握できるようになるかと思います。

● 守秘義務の内容

　守秘義務の具体的な内容としては下記の内容が一般的です。
①情報受領者（多くの場合"Receiving Party"という用語を用います）は受領した秘密情報を適正に管理し、「知る必要のある」役員、従業員、外注先、外部アドバイザ（弁護士、会計士等）以外には（守秘義務期間中）開示しない。
②受領した秘密情報は守秘義務契約で規定された目的（例：今後の両社の特定分野での協業）の目的のみに使用し、それ以外の目的（例：自社独自製品の開発）では使用しない。

例文1：守秘義務期間を情報開示からXX年と定め、かつ守秘義務の内容を規定した例文

中立的。ただし守秘義務期間を永久とすると情報開示者に有利

For a period of XX years from the date of disclosure, the Receiving Party agrees to hold all such confidential information in trust and confidence within the specified subsidiary, division or other unit of the Receiving Party and not to use such confidential information other than for purposes of evaluating and facilitating the Possible Cooperation on＿＿＿＿＿＿＿＿. Except as may be authorized by the Disclosing Party in writing, for such period of time, the

Receiving Party agrees not to disclose any such confidential information, by publication or otherwise, to any person other than those persons who have a need to know such confidential information for purposes of performing activities relating to the Possible Cooperation on＿＿＿＿.

[和訳]
当該情報の開示日からXX年間、情報受領者は当該秘密情報を自身の特定の子会社、事業部またはその他部門内に留め、秘密を保持し、かつ＿＿＿＿に関する「協力の可能性」を評価し、促進する目的以外には、かかる秘密情報を使用しない。情報開示者に書面による許可を得た場合を除いて、情報受領者は＿＿＿＿に関する「協力の可能性」に関する活動を遂行する目的のためかかる秘密情報を知る必要のある人以外にはかかる秘密情報を公刊その他の方法で開示しない。

●守秘義務の例外

　一定の情報については、守秘義務の対象外であることを守秘義務契約の中で規定します。このような守秘義務の例外となる情報として通常、以下のようなものがあります。
①守秘義務を負わず受領者がすでに正当に入手していた情報
②受領者が独自開発した情報
③本守秘義務契約違反によらず、公知になった情報
④第三者より正当に権限を付されて入手した情報
⑤開示者から書面で開示許可を得た情報

例文2：守秘義務の例外を定める旨の例文　中立的

The obligations specified above will not apply to any confidential information that:
1) is already in the possession of the Receiving Party or any of its subsidiaries;
2) is independently developed by the Receiving Party or any of its

subsidiaries;
3) is or becomes publicly available without breach of this Agreement;
4) is received from a third party which the Receiving Party reasonably believes has the legal right to transmit the same;
5) is released for disclosure by the Disclosing Party with its written consent.

[和訳]
上記の義務は下記の秘密情報には適用されないものとする：
1) 情報受領者またはその子会社が既に入手している情報
2) 情報受領者またはその子会社が独自に開発している情報
3) 本契約の違反によらず公知となった情報
4) 情報受領者が正当な権限があると合理的に判断できる第三者から入手した情報
5) 情報開示者が書面で開示に同意した情報

●いわゆる実施権/使用権不許諾（No License）条項

秘密情報を開示しても、その情報に関する特許、著作権等知的財産権がライセンス（実施許諾/使用許諾）されるわけでない、と規定することがあります。これは当然のことを規定した条項であり、相手方から提示された場合は受け入れてかまいません。

例文3：本守秘義務契約でライセンス許諾はない旨の条項
【情報開示者に有利】

Confidential Information shall remain the exclusive property of the Disclosing Party and no patent, copyright, trademark or other proprietary right is licensed, granted or otherwise transferred by this Section X or any disclosure of Confidential Information to the Receiving Party, except as otherwise expressly set forth in this Agreement.

[和訳]
秘密情報は情報開示者の排他的な所有物であり、本契約において明示的に定められた場合を除き、本X条あるいは情報受領者への秘密情報の開示によりいかなる特許、著作権、商標その他権利もライセンス、許諾その他移転されることはない。

● 差止（Injunction）条項

　守秘義務の対象である秘密情報を漏洩されると、情報開示者にとって事後の損害賠償では回復不能な重大な損害が生じる可能性があります。この点から、秘密情報が開示されそうな時にその開示を事前に差し止める（止めさせる）ことができる旨を規定することもあります。

　守秘義務契約では本条項はある場合もない場合もありますが、受け入れてもシリアスなリスクはありません。

例文4：本守秘義務契約違反の場合には差止請求も可能である旨を明示する条項　情報開示者に有利

Receiving Party acknowledges that any use or disclosure of Disclosing Party's Confidential Information in a manner inconsistent with the provisions of this Section XX will cause the Disclosing Party irreparable damage for which remedies other than injunctive relief will be inadequate, and agrees that the Disclosing Party may request injunctive or other equitable relief seeking to restrain such use or disclosure, without limitation or waiver of any other remedy available at law or in equity.

[和訳]
情報受領者は情報開示者の秘密情報が第XX条の規定と合致しない形で使用または開示された場合、情報開示者に差止による救済以外では不十分な回復不能の損害を引き起こすことを認識し、かつ情報開示者が（他の衡平法上及びコモン・ロー上得られる救済手段を制限することなく）そのような使用または開示の抑制を求める差止その他衡平法

上の救済を求めることができることに同意する。

● 残存記憶（Residuals）条項

　頭の中に無意識に残った情報については守秘義務の対象外、すなわちその情報を使っても守秘義務違反にならない、と規定することもあります。これは秘密情報を記載した文書等を意図的に参照しなければ使用できるとするものです（こうしないと過去の転職歴が多いほど、現在の業務に支障が出てしまうため）。

　現在においても主にIT業界の守秘義務契約で使われる条項で、他の業界ではあまり見られません。IT業界に限れば受け入れて問題ない条項で、それ以外の業界では避けるべき条項かと考えます。

例文5：Residuals条項（頭の中に無意識に残った情報は守秘義務の対象外とする条項　情報受領者に有利）

"Residuals" shall mean that information which is mentally retained by persons who have had rightful access to information hereunder. The Receiving Party shall be free to use the Residuals of the confidential information under this Agreement for any purpose, including use in marketing products and services, any resulting disclosure if not disclosed intentionally shall not be considered a disclosure for purposes of Section X of this Agreement.

[和訳]
「残存記憶」とは本契約の下での情報に権限あるアクセスをした人物が頭の中に記憶している情報を言う。情報受領者は秘密情報の残存記憶を製品及びサービスのマーケティングを含むあらゆる目的に自由に使用することができ、かつその結果としての情報開示は意図的なものでなければ、本契約X条の目的上の情報開示とはみなされない。

第2章
OEM販売契約でよく見られる条項（1）
物の納入に関する条項

　OEM販売契約は物の売買を中核とする契約ですから、まずは売主から見て物の納入に関する条項が規定されます。以下、この種の条項の主なものについて説明します。

● 1. 購入数量見通し（Forecast）

　物の納入に関する条項では取引の時間的順序にしたがって、条項を規定していくことが多く見られます。その場合は購入数量見通し（Forecast）の条項が最初に規定されるのが通例です。フォーキャストは通常6～12ヶ月の期間、月ごとにrolling（毎月変動する）で出されることが多く、フォーキャストの期間をどの程度とするかは当該製品の市場特性、部品の納期等の要素で決まります。

例文1：6ヶ月のRolling Forecast（変動する見通し）を買主が発行する旨の例文　　中立的

Upon execution of this Agreement, and during each month thereafter during the term of this Agreement, Buyer shall submit to Seller monthly rolling forecast ("Forecast") covering the quantities of the Products which Buyer wishes to have for the following six (6) months period. Such Forecast will be provided to Seller on the first (1st) business day of each previous calendar month in accordance with the format as set forth Exhibit A.

［和訳］
本契約の締結時点及び契約期間中の各月の間、買主は売主に対して、買主が今後6ヶ月間に購入したい製品の数量に関する月次のローリン

> グ・フォーキャスト（変動する見通し）を提出する義務を負う。かかるフォーキャストは添付Aに定める書式に従い、前月の第1営業日に売主に提出される。

　フォーキャストはあくまで見通しであり、その数値に基づく発注義務は買主にはない場合、ある場合の双方があるのが実情です。

　フォーキャストに基づく発注義務がある（例えば6ヶ月のフォーキャスト中、直近の3ヶ月についてはそのフォーキャストに基づく発注義務があるとする）場合には、正式の製品納期は（発注すること自体は確実であり、売主は製品在庫を用意しておくべきであるという考え方により）短納期対応（納期2〜3週間）を要求されることがしばしばあります。

　フォーキャストに基づく発注義務がない場合でも、売主の設計・調達部門は部品の納期確保のため、正式注文書を待たず、フォーキャストをベースに部品の先行手配をかけることが多く、実際の製品発注数量が
①フォーキャストを大きく下回ると部品の過剰在庫、仕掛かり損、
②大きく上回るとライン能力オーバーによる納期遅れを引き起こすことがしばしばあります。

　契約上、発注義務のないフォーキャストと正式発注の差とのリスクを完全に埋める方法はないので、売主・買主双方が協力して、フォーキャストの精度を上げていくことは実務上重要です。

　なお、フォーキャストの不正確さによる問題を少しでも防ぐため、「買主はフォーキャストをなるべく正確にする努力義務を負う。売主はフォーキャストが製造能力オーバーの場合に買主に通知し、対策を協議する」といった条項を規定することもあります。

● 2. 注文と受領（Purchase Order and Acceptance）

　フォーキャストに基づき、正式の注文が買主から出されることになるため、フォーキャスト条項の次には注文（発注）に関連する条項が規定されることが多くあります。

　国際売買契約の場合、注文はPurchase Order（P.O.：注文書）が買主から発行されることでなされることが通常であり、契約上では注文書の様式

を添付書類で規定することがよく行われます。

> **例文2：添付書類に定めるPurchase Order（注文書）に基づき、買主が発注する旨の条文　中立的**
>
> Buyer shall place orders for Products by issuing Purchase Orders to Seller in accordance with the format as set forth in Exhibit B.
> [和訳]
> 買主は添付Bに定める書式に基づく注文書を売主に発行して、製品の注文を行う。

　売主は注文書を受領すると、注文書の請書（Order Acceptance[1]）を発行するのが正式の手続ですが、この請書は省略して、注文書の受領、即受注受付、とするケースもしばしば見られます。

> **例文3：売主はPurchase Order受領後、請書を発行し、その後注文キャンセルは不可となる旨の条文　売主に有利**
>
> Upon Seller's receipt of Purchase Order, Seller shall notify such receipt to Buyer by sending a letter or e-mail. Buyer shall not cancel or change the Purchase Order after the signing of Purchase Order by both Buyer and Seller.
> [和訳]
> 売主の注文書の受領時、売主はかかる受領をレターまたは電子メールにより買主に通知する。買主は売主、買主双方が注文書に署名した後はその注文書をキャンセルまたは修正することができない。

● 3. 納期（Lead-time）

　注文に関する条項に続いて、納期（lead-time）に関する条項が規定されるのが、通常です。OEM販売の場合、製品納期は実に様々です。電機

1　Acceptanceという用語は契約上①「（注文の）請書」という意味と、②「（出荷された製品の）検収」という2つの意味で使われるので、文脈から判断する必要があります。

業界の場合は売主としては部品（特に半導体）調達の都合上、複雑な製品については4～6ヶ月の納期が欲しいところですが、最近は買主からの短納期要求（2週間～1ヶ月）も多く、納期に関する交渉はOEM販売契約の交渉上、大きな争点となるのが実情です。また納期の起算点は注文書の受領及び請書発行からとすることが一般的です（請書発行を省略する場合には注文書の受領時点が納期の起算点となります）。

> **例文4：製品及び部品について注文書受領から90日と定める旨の条文** 中立的。ただし長納期は売主に有利
>
> Lead-time for delivery of Products and Spare Parts covered by this Agreement will be [ninety (90) days] after date of receipt of accepted purchase orders.
>
> [和訳]
> 本契約の対象となる製品及び部品の納期は合意した注文書の受領日から90日とする。

● 4. 納入（Delivery）

発注に基づき、指定納期の時期に出荷（shipment）及び製品納入（delivery）が行われることとなります。この製品納入については（輸送経路が長いことを背景に）国際売買契約上、船積条件を規定することが通例です。船積条件（正確には危険負担の移転条件）としてはFOB（Free on Board）とCIF（Cost, Insurance and Freight）が代表的なもので、その他、各種の船積み条件がインコタームズ（INCOTERMS）[2]で定められています。

2　国際商業会議所（International Chamber of Commerce・略称ICC）が定めた「貿易条件の解釈に関する国際規則」と呼ばれるもので、これには国際的な売買契約における定型貿易条件が規定されており、特に危険負担の移転時期について明確に規定しています。また、インコタームズは条約でも法律でもない、単なる私的な規則ですが、事実上は絶大な影響力を持っていて、多くの国際的な売買契約で採用されています。現在のインコタームズ（2010年改訂版）には、FOB（Free on Board）のほかにCIF（Cost, Insurance and Freight）やEXW（Ex Works）など11種類の貿易条件が定められています。また1つ前のインコタームズ（2000年改訂版）を契約に採用することも認められており、こちらではFOB（Free on Board）のほかにCIF（Cost, Insurance and Freight）やEXW（Ex Works）など13種類の貿易条件が定められています。インコタームズの詳細については：ICC自身によるインコタームズの英文説明（http://www.iccwbo.org/products-and-services/trade-facilitation/incoterms-2010/）及びジェトロによるインコタームズの和文説明（https://www.jetro.go.jp/world/qa/04C-070304.html）等を参照してください。

（1）FOB：本船渡条件

　売主が「船積で責任を免れる」という意味で、その要点は、売主が船積までの費用および危険を負担し、買主は船を手配し、船積以降の費用および危険を負担することにあります。なお、FOB Yokohama Portという表現は横浜港で船積することを表します。

（2）CIF：運賃保険料込条件

　売主が船を手配し、その船積費用（Cost）、運賃（Freight）を支払うほか、海上保険（Insurance）を付保し、その保険料を支払うことを意味します。危険負担については、FOBと同様に貨物が船積された時をもって売主から買主に移転します。なお、CIFNew York Portという表現は、ニューヨーク港を仕向港としてCIF条件で輸出されることを表します。

例文5：所有権及び危険負担がインコタームズのFOB Yokohamaで移転する旨の例文　中立的

Title to, and risk of loss or damage to the Products shall pass to Buyer upon F.O.B. Yokohama. The INCOTERM 2010 manual shall govern interpretation of shipment terms under this Agreement.

[和訳]

製品の所有権及び危険負担はFOB横浜にて買主に移転する。インコタームズ解説（2010年改訂版）が本契約の下での船積み条件の解釈を決定する。

● 5. 危険負担と所有権の移転（Risk and Title）

　この点については、2010年インコタームズの貿易条件（11種類）における貨物の引渡場所および売主から買主への危険負担の移転時期について前ページで紹介した、ICC自身によるインコタームズの英文説明及びジェトロによるインコタームズの和文説明等を参照してください。

　また所有権の移転時期については契約当事者が合意により自由に定めることができます。多くの場合、物の引渡（占有の移転）があった時点で、所有権が移転されるとすることが通例です。しかし、支払能力に不安のあ

る買主に対しては、目的物の所有権を代金の完済時まで留保する（所有権留保）を規定することにより、代金未納時に売主が目的物を引き上げることを容易にしておくこともあります。

ただしこれは、買主にとっては自らの信用不安を認めるような条項であるため、当然ながら買主はかなり強く抵抗する条項ではあります。

例文6：所有権留保の条文例 〔売主に有利〕

The title to the Products shall be retained by Seller until Seller has received the full amount of the price of the Products pursuant to the provisions of this Agreement.

[和訳]
本契約の条項に基づく製品の対価全額が売主に受領されるまで、製品の所有権は売主に留保される。

● 6. 検査と検収 (Inspection and Acceptance)

物の納入後、買主は製品の受入検査を行い、その検査結果が合格であれば、納入物の「検収」（Acceptance：契約の履行として目的物を受け取ること[3]）を行います。

例文7：検査及び検収の手続・期間を定める例文（含む「みなし受領条項」） 〔売主に有利〕

If Buyer does not give Seller written notice of a defect or nonconformity with warranty before expiration of that period, the Product or Spare Parts will be deemed accepted. Buyer will reimburse Seller for shipment expenses, labor and testing costs per unit for any Product or Spare Parts rejected by Buyer which Seller subsequently determines was in compliance with the specifications

---

3　この意味でacceptanceは単なる物品の物理的な受領であるreceiptと区別されます。
受入検査の期間、検査の内容等はあらかじめ契約書またはその添付文書にて詳細に規定するのが通例です。

in Exhibit C. Any Products or Spare Parts returned by Buyer for reasons other than defects or non-conformity with warranties under this Agreement will be returned at Buyer's expense and risk.

[和訳]
もし買主が当該（検査）期間中に保証に対する不一致または欠陥を署名で売主に通知しなければ、製品または部品は検収したものとみなされる。買主が受領拒否した製品または部品でその後に売主が添付Cの仕様書に合致すると判断したものについては買主は船積み費用、1台当たりの試験及び作業費用を売主に払い戻す。本契約の下での欠陥または保証の不一致以外の理由で 製品または部品を買主が返却する場合には買主の費用とリスクにおいて行う。

Acceptance（受領、検収）の法的効果は以下の通りです。
①買主は以後、受領拒絶ができない
②買主に当該物品の代金支払義務が生ずる
③多くの場合、acceptance（検収）時点が製品保証期間の起算点となる
　acceptanceは買主の明確な意思表示の他、合理的な期間内に検査不合格通知を行わないことによっても成立するよう規定することもあります（いわゆる「みなし受領：deemed acceptance」の規定）。

例文8：みなし受領の例文例 【売主に有利】

Upon Delivery of the Products, Buyer shall immediately inspect the Products at its own cost. If Buyer finds the Products do not conform to the specification as identified in Attachment A, Buyer must, within __ days after the date of Delivery, give to Seller notice of any claim specifically setting forth the details of such non-conformity. Failure to send such notice to the Seller within __ days after the date of Delivery shall constitute a waiver of Buyer's right of claim and shall be deemed to be an acceptance of the Products. Failure to specify non-conformity shall also constitute a waiver of such Buyer's right of claim.

[和訳]

製品の納入に際し、買主は直ちに当該製品を自身の費用において検査する。もし買主が添付Ａで特定されている仕様書への製品の不一致を発見した場合には納入日から＿日以内に買主は売主に対し、かかる不一致の詳細を特定したクレームの通知を出さなくてはならない。かかるクレームの通知を納入日から＿日以内に売主に送付することを怠った場合には買主の製品に対するクレームの権利の放棄を構成し、当該製品は検収されたものとみなされる。仕様との不一致を特定できないことも同じく買主のクレームの権利の放棄を構成する。

一方、買主の立場では必ず自社の規則に従って納入された製品を検査することを契約に規定し、「みなし受領（検収）」は認めないとすることが原則です。

例文9：買主の立場でのAcceptanceの例文　【買主に有利】

All and any part of Product shall be subject to inspection individually or by each delivery unit at Buyer's premises, unless otherwise agreed in writing. When Product passes such inspection, Buyer shall accept Product. Should such inspection reveal that Product or any part thereof or any delivery unit thereof does not conform to any of the warranties in Article XX and any of the criteria specified in Exhibit YY in any respect, Buyer may, at its option:

（1）reject Product;

（2）reject Product and return it to Seller at Seller's risk and expense, in which case Seller shall promptly deliver new Product to Buyer's premises or make the returned Product conform to the warranties and send it back to Buyer's premises at Seller's risk and expense;

（3）reject Product and repair or make it otherwise conform to the warranties at Seller's risk and expense in accordance with Seller's timely instructions, or in accordance with Buyer's best judgment (at Seller's risk and expense) if Seller does not provide such instructions; or

（4）accept Product at reasonably reduced price.

[和訳]

別途定める場合を除き、すべてまたは一部の製品は買主の施設における個別または納入ロットごとの検査に服する。製品がかかる検査に合格した場合、買主は製品を検収する。もしかかる検査の結果、製品またはその一部または納入ロットが何らかの点で第XX条に定める保証に合致していないこと、または添付書類YYに記載された基準に合致していないことが判明した場合、買主は自身の裁量で以下のいずれかの手段を取ることができる：

（1）製品を拒絶する。

（2）製品を拒絶の上、売主の危険負担及び費用にて製品を返却する。この場合、売主は早急に新しい製品を顧客の施設に納入するかまたは返却された製品を保証に合致するように変更した後、売主の危険負担及び費用にて顧客の施設に送り返す。

（3）製品を拒絶の上、売主の危険負担及び費用にて売主からのタイムリーな指示にまたは買主自身の最善の判断に基づき、製品を保証に合致するように改造する。

（4）合理的に値引きした価格で製品を検収し、受け入れる。

● 7. 注文のキャンセル、リスケジュール（Cancel, Re-schedule）

　いったん発行された注文書の納期が変更になったり（Re-schedule）、取消しになったりする（cancel）ことがあります。

　売主としてはいったん正式発行された注文書は一切キャンセルできないとするのが、最も有利ですが、現実の力関係ではキャンセルを認めざるを得ないのが、通常です。逆に買主の立場では、製品の種類、特性にもよりますが、一定レベルの納期変更、キャンセルを可能にしておかないと、特

に経済状況が急変した時に不測の損害を被ることになります。したがって、①納期変更については可能とするが、その回数に制限をつける、②キャンセルについても可能とするが、契約上の納期が近づくにつれ、徐々にキャンセルの余地を狭めていくことがよく行われています。

例文10：正式納期から逆算して4段階に分けてキャンセル料を定めた例文　売主に有利

In the event Buyer cancels shipment of Products or Spare Parts subject to accepted purchase orders, Buyer will be liable to Seller for cancellation charges per the below schedule:

Notice Prior to Original Scheduled Shipment Date	Deferral Percent	Cancellation % of Purchase Price
1-60 days	0%	100%
61-90 days	25%	60%
91-105 days	50%	30%
105-120 days	75%	15%

[和訳]
買主が合意済みの注文書に基づく製品または部品の出荷をキャンセルする場合には、買主は以下のキャンセル料の支払義務を買主に対して負う：

当初納期から何日前に通知か	キャンセル可能割合	キャンセル費用
1-60日前	0%	キャンセル分の100%
61-90日前	25%	キャンセル分の60%
91-105日前	50%	キャンセル分の30%
105-120日前	75%	キャンセル分の15%

> **例文11：Re-schedule（納期変更）できる数量、期間に制限を加えた文言例** 売主に有利

Buyer may defer up to a maximum of ＿＿＿＿＿＿ (＿＿%) of Products and Spare Parts if Buyer (i) gives Seller notice of deferral at least sixty (60) days prior to the originally scheduled delivery date in accepted purchase orders; (ii) the deferred delivery date shall be no later than forty (40) days after the original delivery date specified in accepted purchase orders; and (iii) the delivery date for Products or Spare Parts on the affected purchase orders were not previously rescheduled. Deferral does not relieve Buyer of the minimum purchase requirement specified in Section X.

[和訳]
もし（i）納期延期の通知を合意済み注文書の当初納期の少なくとも60日以上前に売主に通知し、（ii）延期された納期が合意済み注文書の当初納期より40日以上遅延せず、かつ（iii）対象の注文書の製品、部品の納期が過去に延期されていなければ、買主は製品または部品の最大（　）％までの納期を延期できる。納期延期は第X条に定める最低購入数量の条件を緩和するものではない。

●8. 返品及び修理（Return, Repair）

　返品（Return）及び修理（Repair）に関する規定を設けることもよくあります。通常は保証期間中（原則、無償修理）と保証期間外（有償修理）とに分け、それぞれ返品および修理の手続を定めます。また返品については売主（Seller）がまず「返品の承認」（Return Material Authorization）をNo.等の形で発行し、それに基づき買主が返品するというプロセスを踏むことが多く行われています。単なる操作ミス等で故障していない製品が売主から安易に返却されてくる、といった事態を避けるためです。以上の考え方に基づく返品および修理のプロセスをデータに示しましたので、ダウンロードしてご参照ください。

● 9. 製品修理条項（Repair）

　製品修理の条項のポイントは修理のための返却−修理−再発送の手続を明確にすることです。買主が修理のために製品を返却する場合、売主の書面による事前の了解（RMA: Return Material Authorization）を要するとするのが売主としては通常です。また売主の立場では修理の結果、異常がなかった場合には返却及び再発送に要する費用を売主が買主に請求できる規定を設けるべきです。

例文12：RMAを用いた修理手続の条文　売主に有利

（1）Buyer shall conduct initial investigation and perform initial warranty judge for all the Products returned from each site before returning them to Seller. Buyer shall try its best to avoid occurrence of NTF (no trouble found). (This is for avoiding time and costs for repairing "non-defective" Product.)

（2）Buyer sends Products back for repair, to Seller, with the RMA (Return Material Authorization) sheet prepared by Seller.

（3）Seller confirms the number of returned Products and also checks the number of accessories (such as cables, screws). In reply to the reception, Seller informs Buyer of the number of them by e-mail.

（4）Buyer should also reply to the information confirmed by Seller as above (3). After that, Seller shall make Products investigation (if necessary) and repair work. Seller investigates and judges whether the Product is in-warranty or out-of warranty.

（5）Seller returns the Products together with RMA sheet filled in with necessary information (including but not limited to the list of material repaired or replaced) to Buyer, at the time when repair work for approximately five (5) Products is completed. When in an emergency, Buyer may inform Seller of the status, then Buyer will instruct Seller to return the repaired Products in question as soon as they complete repairing.

[和訳]
（1）買主は各地域（顧客サイト）から返却されたすべての製品について、第一次の調査を行い、保証の範囲内に入るかどうかの第一次の判定を実施する。買主は「瑕疵なし」の製品返却の発生を避けるべく、できる限りの努力をする（これは「欠陥なし」の製品を修理する時間及び費用を避けるためである）。

（2）買主は売主が用意した「返却部材承認」（Return Material Authorization：RMA）のシートとともに売主に（故障と思われる）製品を送付する。

（3）売主は返却された製品の数量を確認し、かつ付属品（ケーブル、ねじ・くぎ等）の数も確認する。受領の返信として売主は（返却された）製品の数量を電子メールで買主に連絡する。

（4）買主も上記（3）で売主により確認された情報について売主に返信する。その後売主は（必要なら）製品を検査し、かつ修理作業を行う義務を負う。売主は製品が保証範囲内か補償範囲外かを調査し、判定する。

（5）売主は概ね5台の製品の修理作業が完了した時点で、必要な情報（修理または交換した部材のリストを含むがこれに限られない）を記入した「返却部材承認」シートとともに製品を返却する。緊急の場合には買主はその旨を売主に伝え、それから売主は問題の製品を修理が完了次第、返却する旨を指示する。

買主としても上記の「返却部材承認」（RMA）に基づく手続は概ね受け入れ可能で、このような条項は広く使われています。

一方、買主の立場では修理後の保証期間をなるべく長く取るように要求することがしばしば行われています。下記の文言は修理完了後改めて18ヶ月の保証期間（新品の保証期間と同じ）が生ずると規定するものです。

なお売主の立場では、「製品を修理しても、保証期間は当初の製品納入または検収から18ヶ月間で変更ない」と規定することを求めるのが一般的です。

例文13:保証期間が修理完了後再度18ヶ月となる旨の条文
【買主に有利】

All repaired or replaced Product furnished in accordance with Article XX [Repair] (including any repaired by Buyer) shall be subject to the provisions of Article YY [Warranty], in which case the warranty period of such Product shall be extended to eighteen (18) months from the date of Buyer's latest acceptance.

[和訳]
第XX条[修理条項]に従って修理叉は交換されたすべての製品(含む買主による修理)はYY条[保証条項]に従うものとし、その場合の保証期間は買主の最後の検収(修理完了)から18ヶ月間に延長されるものとする。

第3章
OEM販売契約でよく見られる条項（2）
物の納入以外に関する条項

●ソフトウェアの保証（Warranty）

　IT関連事業の場合、ハードウェアと並んで、ソフトウェアを供給することが多くあります。ソフトウェアの供給者（ライセンサー）の保証条件は、バグ（不良）のないソフトウェアは存在しないことを前提に、ハードウェアの保証とは異なるものとなっています。

　ソフトウェアについて正式に契約をかわす場合は売主＝ライセンサー、買主＝ライセンシーであることを明示した上で、以下のような保証条項がよくあります。

①ソフトウェアの受領から（例えば）1年間、製品仕様書またはマニュアルと合致する旨の保証

②ソフトウェアの検収時に不具合（defects）のないことを保証し、もし（例えば）6ヶ月以内に不具合が発見されれば、無償で修正する旨の保証

　その他一般的な保証条項としては「一定の期間（例えばソフトウェアの受領から1年間、エラーを含む不具合がなく、かつ添付された仕様書と合致していることの保証」するものがあります。以下にエラーを定義した上で、上記趣旨の保証をした条文例を示します。

例文1：エラー（Error）の定義条項例　中立的

The term "Error" shall mean any mistake, problem, or defect which causes either an incorrect functioning of Licensed Program or an incorrect or incomplete statement or diagram in the User Manual and the Documentation, if such mistake, problem or defect (i) renders the Licensed Program inoperable, (ii) causes the Licensed

Program to fail to meet the specifications thereof, (iii) causes the Documentation to be inaccurate or inadequate in any material respect, (iv) causes incorrect results, or (v) causes incorrect functions to occur.

[和訳]
「エラー」とは、ライセンスプログラムの不正確な動作、又はマニュアルもしくはドキュメンテーション中の不正確もしくは不完全な記述もしくは図表の原因となるあらゆる誤り、問題又は瑕疵で、それらの誤り、問題又は瑕疵が（i）ライセンスプログラムを動作不能にする、（ii）ライセンスプログラムをその仕様と合わなくさせる、（iii）重要な点で文書を不正確又は不十分なものにする、（iv）不正確な結果をもたらす、又は（v）不正な動作を発生させる場合をいう。

例文2：ソフトウェアの保証条項の例 〔中立的〕

Licensor warrants for a period of **one（1）year**(s) from the date of Licensee's acceptance of the Licensed Software, that the Licensed Software is free from defects, including but not limited to, Error of the Licensed Software, and meet the specifications, including performance specifications, as provided or referenced in Exhibit ___.

[和訳]
ライセンサーはライセンシーによるライセンスソフトウェアの受領日から1年間、ライセンスソフトウェアにはライセンスソフトウェアのエラーを含む不具合がなく、かつ付属書面___により示される性能仕様を含む仕様と合致することを保証する。

またソフトウェアの供給者（ライセンサー）の立場ではハードウェアの供給の場合と同様、明文の保証以外の保証を排除することは必須です。

> **例文3:ソフトウェアの保証制限条項例(売主:ライセンサーにとっては標準的な例)** 一般的。ただし売主に有利
>
> EXCEPT AS EXPRESSLY PROVIDED ABOVE, LICENSOR SPECIFICALLY DISCLAIMS ALL WARRANTIES, AND NEITHER LICENSEE [OR, END USER] NOR ANY OTHER THIRD PARTIES RECEIVE ANY OTHER WARRANTIES, WITH RESPECT TO THE LICENSED PROGRAM, EXPRESS, IMPLIED, STATUTORY OR IN ANY COMMUNICATION WITH LICENSOR OR ANY REPRESENTATIVE OF LICENSOR. **LISENSOR SPECIFICALLY DISCLAIMS THE IMPLIED WARRANTIES OF MARCHANTABILITY, FITNESS FOR A PARTICULAR PURPOSE.**
>
> [和訳]
> 上記に明示的に記載されているものを除き、ライセンサーはいかなる保証をも明確に否認する。そしてライセンシー[もしくはそのエンドユーザー]またはいかなる第三者も、ライセンスプログラムに関し明示、黙示、法令上の、またはライセンサーもしくはその代表者とのコミュニケーションの中で示されたいかなる保証をも受けることはできない。**ライセンサーは商品性及び特定目的への合致の黙示の保証を明確に否認する。**

　なお、エンドユーザー向けのライセンス(特にパッケージソフトウェアのシュリンクラップ・ライセンス[1])についてはソフトウェア本体については一切無保証で、「ソフトウェアのメディア(CD等)についてのみ、欠陥があった場合に無償交換することを契約から90日間保証する」といった内容にすることもしばしばあります。

　一方、OEM契約の買主(ソフトウェアの場合はライセンシー)側は、購入するソフトウェアについて以下の保証を求めることがあります。

1　シュリンクラップ・ライセンス(shrinkwrap license)ないしシュリンクラップ契約とは、ソフトウェアの購入者がパッケージの封を破ることで、使用許諾契約に同意したものとみなす契約方式。シュリンクラップとは製品の「包装」のこと(IT用語辞典eWords)。

例文4：ソフトウェアの保証制限条項例（買主：ライセンシーにとっては標準的な例） 買主に有利

X.1 Licensor warrants for a period of one (1) year(s) from the date of Licensee's acceptance of the Licensed Software, that the Licensed Software is free from defects, including but not limited to, Error of the Licensed Software, and meet the specifications, including performance specifications, as provided or referenced in Exhibit ___.

[和訳]

X.1条　ライセンサーはライセンシーによるライセンスソフトウェアの受領日から1年間、ライセンスソフトウェアにはライセンスソフトウェアのエラーを含む不具合がなく、かつ付属書面____により示される性能仕様を含む仕様と合致することを保証する。

X.2 If defects are discovered by Licensee, Licensor agrees to correct such defects at Licensor's expense within thirty (30) days following receipt of notice from Licensee of such defects. After defect correction of the Licensed Software, Licensee may inspect such Licensed Software as provided in Article XX of this Agreement.

[和訳]

X.2条　ライセンシーによって不具合が発見された場合には、ライセンサーはライセンシーからのかかる不具合の通知を受けた日から30日以内に、ライセンサーの費用でかかる不具合を修正することに同意する。ライセンスソフトウェアの不具合修正後、ライセンシーは当該ライセンスソフトウェアを本契約第XX条に規定される通り検査する権利を有する。

X.3 In case of defect correction, the same warranty period as described above shall be applied from the date of Licensee's acceptance of such correction.

[和訳]
X.3条　不具合修正の場合には、上記と同じ保証期間が修正されたライセンスソフトウェアの受領日から適用されなければならない。

X.4 Licensor warrants that the media on which the Licensed Program is provided is free from defects in material and workmanship. If defect is discovered by Licensee, Licensor shall replace such media with the one conforming to the warranty above without any charge.

[和訳]
X.4条　ライセンサーはライセンスプログラムの搭載された媒体に、材料上及び製作上の不具合がないことを保証する。ライセンシーによって不具合が発見された場合、そのメディアをライセンサーは上記の保証に合致するものと無償で交換しなければならない。

●OEM契約における商標の扱い（Trademark）

OEM販売契約の場合、買主は売主の商標を使用しない旨を規定することが多くあります。OEM販売契約は買主のブランド力やマーケティング力でビジネスを行うものだからです。

例文5：Seller（売主）の商標「ABC」を買主が使用しないことを明文で定める例　中立的

Nothing herein shall grant to Buyer any right, title or interest in the word "ABC" (either alone or in association with other words or names) or in the corporate name ABC, or any part thereof or in any other trademark or trade name adopted by Seller or its related companies or in any copyright or goodwill of Seller.

Buyer shall not affix any Seller's trademark to the Products or to any related marketing or documentation provided to Buyer's customers.

[和訳]
本契約は買主に「ABC」という単語(単独であれ、他の単語または名称と組み合わせて使用するものであれ)または「ABC」という社名またはその一部、または売主あるいはその関連会社が採用する商標、または商号、またはいかなる売主のいかなる著作権、またはのれんに関する権利、権限または利益について許諾するものではない。
買主は製品、関連するマーケティング及び買主顧客に提供する資料に売主の商標を付与してはならない。

●メンテナンス及びサポート(Maintenance & Support)

売主の製品が高度なハイテク品の場合には、技術面のサポートに関する条項が規定されるのが通常です。技術サポートが有償か、無償かも明示する必要があります。

例文6:メール及び電話での通常サポートと緊急サポートと双方を提供することを規定した例

中立的。ただし無償サポート範囲が増えると売主にとって不利

Seller will provide Buyer the following maintenance support relating to the Products. For the purpose of clarity, maintenance support of (1) and (2) as stipulated hereunder will be given without additional charge.

(1) Normal Support
Seller shall provide Buyer support by e-mail or telephone in English for inquiries as to general technical matters (software matter, hardware matter, specifications, etc.), maintenance (repair, site trouble) relating to the Products during Seller's Business Hours.
 (NOTE) Basically, support is given only by e-mail for the purpose of keeping a record.

Seller will release its technical information every six (6) months to Buyer. Such information shall include major critical failure handling report, normal technology update or roadmap notice and software update notice.

(2) Maintenance Support in an Emergency
Seller will provide Buyer support by phone or e-mail in English for inquiries as to the site trouble that requires urgent support. Also, Seller shall dispatch the site-support engineers to Shanghai or major cities within five (5) calendar days.

 24 hours emergency hotline: Support Center
           Phone:+81-_____ (Mobile)
 Coordinator in Shanghai: Mr. _____
           Phone:_____ (Mobile)

(NOTE) To keep the record of Buyer's request and Seller's support, e-mail access from Buyer is mandatory. Therefore, even if support is done by phone, Buyer must send e-mail by informing the request to Seller, soon after the phone call. At out of Seller's Business Hours or Seller's holidays, Buyer may call Seller's cellular phone number, which will be informed to Buyer in advance.

[和訳]
売主は買主に製品に関する下記のメンテナンス・サポートを提供する。明確化のために言うと下記（１）及び（２）に規定されるメンテナンス・サポートは追加の費用無しで提供される。

（１）通常サポート
売主はその営業時間内に買主に対して製品関連の一般的な技術事項（ソフトウェア関連、ハードウェア関連、技術仕様等）及びメンテナンス（修理、設置場所でのトラブル対応）に関する問い合わせに対し、英語で電話または電子メールによりサポートを提供する。

> （注記）記録を残す目的のため、サポートは基本的に電子メールによってのみ提供される。
>
> 売主は自身の技術情報を6ヶ月毎に買主に提供する。かかる技術情報は主要な重大エラーの扱い、通常の技術的改良及び新製品/技術提供計画及びソフトウェアのアップデートの通知を含むものとする。
>
> （2）緊急サポート
> 売主は買主に対して緊急のサポートを要するサイト（機器の設置先）でのトラブルに関する問い合わせに対し、英語で電話または電子メールによりサポートを提供する。また売主は現地保守のエンジニアを上海またはその他の主要都市に5日以内に派遣する。
>
> 24時間対応緊急ホットライン：サポートセンター
> 　　　　　　　　　　電話:+81-＿＿＿＿＿＿＿＿＿（携帯）
> 上海とりまとめ者:　　＿＿＿＿＿＿＿＿＿氏
> 　　　　　　　　　　電話:＿＿＿＿＿＿＿＿＿（携帯）
>
> （注記）買主の要請及び売主のサポートを記録するために買主からの電子メールによる連絡は必須である。したがい、サポートが電話によってなされても、買主は電話終了後売主への要請を伝える電子メールを送付しなくてはならない。売主の営業時間外または休日の場合、買主は（事前に連絡済の）売主の電話番号に連絡することができるものとする。

　一般的な技術サポートの他に、技術的なトレーニング・教育について規定することも多くあります。

例文7：トレーニング・クラスの日数等を定めた文言例
中立的。ただし無償トレーニングが増えると売主にとって不利

During the term of this Agreement, Seller will provide, at Buyer's request and at no cost to Buyer, one (1) training class for Buyer's qualified personnel with respect to the operation and maintenance of the Products ordered under this Agreement. Said session will be held at a mutually agreed upon time and will consist of a maximum of five (5) days no more than two (2) consecutive days of training of five (5) of training of no more than six (6) of Buyer's employees. Training will be conducted at XXX, Ltd.'s facility in Japan during normal business hours. Buyer will pay all travel, living and salary expenses incurred by its personnel. Seller will bill Buyer for additional training sessions at Seller's current prices at the time of Buyer's request for training.

[和訳]
本契約期間中、買主の要求及び売主の費用負担無しで、売主は本契約の下で提供される製品の運用及び保守に関し買主の認定された従業員に1クラスの教育を提供する。上記クラスは最大限5日間かつ最長で2日間連続の講義を、最大6人の買主の従業員に対して行う。このトレーニングはXXX社の日本の施設で通常の営業時間内に行われる。買主はその従業員について発生する旅費、生活費及び給料を負担する。買主がトレーニングを要求した時点で、売主は追加トレーニング・クラスの代金を現状の価格にて請求する。

● 製品の技術的修正（Engineering Change）

製品の技術的修正の手続に関する規定を"Engineering Change"という条項で規定することがよくあります。

例文8：製品の技術的修正について定めた手続　**売主に有利**

X.1 Seller shall be free to make engineering changes and to select components and materials so long as compliance of the Products with their specifications as attached in Exhibit A is not affected. Seller shall not be obligated to apply any such engineering changes to the Products previously shipped to Buyer.

X.2 Upon request of Buyer, Seller may provide new feature(s) to the existing Products including hardware and software. Engineering change procedure shall be separately discussed and stipulated by both parties.

X.3 Any update or upgrade to the existing software shall be provided from Seller to Buyer free of charge if no additional feature is involved

[和訳]

X.1条　付属書類Aに添付される仕様書に製品が合致する限りにおいて売主は自由に製品の技術的修正を行い、部品及び材料を選択することができる。売主はかかる技術的修正を、買主にすでに出荷済みの製品に対し、適用する義務を負わない。

X.2条　買主の要求により、売主は（ハードウェアとソフトウェアを含む）既存製品に新機能を追加することができる。技術的修正の手続は別途議論され、規定される。

X.3条　もし追加機能がなければ、既存ソフトウェアのアップデートまたはアップグレードは売主から買主に無償で提供される。

●納入終了（End of Life）に関する条項

　売主の扱う製品が日進月歩の技術を用いるハイテク品の場合、旧製品が陳腐化するのも早いのが実情です。このため、ある製品の納入・供給打ち切りの場合の扱いを定めることがよく行われます。

①供給打ち切り時の扱い（End of Life）

　売主のある製品の供給打ち切り時には、一定期間（製品納期にもよるが、供給打ち切り時の3ヶ月〜1年前）を置いて事前に供給通告を行い、打ち切りのための諸手続に入ることを定めることが多くあります。この場合、買主に最後の一括購入の機会（last buy）を与えることが通常です。

> **例文9：売主は製品打ち切りの9ヶ月前に打ち切りの通告を出し、その後買主が一括購入の機会を持つ旨の条文** 　中立的
>
> Seller shall notify Buyer in writing of its intention to discontinue the manufacture of any Products not less than nine (9) months prior to the expected discontinuation date (the "Phase Out Date"), Seller shall allow Buyer to issue one (1) final Purchase Order for such Products, which must be placed at least five (5) months prior to the Phase Out Date. Seller shall use its commercially reasonable efforts to accept and fill such final Purchase Order.
>
> [和訳]
> 売主は予定されている製品供給打ち切り日（「出荷停止日」）より少なくとも9ヶ月以上前に製品製造中止の意図を書面により買主に通知するものとし、かつ売主は出荷停止日の少なくとも5ヶ月までに当該製品の最終注文書を買主が発行することを認めなくてはならない。売主はかかる注文書を受領し、満足させるため商業上合理的な努力をする。

②製品変更・機種変更（Product Change）

　ハイテク製品の場合、製品のライフサイクルが短く、頻繁に製品変更、機種変更が行われます。この製品変更・機種変更があると、機種ごとにEnd of Life条項に相当する供給打ち切り時の扱いを定める必要があります。

ソフトウェア・ライセンス及びドキュメンテーションに関する条項

　技術的に高度なハイテク製品ではハードウェアとともにソフトウェア及びドキュメンテーションを提供することが多くあります。この場合、ソフトウェアのライセンス条項及びドキュメンテーションに関する条項が必要となります。

❶ソフトウェア・ライセンス条項

　ソフトウェアの取引はハードウェアと異なり、ライセンス（使用許諾）の形式で行われます。ソフトウェアとハードウェアを一体として提供する場合にハードウェアの売買契約とは別にソフトウェアのライセンス条項を設けるかどうかは、ソフトウェアの規模・内容により様々です。

ソフトウェアのライセンス条項を設ける場合は、まずエンドユーザーにライセンスを供与し、その上で種々の制限を設けることが多く見られます。

例文10：OEM売買契約に付属するソフトウェア・ライセンス条項の例（非独占の使用権を買主及びそのエンドユーザーのみに認める場合） 売主に有利

Seller hereby grants Buyer a non-exclusive and non-assignable license, without right of sublicense to use the Software for designing, manufacturing and marketing XXX Products in China's domestic markets. In particular:

Buyer shall use the Software under the instruction of Seller for the purposes under this Agreement only, and Buyer shall not use the Software for any other purposes without written consent of Seller.

Buyer or any third party having access to Software through XXX products or any other lawful means may not copy, replicate, reproduce, change, discompile, disassemble, decode or reserve engineering Software for any purposes;

Any proprietary rights or interest generated or derived from Software by Buyer in developing XXX Products, if any, shall be licensed back to Seller without any charge;

Seller reserves the right to enter into a royalty-bearing license agreement with Buyer and/or its end users within and/or outside China for the intellectual property rights under this Software; and

Buyer and its end users shall keep all information concerning Software in strict confidence and may not use or disclose such information without prior written consent of Seller.

[和訳]

売主は買主に対し中国国内市場向けのXXX製品の設計、製造、販売のために本ソフトウェアを使用するサブライセンス権無しかつ非独占、譲渡不可の権利を許諾する。具体的には買主は売主の指示に従って本ソフトウェアを本契約の下での目的のみに使用なくてはならず、買主

は売主の書面による同意無く本ソフトウェアを他の目的に使用してはならない。

XXX製品またはその他の合法的手段を通じて本ソフトウェアにアクセスする買主または第三者は、いかなる目的においても本ソフトウェアを複製、修正、逆コンパイル、逆アセンブル[2]、コード解析及びリバース・エンジニアリングしてはならない。かつ、

XXX製品の開発の中で買主により生じた本ソフトウェアから生み出されたまたは由来する権利は（もしあれば）無償で売主にライセンスバック（逆に技術供与）される。

売主は本ソフトウェアの下での権利について、中国国内または国外において買主叉はそのエンドユーザーに対し有償のライセンス契約を締結する権利を留保する。かつ、

買主及びそのエンドユーザーは本ソフトウェアに関する情報を厳格に秘密に保ち、かつかかる情報を売主の書面による事前の同意無く、使用または開示してはならない。

❷ドキュメンテーションに関する条項

ドキュメンテーションに関する条項では、
①契約時に売主から買主に提供されるドキュメンテーションの内容一式
②複製、配布等に関する著作権上のライセンス
③著作権表示

等について規定することが多くあります。

例文11：ドキュメンテーションの提供、複製、配布等について定める例文 売主に有利

X.1 Delivery

Upon execution of this Agreement, or as soon thereafter as possible,

---

2 "逆アセンブル"とは機械語で書かれたオブジェクトプログラムを解析して、人間に可読なアセンブリ言語のプログラムに復元することをいう。(知的財産用語辞典より「逆アセンブル」の項を引用)
"逆コンパイル"とは、機械語で書かれたオブジェクトコードを、コンパイラ型言語によるソースコードに変換すること。(IT用語辞典e-Wordsより「逆コンパイル」の項を引用)

Seller shall forward one (1) copy of the documents listed in Exhibit C (Documents relating to Products) to Buyer. All such documents are the copyrighted works of Seller or its suppliers. For the avoidance of doubt, any documents listed Exhibit C shall be deemed as Confidential Information.

X.2 Reproduction and Distribution

Unless otherwise indicated in Exhibit C, Seller hereby grants Buyer a non-exclusive, non-transferable, Territory-wide, fully paid-up license to use, reproduce, distribute, and prepare derivative works (including translations) in Buyer's name, of all such documentation furnished by Seller under this Agreement (other than Seller's Confidential Information) for the purpose of selling Products. Buyer shall reproduce such documentation without Seller's trademarks or other identification of source. Buyer agrees not to materially change the substantive provisions of the original documents. Such documentation is provided AS IS, with no warranty. It may contain inaccuracies or typographical errors. Seller reserves the right to revise such documentation at any time as it deems necessary. Any documentation delivered pursuant to this Agreement and all information contained therein may be reproduced only for inspection, testing, maintenance and repair purposes, and may be disclosed, delivered and disseminated only to employees of Buyer. Neither receipt nor possession of documentation delivered pursuant to this Agreement confers or transfers any right to use, reproduce or disclose the documentation, any part thereof, or information contained therein, for any other purpose.

X.3 No Acquisition of Interest

Buyer acknowledges that it does not acquire, by virtue of this Agreement, any rights in or to any patents, trademarks, trade names, logos, copyrights or trade secrets owned by Seller or its suppliers in connection with the Products. Buyer shall take reasonable measures to protect Seller's Proprietary Rights in the

Products.

X.4 Reproduction for Customers

Documents specifically identified in Exhibit C shall not be reproduced and disseminated to Buyer's customers without Seller's prior written consent. Seller should provide Buyer a special operation manual for Buyer's reproduction and distribution purposes.

X.5 Copyright Notice

As a condition to the right to reproduce and distribute Documentation, as provided herein, Buyer agrees to include Seller's copyright notice and a statement respecting Seller's Proprietary Rights, in the form set forth below, in a conspicuous place on all documentation prepared pursuant to this Agreement:

"Portions of this document prepared by Seller are included herein pursuant to Seller's express authorization. Those portions are the copyrighted works of Seller and may not be reproduced without Seller's express authorization."

[和訳]

X.1 納入

本契約の署名発効時またはその後可能な限り早急に、売主は買主に添付書類C（製品関連資料）に列挙されたドキュメンデーションのコピー一式を提供する。これらすべてのドキュメンテーションは売主またはその供給業者の著作物である。誤解をさけるために念のためであるが、添付書類Cに列挙されたドキュメンデーションは売主のマル秘情報であるとみなされる。

X.2 複製及び頒布

添付書類Cに別途規定されていない限り、売主は買主に本契約の下で本製品の販売の目的で売主によって提供されたドキュメンテーション（除く売主の秘密情報）の非独占、譲渡不可、契約地域内で完全払込済みの使用、複製、配布及び二次的著作物作成権（修正権）（含む翻訳権）を買主の名前で許諾する。売主はかかるドキュメンテーションを買主の商標その他出所の情報を表示することなく複製しなくてはな

らない。買主は元の資料の実態的な条項を実質的に変更しないことに同意する。かかるドキュメンテーションは「現状のまま」(AS IS) 一切無保証で提供され、不正確または入力上のエラーを含むかもしれない。売主はかかるドキュメンテーションはいつでも必要とみなす時には改訂する権利を留保する。本契約に基づき提供されるドキュメンテーション及びそこに含まれるすべての情報は買主の検査、試験、保守及び修理の目的に限ってのみ複製され、かつ買主の従業員に開示され、提供され、頒布される。本契約に基づき提供されたドキュメンテーションの受領または占有により、他のいかなる目的のためにもドキュメンテーションのいかなる部分またはそこに含まれる情報を使用、複製または開示する権利が供与または移転することはない。

X.3 権利取得の不存在

買主は本契約により、製品に関連する売主またはその供給業者の所有する特許、商標、商号、ロゴ、著作権、営業秘密に関するいかなる権利も取得しないことに合意する。買主は製品に存する売主の権利を保護するために合理的な手段を取る義務を負う。

X.4 顧客のための複製

添付書類Cで特に明示された資料は、売主の事前の書面による同意なく、買主の顧客へ複製し、頒布してはならないものとする。

X.5 著作権表示

ドキュメンテーションを複製し、頒布する条件として、買主は売主の著作権表示と売主の権利を尊重する旨の表明を下記に示す形式で、本契約に基づき準備されたすべてのドキュメンテーションの目立つ箇所に含めることに合意する：

「売主により準備された本資料の一部には売主の明示の許諾に基づきここに含まれているものがあります。これらの部分は売主の著作権のある作品であり、売主の明示の許諾なくして複製することは許されません。」

第4章
ソフトウェア・ライセンス契約でよく見られる条項(1)
サブライセンス権付ライセンス契約の条項

● 定義（Definitions）条項

　契約上の重要な用語の定義を記載する条項です。この条項はほとんどの正式契約に存在しますが、ソフトウェア・ライセンス契約はハードウェアの売買契約と異なり、本質的には目に見えないソフトウェアという技術を契約対象とするので、特にこの条項が重要となります。以下ソフトウェア・ライセンス契約に特有の定義で、特に重要なものをいくつか列挙して説明していきます。

　最初に問題になるのは契約対象となるソフトウェアの定義です。目に見えないソフトウェアを契約上正確に定義するために、様々なアプローチが取られています。1つのよくあるアプローチは、ソフトウェアをコンピュータ・プログラム、マニュアル、ドキュメンテーションに分け、それぞれ定義を置くこともしばしば行われます。

例文1：コンピュータ・プログラムを"Licensed Program"という用語で定義する例　中立的

The term "Licensed Program" [called "Recognize", which is the innovative biometrics recognition program], shall mean the licensed computer program(s) specified in Exhibit ＿＿, including bug fixes, upgrade, updates and modifications and new versions thereof provided to Licensee in connection with this Agreement.

[和訳]
「ライセンスプログラム」とは付属書面＿＿にて特定されたライセンスされるコンピュータプログラムで［"Recognize"と呼ばれる革新的な生体認証のプログラムであり］[1]、本契約に関連してライセンシ

ーに提供されるバグ修正、アップグレード、アップデート、変更及び新バージョンもこれに含まれるものを意味する。

例文2：ユーザーマニュアルを"User Manual"という用語で定義する例 中立的

The term "User Manual" shall mean generally available end user manual(s) for the Licensed Program.
[和訳]
「ユーザーマニュアル」とは、一般に入手可能なライセンスプログラムのためのエンドユーザーマニュアルをいう。

例文3：ソフトウェアのマニュアル以外の資料（ドキュメンテーション）を"Documentation"という用語で定義する例 中立的

The term "Documentation" shall mean written materials, except the User Manual, that relate to the Licensed Program, including materials useful for design (for examples, logic manuals, flow charts and principles of operation), soft and hard copy publication materials and design documentation, and machine readable text or graphic files subject to display or printout. The Documentation includes source code documentation.
[和訳]
「ドキュメンテーション」とは、ライセンスプログラムに関連したユーザーマニュアル以外の書面化された資料をいい、設計に役立つ資料（例えば、論理マニュアル、フローチャートや動作原理）、ソフト及びハードコピー出版資料や設計書、画面表示又は印刷により機械解読可能なテキストまたは画像ファイルを含む。ドキュメンテーションにはソースコード文書を含む。

---

1 ［　］部分はオプションで、個別契約ごとに変わり得る。

> 例文4：上記で定義されたコンピュータ・プログラム、ユーザーマニュアル、ドキュメンテーションを総称して"Licensed Software"と定義する例 　中立的
>
> The term "Licensed Software" shall mean the Licensed Program, the User Manual and the Documentation as defined above.
> [和訳]
> 「ライセンスソフトウェア」とは上記で定義されたライセンスプログラム、ユーザーマニュアル及びドキュメンテーションを意味する。[2]

上記のように、コンピュータ・プログラム、ユーザーマニュアル、ドキュメンテーションをそれぞれ別々に定義した場合は第2条（License Grant：実施許諾）でもそれぞれ少しずつ異なるライセンス条件を規定することとなります。

第2部第3章でも説明した通り、**ソースコードとオブジェクトコードをそれぞれ定義して、区別することもあります。**「ソースコード」とは人間は解読できる形式で記述されたコンピュータ・プログラムのことで、プログラムの修正、改変を行うためにはソースコードが必要となります。一方「オブジェクトコード」はバイナリ（二進数の01の形式）の形で記述され、機械（コンピュータ）で直接実行できる形式のものを指します。

ソフトウェアのライセンスはオブジェクトコードのみのケースのほうが多い（プログラムの実行にはこれで十分なため）のですが、ソースコードとオブジェクトコードと双方をライセンスすることもあります。ソースコードとオブジェクトコードは通常異なる扱いをするので、それぞれ定義しておく意味があります。

---

2 "Licensed Software"ではなく、総称して"Products"という表現を用いることもしばしば行われる。

例文5：オブジェクトコードの定義例 　中立的

The term "Object Code" means code, substantially or entirely in binary form, which is intended to be directly executable by a computer after suitable processing or linking but without intervening steps of compilation or assembly. In addition, header files which are of the type necessary for use by end users or application developers shall be treated as the Object Code for the purposes of this Agreement.

[和訳]
「オブジェクト・コード」とは、実質的、又は完全にバイナリの形態で、コンパイルやアセンブルの段階を介在させずに、適切な処理や、リンクを施した後、コンピュータで直接実行されることを意図したコードをいう。加えて、エンドユーザやアプリケーション開発者の使用に必要な種類のヘッダー・ファイルは、本契約の目的に関してはオブジェクト・コードに含まれるものとする。

例文6：ソースコードの定義例 　中立的

The term "Source Code" means code, in form other than the Object Code form, and related comments and procedural code, such as shell source language, which may be printed out or displayed in human readable form.

[和訳]
「ソースコード」とは、オブジェクト・コード形態以外の形態のコード及び関連するコメント及び手続コードで、シェルソース言語のように人間が解読できる形態で印刷され、または表示されうるものをいう。

またサブライセンス権付ライセンス契約ではソフトウェアの再販（頒布）に関連する以下のような定義を設けることもあります。

> 例文7:"Distributor"(代理店、再販業者)の定義例 中立的
>
> "Distributor" means a third party appointed by Licensee to distribute the Licensed Software directly to end users, subject to the terms and conditions provided in this Agreement.
> [和訳]
> 「代理店」とはライセンシーによって任命される第三者であって、本契約の条件に基づいてエンドユーザーに対して直接ライセンスソフトウェアを頒布する者をいう。

> 例文8:"Territory"(販売地域)の定義例 中立的
>
> "Territory" means [United Stated of America and Canada].
> [和訳]
> 「販売地域」は[米国及びカナダ]を意味する。[3]

● 注文書及び製品の納入(Purchase Order and Delivery of the Product)

対象ソフトウェアの発注及び納入に関する規定です。海外との取引の場合にはFOB Japan等、インコタームズで定める船積条件を用いて、納入条件を規定するのが一般的で、先に述べたOEM販売契約の場合と同様です。

以下に対象ソフトウェアをCD/DVD等メディアに格納して納入する場合の文言を示します。

---

3 代理店等の販売地域は単純に地理上の表記とすることが通例です。

例文9：FOB Yokohama（横浜での本船渡し）という船積み条件にて対象ソフトウェアを納入する旨の文例

中立的。ただし納期が長くなればなるほどライセンサーにとって有利

X.1 Licensor shall use its best effort to deliver the Product to Licensee within thirty (30) days of Licensee's purchase order. The actual delivery schedule, however, shall be confirmed in each individual sale and purchase contract.

[和訳]

X.1条　ライセンサーは製品をライセンシーの注文書発行日から30日以内に納入するように最善の努力をする。ただし、実際の納期は個別売買契約によって確認されるものとする。

X.2 The terms of delivery shall be [FOB Yokohama] and trade terms shall have meanings in accordance with INCOTERMS 2000 as amended from time to time.

[和訳]

X.2条　船積条件は [FOB横浜] とし、この船積条件の文言はインコタームズ2000（含むその後の修正）に規定された意味で解釈される。

X.3 Licensor shall be responsible for packing the Product in such manner to ensure safe and undamaged delivery by international air and ocean shipment.

[和訳]

X.3条　ライセンサーは国際航空便または船便において安全かつ損傷なく納入できるような方式で製品を梱包する責任を負う。

X.4 Licensor may, upon request of Licensee, act as agent for and on behalf of Licensee for making contracts for air and ocean transportation of the Product to be delivered.

[和訳]

X.4条　ライセンサーはライセンシーの要求に基づき、納入される製

> 品の航空または船舶等輸送の契約をライセンシーの代理人またはライセンシーのために締結することができる。

　対象ソフトウェアをダウンロード形式でライセンシーが入手できるようにする場合には、異なる規定となります。

例文10：ソフトウェアをインターネットからダウンロード形式で提供する旨の例文 　中立的

The Licensor shall enable the Licensee to download the Licensed Software from the internet with instructions to the Licensee as to how to install the Licensed Software on the appropriate hardware.

[和訳]
ライセンサーは適切なハードウェアに対象ソフトウェアをインストールする指示を付して、インターネットから対象ソフトウェアをダウンロードできるようにするものとする。

●技術サポート：Support

　ソフトウェアは高度な技術を用いて開発され、種々の機能を持つ製品であることが多いため、その使用には技術的なサポート（技術的支援及び説明）が不可欠です。サブライセンス権付ライセンス契約では、ライセンシーがその先の代理店及びエンドユーザーに技術的なサポートをすることを義務づけ、かつその詳細は別途定める"Support Service Provider Agreement"（サポート・サービス提供契約）にて定めるとする[4]ことがしばしば行われます。

---

[4] このようなサポート・サービスの内容を定める契約はこの他"Maintenance and Support Agreement"（メンテナンス・サポート契約）と呼ばれることもあります。またこのサポート・サービスの一環としてソフトウェアに関するトレーニングの条項を定めることもあります。

> **例文11：ライセンシーに対しその先の代理店及びエンドユーザーに対するサポートを義務づける文言例** 『ライセンサーに有利』
>
> Licensee will be responsible for providing adequate support and maintenance of the Product to Distributors. Licensee and Distributors will be responsible for providing adequate support and maintenance of the Product to their end user. Licensee and Distributors agree to contract an additional agreement which is referred to as "Support Service Provider Agreement" for customer support between them and Lisensor.
>
> [和訳]
> ライセンシーは代理店に対し、十分な製品の保守とサポートを提供する責任を負う。ライセンシー及び代理店はエンドユーザーに対し、製品の十分な保守及びサポートを提供する責任を負う。ライセンシー及び代理店はライセンサーとの間で「サポート・サービス契約」と言及される追加の契約を締結する。

　サポートの具体的な内容を示す文言としては第3部第2章「OEM販売契約でよく見られる条項」の「メンテナンス及びサポート」(P.235)を参照ください。例文6の文言のSeller（売主）、Buyer（買主）をそれぞれLicensor（ライセンサー）、Licensee（ライセンシー）に置き換えれば、おおむねソフトウェア・ライセンス契約の場合に適用可能なサポートの条項を作成することが可能です。

●免責・補償：Indemnification

　ライセンシーの提供するソフトウェアが第三者の知的財産権（特許権、著作権等）を侵害しているとしてクレームを受けた場合の扱いを定めた条項です。

　本サンプルではライセンサーは対象ソフトウェアについて第三者権利侵害のないことをライセンシーに保証し、第三者からもしこのようなクレームがあった時にはライセンシーを免責し、もしライセンシーに損害が発生した場合はライセンシーの損害を補償することを定めています。

図表1 Indemnification（免責・補償）条項の構造

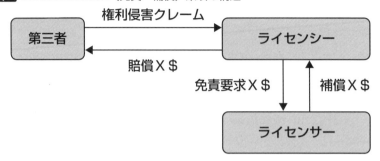

平たい言葉で言うとライセンシーがライセンサーに第三者からクレームの「ツケをまわす」条項がこのIndemnification（免責・補償）条項です。以下にライセンシーにとって有利ではあるが典型的な条項を示します。

例文12：比較的広くライセンサーがライセンシーを免責する例
ライセンシーに有利

X.1　Licensor warrants that the Product furnished hereunder shall be delivered free of rightful claims of any third person in respect of infringement of a patent or other intellectual property rights in the Territory. Licensor agrees to defend, at its own expense, any suit or proceeding brought against Licensee based upon such claim, and to hold Licensee harmless for any actual damages which may be awarded against it based upon such claim. In addition, Licensor will indemnify Licensee in respect of any costs or expenses it incurs as a result of Licensee's indemnification of its Distributors or any end users for infringement of patents or other intellectual property rights.

[和訳]
X.1条　ライセンサーは本契約の下で納入された製品が販売地域において第三者の特許及びその他の知的財産権の正当なクレームを受けないことを保証する。更にライセンサーは代理店及びエンドユーザーに対するライセンシーの免責の結果生じた費用に関し、ライセンシーを

免責する。

X.2　Licensor's agreement to defend and its obligation to indemnify Licensee herein is subject to the following terms and conditions:
 （1）The agreement and obligation shall arise only if Licensee gives Licensor prompt notice of the infringement claim; grants Licensor, in writing, exclusive control over its defense and settlement; and provides reasonable information and assistance to Licensor, at Licensor's expense, in the defense of such claim.
 （2）The agreement and obligation will cover only the Product as delivered by Licensor to Licensee and not to any modification or addition made by Licensee or third parties.
 （3）The agreement and obligation shall not cover:
　　（a）any claim based on the furnishing by Licensor of any information, service or technical support to Licensee; or
　　（b）any claim of infringement of any third party's rights which is based on the use of any Product furnished hereunder in combination with other systems if such infringement would be avoided by the use of the Product alone, nor does it extend to any Product furnished hereunder of Licensee's or third parties' design.
 （4）If an infringement claim is asserted, or if Licensor believes one likely, Licensor will:
　　（a）procure for Licensee, its Distributors or end users the right to use the Product furnished hereunder for the use contemplated by Licensor and Licensee in making this Agreement;
　　（b）modify the Product furnished hereunder as appropriate to avoid such rightful claim of

>>>>>>>>>>infringement, as long as modification for this purpose does not materially impair the operation thereof; or
>>>(c) accept the return of the Product and reimburse Licensee for any monies paid to Licensor and any reimbursement of the cost of the Product made to Licensee's end users.

[和訳]

X.2条　本契約におけるライセンサーがライセンシーを防御する合意及び免責する義務は以下の制限に服するものとする：

（１）ライセンシーがライセンサーに対し速やかにかかる侵害クレームに関する通知をなし、かつライセンサーに書面にてかかるクレームを防御し、解決するため要求される権限を与え、かつライセンサーにその費用でかかるクレームに対する防御における合理的な情報及び援助を提供する場合に限り、上記の合意及び義務が生ずる。

（２）上記の合意及び義務はライセンサーからライセンシーに納入された製品のみを対象とし、ライセンサー及び第三者による修正または追加の部分は対象としない。

（３）上記の合意及び義務は以下を対象としない：
>(a) ライセンサーからライセンシーに提供された情報、サービスまたは技術サポートに基づくクレーム
>(b) 本契約の下で提供される製品と他のシステムとを組み合わせたことに基づくクレームで、もしそのような侵害が製品単独での使用により避けられた場合、またはライセンシーまたは第三者の設計がなければ、本契約の提供された製品にかかる侵害が及ばなかった場合

（４）もし侵害クレームが提起された場合、あるいはライセンサーがそうなりそうだと信ずる場合にはライセンサーは以下の対応を取る：
>(a) ライセンシー、代理店またはエンドユーザーのために契約締結時にライセンサーとライセンシー間で意図されていた使用に必要な本契約の下で提供された製品の

　　　　　　　使用権を調達する。
　　　　（b）かかる正当なクレームを回避できるよう、本契約の下
　　　　　　　で提供される製品を改変する。ただしこの目的での改
　　　　　　　変が契約上の業務を実施的に妨げない限りとする。

X.3　The foregoing states Licensor's exclusive obligation with respect to claims of infringement of proprietary rights of any kind, and is in lieu of all other warranties, express or implied, except as regards Licensor's obligations hereunder to defend Licensee.
[和訳]
X.3条　ライセンサーがライセンシーを防御する義務を除き、上記があらゆる種類の知的財産権侵害のクレームに対するライセンサーの排他的な救済であり、明示または黙示の保証に替わるものである。

　なおこのIndemnification（免責・補償）条項については、上記例文以外にも様々なバリエーションがあります。バリエーションの詳細については第2部第2章「OEM販売契約」中の「7.知的財産権の権利非侵害の免責・補償条項（Indemnification）」（P.129）を参照ください。

● 責任制限：Limitation of Liability
　本契約の履行に関連して相手方に損害を与えた場合の責任の制限に関する条項です。通常、次の2点が規定されます。
①両当事者とも間接損害、特別損害、付随的損害については責任を負わない
②当事者の責任金額の上限を設ける
　本サンプルではライセンサーの責任金額の上限はライセンシーがライセンサーに実際に支払った金額とされています。例えば、ライセンシーの実際に支払った金額が1 MUS＄であれば、たとえ本契約に起因したライセンシーの損害が3 MUS＄になってもライセンサーの支払うべき金額（責任）は1 MUS＄になるということです。
　契約上のリスクの限定という意味でライセンサー、ライセンシーともに何らかの責任制限の規定が必須です。また第3部第2章でも述べたように、

米国のUCC（Uniform Commercial Code：統一商法典）ではこのような責任制限条項はよく目立つ（conspicuous）ように規定されなければならないという条項があるため、特に米国ではすべて大文字で記載する、または赤字で記載するといったことがよく行われています。

> **例文13：間接損害等を賠償責任の対象外とし、責任金額の上限を明示的に定めた例**
>
> 〈中立的。ただし責任制限金額の上限を無しとするとライセンシーに有利〉
>
> NEITHER PARTY SHALL BE LIABLE TO THE OTHER FOR ANY SPECIAL, INCIDENTAL OR CONSEQUENTIAL DAMAGES, EVEN IF INFORMED OF THE POSSIBILITY THEREOF IN ADVANCE. TO THE EXTENT PERMITTED BY LAW, THESE LIMITATIONS APPLY TO ALL CAUSES OF ACTION IN THE AGGREGATE, INCLUDING WITHOUT LIMITATION, BREACH OF CONTRACT, BREACH OF WARRANTY, NEGLIGENCE, STRICT LIABILITY, MISREPRESENTATION AND OTHER TORTS. THE TOTAL LIABILITY OF LICENSOR, WHETHER IN CONTRACT, TORT (INCLUDING NEGLIGENCE) OR OTHERWISE, SHALL NOT IN ANY CASE EXCEED THE AMOUNT ACTUALLY PAID BY LICENSEE TO LICENSOR FOR THE SOFTWARE.
>
> [和訳]
> 契約の一方当事者は他方当事者に対していかなる間接、付随、結果損害について（たとえそのような損害の可能性が事前に通知されていたとしても）一切責任を負わない。法律上許される限りにおいてこれらの制限はすべての訴因（含む契約違反、保証違反、過失、厳格責任、表明違反その他不法行為）に対して全体として適用される。ライセンサーの全体としての責任は、契約上のものであれ、不法行為（含む過失）上のものであれ、その他のものであれ、いかなる場合もライセンシーがライセンシーに対して当該ソフトウェアのために支払った金額を越えないものとする。

また本サンプルではすべての場合にライセンサーの責任金額の上限規定が働くと規定されていますが、ここに例外（すなわち上限が働かず、青天井の賠償になり得る）を設けるとライセンシーに有利になります。特にConfidentiality（守秘義務）違反の損害とIndemnification（免責・補償）の金額についてはしばしば一般的な責任制限の例外とされます。[5]

例文14：守秘義務違反及び免責・補償の場合は責任制限金額の上限の例外とする旨を定めた例　ライセンシーに有利

EXCEPT THE BREACH OF CONFIDENTIALITY UNDER SECTION XX OR INDEMNIFICATON LIABILITY UNDER SECTION YY, THE TOTAL LIABILITY OF LICENSOR, WHETHER IN CONTRACT, TORT (INCLUDING NEGLIGENCE) OR OTHERWISE, SHALL NOT IN ANY CASE EXCEED THE AMOUNT ACTUALLY PAID BY Licensee TO Licensor FOR THE SOFTWARE.

［和訳］
XX条に規定する守秘義務違反及びYY条に規定する免責・補償条項による責任の場合を除き、ライセンサーの全体としての責任は、契約上のものであれ、不法行為（含む過失）上のものであれ、その他のものであれ、いかなる場合もライセンシーがライセンサーに対して当該ソフトウェアのために支払った金額を越えないものとする。

●ライセンシーの責任：Licensee's Responsibility

　契約締結後のライセンシーの義務、特にマーケティング関連の義務を定めた条項です。具体的には（1）プレセールス（拡販）、（2）販売、（3）

---

[5] この他、以下のような項目もしばしば一般的な責任制限の上限の例外として規定されます。
（1）　契約当事者の詐欺、窃盗、虚位表示等による責任（liability in the any deceit, theft, fraud or fraudulent misrepresentation by one party）
（2）　当該ソフトウェア使用の結果または契約当事者またはその従業員の過失による死亡他身体障害に基づく責任（liability for death or personal injury caused by the use of the Software or otherwise by a party's negligence or that of its employees）
（3）　故意の契約違反による責任（liability for willful default）

マーケティング、(4) トレーニング、(5) 頒布、(6) 一次保守、(7) 顧客トレーニング、(8) 事業計画、(9) 関連するサービスについて自己の費用にて責任を持つ旨を規定することがあります。

例文15：ライセンシーがサポート及びマーケティング上の責任を持つ旨を規定した例　ライセンサーに有利

X.1　Under this Agreement, Licensee shall assume the following responsibility at its own expense:
1) pre sales, 2) sales, 3) marketing, 4) training, 5) distribution, 6) first line support, 7) customer training, 8) business planning, 9) associated services.

[和訳]
X.1条　本契約の下でライセンシーは自己の費用負担で以下の責任を引き受けるものとする：
1) 事前拡販、2) 販売、3) マーケティング、4) トレーニング、5) 頒布、6) 第一次サポート、7) 顧客トレーニング、8) 事業計画、9) 関連サービス。

X.2　Licensee shall be responsible for providing its Distributor(s) and/or end user(s) with consultancy, training and education services. Licensee shall be entitled to retain all consultancy, training and education fees it receives.

[和訳]
X.2条　ライセンシーはその代理店またはエンドユーザーにコンサルティング、トレーニング及び教育のサービスを提供する。ライセンシーはかかるコンサルティング、トレーニング及び教育サービスの費用を保持する権利を持つ。

第5章
ソフトウェア・ライセンス契約でよく見られる条項(2)
エンドユーザー向けライセンス契約の条項

●ライセンス条項とその制限：Lisense and it's Limitation

エンドユーザーライセンスの場合、ライセンス条項は、
・原則として自己使用のオブジェクトコード・ライセンスのみでサブライセンス（再実施）権はなし、かつ
・対象ソフトウェアの修正不可、解析のための逆アセンブル、逆コンパイルは禁止
といった比較的制限の厳しいものがよく見られます。

例文1：例文自己使用のオブジェクトコード・ライセンスのみで制限的なライセンス条項の例　**ライセンサーに有利**

X.1 License to Use
Subject to the terms and conditions of this Agreement, Licensor grants to Licensee a non-exclusive, non-transferable, non-sublicensable right to use the Software for its own internal business use as an end user only in the object code form in the Territory.
[和訳]
X.1条　使用権の許諾
本契約書の条件に従って、ライセンサーはライセンシーに対して許諾地域においてオブジェクトコードの形式でのみ、エンドユーザーとして自己のビジネスの目的のためにのみ当該ソフトウェアを使用する非独占、譲渡不可、サブライセンス（再実施許諾）不可の権利を許諾する。

X.2 Limitation of License

X.2.1 Licensee acknowledges that Software shall be the property of Licensor. All rights not expressly granted in this Agreement are reserved by Licensor and/or its licensor. Without limiting generality of the preceding sentence, Licensee receives no rights and agrees: (i) not to modify, port, translate, localize, copy, or create derivative works of the Software, and (ii) not decompile, disassemble or otherwise reverse engineer the Software.

[和訳]
X.2条　ライセンスの制限
X.2.1条　ライセンシーは対象ソフトウェアがライセンサーの所有物であることを認識する。本契約において明示的に許諾されていない権利はすべてライセンサーまたはそのライセンス元に留保されているものとする。前文の一般的な内容を制限することなく、ライセンシーは所有権を取得しておらず、かつi) 対象ソフトウェアを修正、移行、翻訳、現地化、複製しないこと及び二次的著作物を作成せず、ii) 対象ソフトウェアを逆コンパイル、逆アセンブルその他リバース・エンジニアリング（分解工学）をしないことに同意する。

X.2.2 The Software is protected by U.S. and other copyright laws and the laws protecting trade secret and confidential information. The Software contains trade secret and confidential information, and its unauthorized disclosure is prohibited. All revisions and upgrades of the Software that are not separately licensed will be governed under this license. Licensee shall not remove, or allow to be removed, any original copyright or other proprietary rights notice from any Software.

[和訳]
X.2.2条　対象ソフトウェアは米国及び他国の著作権法及びトレード・シークレット（営業秘密）及び秘密情報の保護法により保護されている。対象ソフトウェアはトレード・シークレット（営業秘密）及び秘密情報を含んでおり、許諾無き開示は禁止されている。対象ソフトウ

ェアのすべての修正及び改良で別途ライセンスされないものについては本条のライセンス条件が適用される。ライセンシーはどの対象ソフトウェアからも元の著作権表示他権利表示を消去しないし、消去されたままにしておくことも許されない。

●保証（Warranty）条項

対象ソフトウェアの保証も限定的であることが多く、例えば
①ユーザーマニュアルないし仕様書への合致は保証するものの、保証期間が短い（例えば30日）
②ソフトウェア本体については一切無保証で、「ソフトウェアのメディア（CD等）についてのみ、欠陥があった場合に無償交換することを契約から90日間保証する
といったものがあります。以下に①の例を示します。

例文2：比較的短い期間、仕様書への合致を保証する例
ライセンサーに有利

X.1 Without prejudice to any other rights or remedy available to Licensee in law, Licensor warrants to Licensee for a period of thirty (30) days after delivery of the Software to Licensee, the Software will be installed and perform in accordance with the Software Specifications attached as Exhibit A. In the event the Software is unable to be installed, then during the thirty (30) day warranty period Licensor shall replace the Software media. The foregoing shall be Licensees sole and exclusive remedy for error or defect in the Software. Licensor does not warrant Licensee the use of the Software will meet Licensees requirements or Licensee operation will be uninterrupted or error free. Licensor warrants to Licensee that it has the right to enter into this Agreement and to grant the rights and licenses herein.

[和訳]

X.1条　法律上ライセンシーに認められる他の権利または救済を失うことなく、ライセンシーへの対象ソフトウェア納入後30日間、添付Aとして記載される仕様書に合致してインストールされ、かつ動作することを保証する。もし対象ソフトウェアがインストールできなかった時は30日の保証期間中にライセンサーは（対象ソフトウェアを含む）メディアを交換する。上記が対象ソフトウェアの欠陥に対するライセンシーの唯一かつ包括的な救済である。ライセンサーは対象ソフトウェアの使用がライセンシーの要求を満たすことまたはライセンシーの業務が中断なく、かつ誤りなく進められることを保証しない。ライセンサーはライセンシーに対し、本契約締結及び契約上の権利及びライセンスを許諾する権限があることを保証する。

X.2 THE ABOVE WARRANTIES ARE IN LIEU OF ALL OTHER WARRANTIES, EXPRESS, IMPLIED OR STATUTORY, INCLUDING BUT NOT LIMITED TO THE WARRANTIES OF MERCHANTABILITY AND FITNESS FOR A PARTICULAR PURPOSE.

[和訳]

X.2条　上記の保証は他のすべての明示、黙示または制定法上の保証（商品性の保証及び特定目的の適合性の保証を含むが、これに限られない）に替わるものである。

第6章
共同開発・開発委託契約でよく見られる条項

●定義（Definitions）条項

　契約上の重要な用語の定義を記載する条項です。この条項はほとんどの正式契約に存在しますが、共同開発契約、開発委託契約にとって、特に重要な条項に絞って説明します。

①発明（Inventions）を含めた開発成果物（Deliverables, Development Results）の定義

　今まで述べてきたように共同開発契約/開発委託契約は両当事者による開発が中核となる契約ですから、まず共同開発/開発委託の成果である開発成果物を明確に定義することが肝心です。

　通常、共同開発契約/開発委託契約の開発成果物は"Deliverables"（成果物、納入物）という用語を用いて定義することが多いと言えます。以下に"Deliverables"の定義例を複数示します。

> **例文1**："Development Project"（開発プロジェクト）、"Proposal"（プロジェクトの提案）を定義し、それをもとに"Deliverables"を定義する例　**中立的**
>
> "Deliverables" shall mean the items delivered to the Company by the Developer as the results of the Development Project, in accordance with the schedule and conditions provided in the Proposal.
>
> ［和訳］
> 「納入物」とは受託者から委託者に「開発プロジェクト」の結果として、「プロジェクト提案」の日程及び条件に基づき納入される物を意

味するものとする。

(参考) "Proposal" 及び "Development Project" の定義
1.X "Proposal" shall refer to the proposal named "Development of XXX Products" by the Developer, attached hereto as Exhibit A.
1.Y "Development Project" shall mean the development activities jointly performed by the Developer and the Company in accordance with the Proposal.
[和訳]
1.X条「プロジェクト提案」とは受託者により「XXX製品の開発」と名づけられたプロジェクト提案であって、本契約に添付書類Aとして付属されているものを意味する。
1.Y条「開発プロジェクト」とはプロジェクト提案に基づき、受託者と委託者により共同で履行される開発行為を意味するものとする。

例文2:"Deliverables" を契約対象プロジェクトから生み出されたすべての知的財産権(含む試作品及び資料)とする例
【中立的】

"Deliverables" shall mean all intellectual property including, but not limited to, works of authorship, copyrights, produced information and patents, together with inventions, software, equipment or equipment prototypes produced or arising out of research performed by the Developer for the Company under this Agreement.
[和訳]
「納入物」とは本契約の下で委託者のために受託者が遂行した研究から作成または生じたすべての知的財産権(含む著作物、著作権、生成された情報、発明を伴う特許、ソフトウェア、設備また設備試作品、ただしこれらに限られない)を意味するものとする。

また特許取得等の関係で開発成果物中、"Inventions"（発明）を独立して定義する必要があることも多くあります。このための開発成果物としての"Inventions"（発明）の定義例を以下に示します。

例文3："Inventions"（発明）の定義例　中立的

The term "Inventions" means any idea, design, concept, improvement, discovery or technique, including literary works or other works of authorship, whether or not patentable, that either party individually or both parties jointly first conceive or reduce to practice in the performance of the development activities specified in a Scope of Work.

［和訳］
「発明」とは「業務範囲」の中で特定された開発活動の履行において、一方当事者が個別にまたは両当事者が共同して最初に着想または実施した（特許性の有無にかかわらず）着想、設計、概念、改良、発見、テクニック（含む文芸の著作物他の著作物）を意味するものとする。

---

②提供基礎技術情報（Background IPR, Existing IPR）の定義

共同開発契約開始の段階で、開発のベースとなる両当事者の既存技術を開発のためにライセンスすることがよくあります。この場合の既存技術を通常「提供基礎技術情報」（Background IPR, Existing IPR）と呼び、例えば以下のように定義します。

例文4：Background IPRの定義例　中立的

"Background IPR" means any IPR developed outside the Program of Work specified in Section X of the Agreement by Party A, Party B or any third party but introduced into the Program of Work by Party A or Party B to allow work to be carried out in accordance with the Program of Work.

Background IPR developed by Party A includes ＿＿＿＿＿＿＿

technology;
Background IPR developed by Party B includes ＿＿＿＿＿＿ technology.
[和訳]
「提供基礎技術情報」とは本契約のX条に特定された「業務計画」の外側で当事者Aまたは当事者Bまたはその他の第三者によって介された知的財産権であって、業務計画に基づく作業の実行を可能とするために当事者Aまたは当事者Bによって業務計画に導入されるものを指すものとする。
当事者Aの提供基礎技術情報には＿＿＿＿技術[1]を含むものとする。
当事者Bの提供基礎技術情報には＿＿＿＿技術[2]を含むものとする。

他の例として「提供基礎技術情報」を"Background Technology"と名づけて前のサンプルより詳しく定義した例を下記に示します。

例文5：Background Technologyの定義例　中立的

"Background Technology" shall mean all technologies, inventions, know-how or other information, including any Intellectual Property Rights (as defined in Section 1.XX therein) relating in particular to [integrated circuit products] which is owned by a Party and/or has been developed solely by one Party prior to the execution of the Agreement or outside the scope of the Agreement.
[和訳]
「提供基礎技術情報」とは（1.XX条で定義される）「知的財産権」を含むすべての技術、発明、ノウハウその他の情報であって、本契約の締結以前または本契約の範囲外で当事者により所有かつ/または一方の当事者により単独で開発されたものを意味する。

---

1 当事者Aの提供基礎技術情報中、特に主要なものを記載する
2 当事者Bの提供基礎技術情報中、特に主要なものを記載する

> （参考）"Intellectual Property Right"の定義
> "Intellectual Property Rights" shall mean any applicable intellectual property rights, including copyrights, patents and trade secret.
> [和訳]
> 「知的財産権」とは著作権、特許権、営業秘密（トレード・シークレット）を含めて適用され得る任意の知的財産権を意味する。

●開発プロジェクト（Project）に関する条項

　本条項は共同開発の具体的な内容を規定する部分であり、契約ごとに最もバリエーションがある条項です。またこの部分をScope of Work（業務範囲）またはStatement of Work（業務記述）という形で、Exhibit（添付書類）でまとめて規定することも多く行われています。

❶開発プロジェクトの目的と分担

　以下に一例として開発プロジェクトの目的（例えば開発のターゲットとする製品の明示、共同開発を行う背景及び意図）及び開発リソースについては原則として均等に負担する旨を記述した例文を示します。

> **例文6：開発プロジェクトの目的及び開発リソースの均等負担を規定した条文例　中立的**
>
> The objective of the Parties for the Project is for each company to dedicate and contribute its technical resources to develop one or more common, state of the art, commercially viable XXX designs, products and manufacturing processes through saving their development resources, and equally sharing resources and costs for joint and /or shared development and equally sharing any other costs.
> [和訳]
> 本プロジェクトの当事者の目的は、双方の技術資源を節約し、かつ共同又は分担開発のためのリソースと費用を共有し、その他の費用を均

等に負担することを通して、それぞれの会社が共通かつ最先端で、商業的に有用なXXXの設計、製品及び製造工程を開発するために両当事者の技術資源（人、技術等）を専念させ、貢献させることにある。

❷リソースの提供範囲と提供方法

これについてはScope of Workで開発に従事する人員、開発用の設備/施設、提供基礎技術情報の詳細をリスト化して示すことがよく行われます。

例文7：リソースの提供に関する条文　中立的

Appendix A List of Researchers and Engineers

Party A Researchers and Engineers

1. ＿＿＿＿＿＿＿＿＿＿＿＿＿＿
2. ＿＿＿＿＿＿＿＿＿＿＿＿＿＿
3. ＿＿＿＿＿＿＿＿＿＿＿＿＿＿

Party B Researchers and Engineers

1. ＿＿＿＿＿＿＿＿＿＿＿＿＿＿
2. ＿＿＿＿＿＿＿＿＿＿＿＿＿＿
3. ＿＿＿＿＿＿＿＿＿＿＿＿＿＿

[和訳]

添付A：研究開発人員のリスト

当事者Aの研究開発人員

1. ＿＿＿＿＿＿＿＿＿＿＿＿＿＿
2.. ＿＿＿＿＿＿＿＿＿＿＿＿＿＿
3. ＿＿＿＿＿＿＿＿＿＿＿＿＿＿

当事者Bの研究開発人員

1. ＿＿＿＿＿＿＿＿＿＿＿＿＿＿
2. ＿＿＿＿＿＿＿＿＿＿＿＿＿＿
3. ＿＿＿＿＿＿＿＿＿＿＿＿＿＿

Appendix B "Licensed Programs"
1. UNIX[3] OS Version XX
2. _____
3. _____
4. _____

Appendix C "Licensed Materials"
1. Manuals f or Unix OS Version XX
2. _____
3. _____
4. _____

[和訳]
添付B：ライセンス対象ソフトウェア
1. UNIXオペレーティング・システム(バージョンXX)
2. _____
3. _____
4. _____

添付C：ライセンス対象資料
1. UNIXオペレーティング・システム(バージョンXX)用マニュアル
2. _____
3. _____
4. _____

Appendix D "Equipment"
1. UNIX Server named XXX
2. _____
3. _____

[和訳]
添付D：提供設備
1. Unixサーバー(機種名：XXX)

---

[3] 旧AT&Tの研究所が開発したオープンシステム系のオペレーティング・システム（OS）。主にハイエンドのビジネス分野及び研究開発分野のITシステムで使用されます。なお、UNIXは現在は米国The Open Groupの登録商標です。

    2. _____
    3. _____

❸開発プロジェクトの管理方法

「開発」と言う以上、必ずといっていいほど未知の部分が含まれます。その結果、開発納期の遅延や開発上の目標仕様未達は頻繁に起こるのが現実です。そのため、開発プロジェクトをフェーズ分けする、またはマイルストーンを設定することで、プロジェクトの中間段階でも進行状況をフォローできるようにすることがよくあります。

例文8：プロジェクトをフェーズ分けする例
【中立的。ただしプロジェクトをフェーズ分けし、支払とリンクさせると開発委託者に有利】

PHASE 1: Completion: August 31st, 2015

A technical report (the interim report) will be produced jointly and interactively by the Parties. The technical report will provide a survey of existing work relating to XXX Products. Both Parties will agree a plan for further research to be carried out within the collaboration under this Agreement.

[和訳]
フェーズ1：2015年8月31日完了

技術レポート（中間レポート）は当事者により共同して対話しながら作成される。この技術レポート（中間レポート）はXXX製品に関する既存作業の調査結果を提供する。両当事者は本契約の下での協業の中で実施されるさらなる研究の計画について合意する。

PHASE 2: Completion: November 15th, 2015

Party A will provide the base software for this development.

[和訳]
フェーズ2：2015年11月15日完了

当事者Aは本件開発の基盤となるソフトウェアを提供する。

PHASE 3: Completion: November 30th, 2015
　　Parties will jointly produce a presentation or progress report about the XXX Products to be presented the Steering Committee ("STC") meeting, which presumably will take place in December 2015 or in January 2016.
[和訳]
フェーズ3：2015年11月30日完了
両当事者はXXX製品に関し、2015年12月または2016年1月に開催予定のステアリング・コミッティー（幹部委員会）で説明するためのプレゼンテーションまたは進捗レポートを共同で作成する。

PHASE 4: Completion: March 31st, 2016
　　A technical report ("the Final Report") will be produced jointly and interactively by the Parties. The Final Report will discuss the work carried out under the Program of Work relating to XXX Products.
[和訳]
フェーズ4：2016年3月31日完了
技術レポート（最終レポート）は当事者により共同して対話しながら作成される。最終レポートはXXX製品に関する「業務計画」の下で実施される作業について議論する。

　また大規模な共同開発ではSteering Committee、Executive Committee（いずれも「幹部委員会」の意味）を設け、共同開発プロジェクト全体の管理をマネジメントレベルで行うと規定することもしばしばあります。

例文9：プロジェクトの管理用にExecutive Committeeを設け、そこでのプロジェクト管理の内容を定めた例 　中立的

X.1　The Parties shall establish an Executive Committee which shall monitor and provide overall management supervision of all matters contemplated by this Agreement including the management of Joint Development and Joint Marketing. Each Party shall nominate and appoint representatives to the Executive Committee and shall hold the right to change from time to time the representatives with written prior notice to the other Party; provided, however, each Party shall at all times have equal numbers of representative on the Executive Committee. The resolution of a disagreement by and between the Parties shall be discussed and decided in good faith between the Parties' Executive Committee members, if such disagreement cannot be resolved at the level of Joint Development Management Committee and/or Joint Marketing Management Committee.

Each Party shall nominate a chief among their Executive Committee members. Such chief nominated at each Party shall be the person who shall have a title of General Manager of product or technology division at least.

[和訳]

X.1条　契約当事者は（契約上定義された）「共同開発」及び「共同マーケティング」の運営を含めて本契約において意図されたすべての事項を監視し、かつ包括的な経営部門の監督を提供する「エグゼクティブ・コミッティー（幹部委員会）」を設置する。それぞれの契約当事者はエグゼクティブ・コミッティーへの自社代表を指名し、任命する。かつそれぞれの契約当事者は相手方に対する事前の書面による通知により、エグゼクティブ・コミッティーへの自社代表を変更する権利を保持する。しかしながら、それぞれの契約当事者は常に同数の自社代表をエグゼクティブ・コミッティーに対して派遣する。

もし、契約当事者間で不一致が生じ、(別途定義される)「共同開発委員会」または「共同マーケティング委員会」のレベルで解決されない場合、そのような契約当事者間の不一致はエグゼクティブ・コミッティーで誠実に協議し、合意して解決される。

それぞれの契約当事者はエグゼクティブ・コミッティーのリーダーをそれぞれ指名する。それぞれの当事者から指名されるリーダーはその当事者において、少なくとも製品または技術の事業部長以上のレベルであることを要する。

X.2 Executive Committee shall, unless otherwise agreed, meet on regular basis not less than semi-annually. Notwithstanding the above, should the circumstances require, any representative on the Executive Committee may convene a special meeting of the Executive Committee upon reasonable notice.

[和訳]

X.2条　エグゼクティブ・コミッティーは(別途定めない限り)、少なくとも半年に1回は開催される。上記にかかわらず、エグゼクティブ・コミッティーの構成メンバーは必要であれば、臨時のエグゼクティブ・コミッティーを召集することができる。

X.3 The Parties shall establish a Joint Development Management Committee which shall monitor and provide management supervision of all matters specifically in the context of Joint Development. The principal responsibilities of Joint Development Management Committee shall be to;

a) plan and review the progress of Joint Development;

b) review and monitor Joint Development plans and time scales;

c) identify and resolve any technical issue arising during the course of the development of Products;

d) establish procedures for the exchange of Technical Information; and

e) assess and approve any new or changed technical requirements.

[和訳]

X.3条　契約当事者は特に共同開発にかかわるすべての事項を監視し、かつ経営レベルの監督をする共同開発委員会を設立する。共同開発委員会の主要な責任は：
a) 共同開発を計画し、その進行状況をレビューすること
b) 共同開発の計画及び時間軸を検討し、監視すること
c) 製品の開発過程における技術的問題を特定し、解決すること
d) 技術情報の交換の手続を確立すること
e) 新規または変更された技術的な要件を評価、承認すること

X.4 Each Party shall nominate and appoint a leader for Joint Development Management Committee who shall have the overall responsibility for the management and supervision thereof. The appointed leaders shall, unless otherwise agreed, convene Joint Development Management Committee meeting on regular basis not less than semi-annually, but notwithstanding the foregoing, either leader may convene a special meeting upon reasonable notice if the circumstances require.

[和訳]

X.4条　それぞれの契約当事者は共同開発の運営及び監視の全体責任を持つ共同開発委員会のリーダーを指名し、任命する。任命されたリーダーは共同開発委員会を定期的に（少なくとも半年に1回）召集する。上記にかかわらず、それぞれの契約当事者に指名されたリーダーは（必要であれば）臨時の共同開発委員会を召集することができる。

X.5 Joint Development Management Committee shall report their respective activities to Executive Committee, and discuss the overall status to enhance Parties' collaborative relationship

contemplated in this Agreement.
[和訳]
X.5条　共同開発委員会はその個々の活動をエクゼクティブ・コミッティーに報告する義務を負う。かつ本契約で意図された契約当事者の協力関係を拡大するために全体状況を議論する義務も負う。

●基礎提供技術情報（Background IPR）のライセンスに関する条項

先ほど共同開発の前提となる既存の技術情報（基礎提供技術情報：Background IPR）のライセンスがしばしば行われることを説明しました。以下にこの基礎提供技術情報（Background IPR）の一般的なライセンス条項を示します。

例文10：共同開発における基礎提供技術ライセンス条項の一例
【中立的】

With respect to Technical Information of each Party's Background Technology and Intellectual property Rights therein, each Party grants to the other Party a non-exclusive, non-sublicensable, non-assignable, world-wide, royalty free, fully paid-up and perpetual license to use such Technical Information of each Party's Background Technology and Intellectual Property Rights therein to design, develop, manufacture, Have Made, promote and sell the Products.

[和訳]
両当事者の基礎提供技術の技術情報及びそこに存する知的財産権については一方当事者は他方当事者に対し、当該製品を設計、開発、製造、製造外注、拡販及び販売するためにかかる基礎提供技術の技術情報及びそこに存する知的財産権を使用する非独占、サブライセンス不可、全世界、無償かつ完全払込済みの権利を許諾する。

また商用化以前の共同研究契約の場合には、商用化以後のライセンス条件を決めるには時期尚早の場合もあります。その場合には共同研究の目的に限って基礎提供技術情（Background IPR）をライセンスし、商業化の場合のライセンスは別途定める旨のライセンス条項を規定することもあります。

例文11：共同研究目的での基礎提供技術情報（Background IPR）のライセンス条項 中立的

Each Party agrees to license or sublicense Background IPR which it owns or has the right to sublicense to the other Party for the purpose of carrying out the Program of Work according to the project plan under Section X of this Agreement. Nothing in this Agreement provides any license for use of Background IPR outside the scope of the Program of Work itself except as necessary to give effect to the provisions of Section Y [Publication] below – licenses for commercial use of Background IPR are outside the scope of this Agreement and will only result from separate commercial discussions between the Parties.

[和訳]
一方当事者は本契約のX条の下でのプロジェクト計画に従って業務計画を実行する目的のために他方当事者に対し、自己が所有するまたはサブライセンス権を有する基礎提供技術情報をライセンスまたはサブライセンスすることに同意する。本契約のいかなる条項もY条（公表）の規定を有効とする上で必要な場合を除き、業務計画自体の範囲外において基礎提供技術情報を使用する権利を与えるものではない。商業使用の目的のライセンスは本契約の対象外であり、当事者間で別途行われるビジネス面の検討によってなされる。

●費用（Cost）負担に関する条項

　共同開発契約においても費用の支払いが発生する場合があります。民間企業同士の対等開発の場合、費用は自己負担とし、相手方に求償しないと

するのがよくあるパターンですが、開発委託に近い共同開発で一方当事者が大学、研究機関の場合には費用の支払が発生する場合もあります。なおこの費用は開発プロジェクトの一要素としてStatement of Work/Scope of Work（SOW）規定されることもよくあります。

この費用支払について留意すべきは以下の点です。
①通貨（円建て、米ドル建て、ユーロ建て、人民元建て等があり得る）
②金額が税込みか、税抜きか。税込みなら、どの税金が含まれているか

　税負担については（もともと自身が税金を負担しない）国立/州立の大学、研究機関との間では特に問題になりやすいので、明確に規定することが大切です。
③支払はどのタイミングで行うのか

　プロジェクト管理上、マイルストーンを設けた場合には費用（Cost）の支払もマイルストーンごととするのが通常です。

　開発の委託者の立場で、費用をプロジェクトの進行とリンクさせることで、受託者に開発プロジェクトのマイルストーン遵守のインセンティブ（動機づけ）を与えるためです。

　これらの前提条件を踏まえた例文を下記に示します。

例文12：費用を契約の添付（Exhibit）に規定し、通貨は米ドル建てとした例　中立的

In consideration of the Developer's development work under this Agreement, the Company shall pay to the Developer the developmental fees set forth on Exhibit C according to the payment schedule set forth on Exhibit C. All amounts shall be paid in U.S. currency by telegraphic transfer in favor of the Developer to such bank account as shall be designated by the Developer.

[和訳]
本契約の下での受託者の開発作業の対価として、委託者は添付書類Cに定める開発費を添付C記載の支払スケジュールに従って支払うものとする。すべての支払は受託者により指定された銀行口座に受託者のために電信送金、米ドル建てで支払われるものとする。

例文13：マイルストーンごとの支払を契約本文に明記した例
開発委託者に有利

Payment shall be made by the Company within thirty (30) days after the Company's receipt of the Deliverables of each milestone provided in the Proposal in this Agreement, Specifically, the Company shall pay the Developer as follows:

Payment Number	Amount	Deliverables	Estimated Delivery Date
1st	US$AAA	The detailed project plan	Dec. 20, 2015
2nd	US$BBB	Interim progress report (#1)	Mar. 20, 2016
3rd	US$CCC	Interim progress report (#2)	Jun. 20, 2016
4th	US$DDD	Final report (#3)	Sep. 20, 2016

[和訳]

委託者による支払は、本契約上の業務提案に規定された各マイルストーンの納入物が委託者により受領されてから30日以内に行われるものとする。具体的には委託者は受託者に以下のごとく支払を行うものとする。

支払回次	金額	納入物	概算納期
第1回	AAA米ドル	詳細プロジェクト計画	2015年12月20日
第2回	BBB米ドル	第1回中間レポート (#1)	2016年3月20日
第3回	CCC米ドル	第2回中間レポート (#2)	2016年6月20日
第4回	DDD米ドル	最終レポート (#3)	2016年9月20日

●公表（Publication）及び商標に関する条項（Trade Name & Trademark）

大学・研究機関との共同開発・共同研究の場合には学術目的での公表（例：学会発表、論文発表）について規定することがよくあります。大学・研究機関はその研究成果を発表し、学問の進歩に貢献することが本来の役割だからです。この場合には特許取得等との関連[4]で公表内容の企業側の事前確認等、公表までの手続を定めるのが通常です。以下に大学との共同

研究における公表 (Publication) の条文例を示します。

例文14：大学との共同研究における公表(Publication)の条文例
受託者（大学側）に有利

X.1 The University reserves the right to publish the results of the Research performed by University Associates in furtherance of the Agreement, subject to the following terms and conditions:

(i) Before any Produced Information is disclosed, University agrees to submit copies of any prospective written or oral disclosure until University has taken appropriate steps to protect such Produced Information by patent or otherwise;

(ii) University agrees to use reasonable efforts to promptly file any such patent application; and

(iii) If Company objects to the publication of the results of Research performed by University Associates, in whole or in part, because the proposed published material contains Company's Confidential Information, University shall remove from the material to be published all Company's Confidential Information.

[和訳]

X.1条　大学は本契約の推進において大学の構成員により遂行された研究の結果を公表する権利を留保する。ただし以下の条件に服するものとする：

(i) 研究成果の情報が開示される前に大学はかかる研究成果の情報が特許その他により保護されるまで適切なステップを取ることに同意する。

(ii) 大学はかかる特許出願を早急に行うよう、合理的な努力をすることに合意する。

4　特許法上いったんある技術内容が学術論文等で公表されると、それは公知の技術となり、特許の保護対象ではなくなります。したがって特許化したい技術の場合は、その特許の出願は学会発表、学術論文等により公知となる前に行われることが必要です。

(iii) もし会社（委託者）が提案されている公表資料が会社の秘密情報を含んでいるという理由で、大学の構成員により遂行された研究の全部または一部の公表に異議をとなえた場合、大学は公表される資料からすべての会社の秘密情報を取り除く義務を負う。

X.2 University and Company may, solely or jointly, announce the results of Research under this Agreement to the media, or publish the results of cooperative activities under this Agreement. Notwithstanding the foregoing, Company shall make no use of the name or any form of identification of University or University Associates in connection with any products, publicity, promotion, financing, or advertising to suggest an endorsement of any product or service. Company will, within thirty (30) days of publication or release, furnish University with a copy of any publication or announcement related to this Agreement which mentions University or University Associates.

[和訳]

X.2条　大学と会社は単独または共同で本契約の下での研究の結果をメディアに発表するまたは本契約の下での協同活動の結果を公表することができる。上記にかかわらず、会社は製品またはサービスの保証を示唆するために製品、宣伝、販促、資金調達または広告との関連で大学または大学の構成員の氏名またはいかなる形での名称を使用しないものとする。会社は資料公表またはプレスリリースから30日以内にその公表資料または発表中、大学及び大学構成員に関する部分のコピーを大学に提供するものとする。

一方、共同開発契約の場合、一方当事者は他方当事者の商標の使用権は与えられないのが原則です（特に有力な商標を有する大手企業同士の対等開発の場合）。

例文15：契約で明示的に許諾された場合を除いて商標等の使用許諾のないことを定める例　中立的

Nothing contained in this Agreement shall be construed as conferring any right for either Party hereto to use, in advertising, publicity or otherwise, any name, trade name or trademark of the other Party, or any contraction, abbreviation or simulation thereof, except the licenses and rights expressly granted to such Party pursuant to this Agreement.

[和訳]
本契約に基づき当事者に明示的に許諾された権利を除いて、本契約は一方当事者に他方当事者の名称、商号、商標またはその短縮形ないし擬態を広告、宣伝その他において使用するいかなる権利も本契約上与えたとは解釈されない。

●保証・責任制限に関する条項

　対等開発の共同開発契約の場合、提供基礎技術情報とそれに関する知的財産権のライセンスについて技術情報の正確性や独自性、特許の有効性等については何も表明、保証しないのがよくあるケースです。

例文16：提供された技術情報について互いに無保証とする旨の例文　中立的

Except as otherwise set forth in this Agreement, neither Party makes any representations in respect to, or warrants the accuracy of completeness of, any Technical Information provided to the other Party hereunder, but shall furnish the same in good faith.

[和訳]

本契約の中で別途規定する場合を除き、一方当事者は他方当事者に本契約の下で提供される技術情報の正確性または完全性について一切の表明・保証は行わず、善意で提供するものとする。

この場合には、間接損害についても一切保証しない旨の条文を入れることが通常です。

例文17：間接損害の責任の排除を定める例文　中立的

NEITHER PARTY SHALL BE LIABLE TO THE OTHER IN CONTRACT, TORT OF OTHERWISE FOR ANY SPECIAL, INDIRECT, CONSEQUENTIAL, LOSS OR DAMAGE NOR FOR ANY LOSS OF PROFITS OR REVENUES WHATEVER AND HOWEVER CAUSED.

[和訳]
両当事者は、契約上、不法行為上あるいはその他の根拠により、いかなる理由または状況で発生した特別、付随、結果損害または逸失利益について責任を負わない。

●知的財産権に関連する条項

共同開発契約の場合、一般に基礎提供技術情報について第三者の特許等、知的財産権の侵害のないことの保証及び第三者からクレームがあった場合の免責・補償は規定しない場合が多いです（特に民間企業同士の対等開発の場合）。

例文18：共同開発関連の情報について知的財産権については一切無保証で第三者から特許等侵害のクレームがあった場合に（訴訟防御への協力及び合理的な援助を除き）免責・補償しない旨の例文 中立的

Nothing in this Agreement shall be construed as a warranty or representation by either party hereto that any Technology which the other party may use for any product or services any where in the world will be free from infringement of any patent or other similar right of any third party. Notwithstanding any of the provisions of this Article, both parties shall cooperate with providing reasonable assistance to each other in the defense of any such claim or suit alleging such infringement. Neither party hereto shall be required otherwise to protect, indemnify or save harmless the other party hereto against, or be liable expenses or damages which may be suffered or incurred by the other party as a result of such infringement or allegation thereof by any third party.

[和訳]
本契約のいかなる条項も一方当事者が他方当事者による（開発対象）技術の製品・サービスへの使用が世界のいかなる地域においても第三者の特許及び類似の権利を侵害していないことを保証しない。本条項にかかわらず、両当事者は第三者のかかる権利侵害のクレームの防御に関し、互いに合理的な援助を提供して協力するものとする。両当事者とも第三者による権利侵害またはその主張について他方当事者を保護または免責することは要求されず、かつそのような権利侵害またはその主張により他方当事者に発生し得る費用または損害について責任を負わないものとする。

ただし、一方当事者が開発コストの全額を負担する開発委託の場合は、開発成果物について一定の保証をすることがむしろ通常です。

例文19：開発委託における第三者知的財産権侵害に関する一定の保証免責条項の例文（著作権及びトレード・シークレットについては非侵害の旨を保証、特許については契約時点でクレームの認識のないことの保証及び免責については金額上限を設定）【開発委託者に有利】

X.1 The Developer represents and warrants to the Company that the Developed Technology was or will be developed by the Developer and do not and will not, when provided, infringe any copyright or trade secret of any third party or parties.

[和訳]
X.1条　受託者は委託者に対し開発成果技術が受託者によって開発されたまたはされるものであり、かつ提供時には第三者の著作権及びトレード・シークレット（営業秘密）を侵害していないものであることを保証する。

X.2 The Developer further represents and warrants to the Company that it has no knowledge of any claims of patent infringement from a third party alleging that its patents are infringed or would be infringed by the use of Developed Technology.

[和訳]
X.2条　受託者はさらに委託者に対し、開発成果技術の使用により、第三者の特許が侵害されているまたは侵害され得る旨を主張する第三者からの特許侵害クレームを認識していないことを保証する。

X.3 The Developer agrees, at its own expense, to defend or at its option to settle, any claim, suit or proceeding brought against the Company to the extent that it arises directly out of a breach of the foregoing representations and warranties and to indemnify the Company, subject to the limitations hereinafter set forth, from any final judgment entered against the Company or settlement entered into on such issue in any such suit or proceeding defended by the Developer. The Company agrees that the Developer, at its sole option, shall be relieved of the foregoing obligations unless (i) the Company notifies the Developer promptly in writing upon becoming aware of such claim, suit or proceeding and (ii) gives the Developer authority to proceed as contemplated herein, and (iii) at the Developer's expense, gives the Developer proper and full information and assistance to settle and/or defend any such claim, suit or proceeding. The Developer shall not be liable for any costs or expenses incurred without its prior written authorization.

［和訳］
X.3条　受託者は自身の費用負担で、委託者に対して提起されたクレーム、訴訟、手続をそれらが上記の表明・保証に違反に直接起因する限りにおいて防御し、または自身の裁量で解決し、かつ本契約で規定される上限の範囲内で、受託者が防御した訴訟または手続において当該問題について委託者に対してなされた最終の判決金額または和解金額について委託者を免責するものとする。(i) 委託者が受託者にかかるクレーム、訴訟、手続を認識次第、書面で迅速に委託者が受託者に通知し、(ii) 受託者に本契約で意図されている手続を進める権限を与え、かつ (iii) 受託者の費用負担にて受託者に対しかかるクレーム、訴訟、手続を解決または防御するための適切かつ完全な情報と助力を与えることでなければ、受託者自身の判断により前項の委託者への免責義務から免れることに委託者は同意する。受託者は自身の事前かつ書面による同意がなければかかる手続の費用について責任を負わない。

X.4 THIS SECTION STATES THE ENTIRE LIABILITY AND OBLIGATION OF THE DEVELOPER AND THE EXCLUSIVE REMEDY OF THE COMPANY WITH RESPECT TO ANY

BREACH OF THE FOREGOING REPRESENTATIONS AND WARRANTIES OF ANY INFRINGEMENT OR ALLEGED INFRINGEMENT OF ANY INTELLECTUAL PROPERTY RIGHTS OF ANY THIRD PARTY. IN NO EVENT SHALL THE DEVELOPER'S LIABILITY UNDER THIS SECTION EXCEED THE AMOUNT OF THE FEES PAID BY THE COMPANY UNDER THIS AGREEMENT.

[和訳]

X.4条　本条項は上記表明・保証及び第三者による知的財産権侵害（またはその主張）に関する保証の違反に関して受託者のすべての責任・義務と委託者の救済を定めたものである。本条項上の受託者の責任はいかなる場合においても本契約の下で委託者により支払われた金額侵害を越えないものとする。

第7章 合弁契約でよく見られる条項

● 定義（Definitions）条項

合弁契約の定義条項では"Affiliate"（関連会社）、"Control"（経営支配）などの用語が重要用語としてしばしば定義されます。また"New Co"（または"Company"ないし"New Company"）という用語が本契約のもとで新たに設立される合弁会社を指すものとして使用されます。

多くの場合、関連会社がコントロール下にあるかどうかは、当該関連会社の株式または持分の過半数を直接または間接に所有していることで決まりますので、定義もそれに沿った内容で規定されます。

例文1：合弁会社で必要な主要な定義の例 〔中立的〕

SECTION X. DEFINITIONS

X.1 For the purposes of this Agreement each of the following terms shall have the meaning specified below :

［和訳］

X条　定義

X.1条　本契約の目的において以下の用語は下記で特定された意味を有するものとする。

（1）**"Affiliate"** shall mean, with respect to any Person, any other Person directly or indirectly, through one or more intermediaries, Controlling or Controlled by or under common control with such Person.

［和訳］

（1）「関連会社」とは法人について他の法人により直接または1つ以

上の中間の存在を介して間接に「支配する」、「支配される」または共通の支配に服する法人を意味するものとする。

（2）"**Control**" shall mean the possession, directly or indirectly, of the power to direct or cause the direction of the management of a Person, whether through the ownership of voting securities or general partnership or managing member interests, by contract or otherwise, and "**Controlling**" and "**Controlled**" shall have meanings correlative thereto. Without limiting the generality of the foregoing, a Person shall be deemed to Control any Person in which it owns, directly or indirectly, a majority of the ownership interests or a majority of all outstanding voting stock of such Person.

[和訳]
（2）「支配」とは議決権ある証券の所有によるものであれ、一般共同事業体または経営者の権限によるものであれ、法人の経営について直接または間接に指示するまたは経営陣に指示させる権限の所有を意味するものとし、「支配する」および「支配される」は「支配」について相関的な意味を持つものとする。上記の一般的な意味を失うことなく、法人は他の法人の議決権ある発行済み株式の過半数または所有権の過半数を直接または間接に所有している場合には、その法人を「支配」しているものとみなされる。

（3）"**Person**" shall mean any natural person, limited or unlimited liability company, corporation, general partnership, limited partnership, joint venture, proprietorship, trust, union, association, joint-stock company, Governmental Authority or other entity, enterprise, authority, business organization or any other entity that may be treated as a person under Applicable Law.

[和訳]
（3）「人」とはいかなる自然人、有限また無限責任会社、会社、共同

事業体、有限責任共同事業体、合弁事業体、個人事業、信託、組合、結社、株式会社、政府機関その他の組織、企業、当局、事業組織その他適用法規の下で法人として扱われるすべての組織を意味するものとする。

● 合弁会社の設立に関する条項

　合弁会社の設立に関し、名称、本店所在地、目的等基本的な項目を定めます。また会社の存続期間は会社設立国の法律が許す限りでなるべく無期限が望ましいと言えます。ただし、国によっては外資との合弁企業について存続期間の制限を設けている国もあります。

　合弁会社に親会社（事例ではSamurai社）の商号・商標を使用させる場合には、その旨を明文で規定する必要があります（特に親会社が大手で著名商号、商標を有する場合）。親会社が著名商号、商標を要する場合にはそれらの使用許諾について種々の条件（例：親会社Samurai社が経営支配権を持つマジョリティ子会社のみにしか商号、商標の使用許諾を認めない）が設定されていることもあります。

例文2：合弁会社の設立に関し、会社の名称、本店所在地、目的、存続期間を規定した条項

SECTION X　INCORPORATION OF THE COMPANY
[和訳]
X条　会社の設立

[日本で日本法の下で合弁会社を設立する旨を規定した例]　中立的
X.1　The Company shall be formed as a Japanese corporation in the *kabushiki kaisha* form, under and pursuant to the Companies Act. The Company's initial Articles of Incorporation, together with an English translation thereof, shall be in the form attached hereto as Exhibit A to this Agreement. In accordance with the translation of the Articles of Incorporation, attached as Exhibit A, the Company's

name shall be expressed in the English language as "XXX." As soon as practicable after the Effective Date, the Shareholders shall cause the Company to be organized under the laws of Japan in accordance with the Articles of Incorporation, subject to such changes as may be agreed to by the Shareholders.

[和訳]
X.1条　会社は会社法に基づき株式会社の形式の日本法人として設立される。会社の当初の定款はその英訳とともに添付書類Aとして本契約に添付される。添付書類Aとして添付される定款に基づき、会社の社名は英文で「XXX」として表現される。契約発効日後、可及的速やかに株主は会社が（株主によって合意される変更に従うことを条件として）定款に従って設立されるものにする。

[日本国内に本店を置く旨の記載例]
X.2　The principal office of the Company shall be located in ＿＿＿ or at such other place in Japan as the Board of Directors may designate from time to time and the Company shall maintain records there for inspection as required by the Companies Act and this Agreement. The Company may have such other offices as the Board of Directors may designate from time to time.

[和訳]
X.2条　会社の本店所在地は日本国内の＿＿＿＿＿または取締役会がその時々に指定する場所とし、会社は会社法および本契約により要求される検査のために記録を保持するものとする。会社は取締役会がその時々に指定する他の事業所を持つことができるものとする。

[合弁会社の目的を規定する例]　中立的
X.3　The objectives and purposes of the Company shall be to [create, develop and deliver XXX products/service in Japan, and do any activity and/or business related to XXX products/service.] Subject to the limitations set forth in this Agreement, the Company shall have all necessary powers, including all powers granted by the

Companies under the Companies Act, to effect any of the purposes for which it is formed, as set forth in the previous sentence.
[和訳]
X.3条　会社の目的は［日本においてXXX製品/サービスを創作し、開発し、納入することおよびXXX製品/サービスに関連するあらゆる活動及び事業を行うことであり］、本契約により課された制限の下、会社は前文で規定された会社設立の目的を実現する上で必要な権限（含む会社法で会社に与えられる権限）を持つものとする。[1]

［合弁会社の存続期間を清算事由なき限り無期限に設定する場合の規定］
■ 契約当事者間では中立的。ただし会社設立者に有利 ■

X.4　In accordance with its Articles of Incorporation, the Company shall continue in existence perpetually or until the Company is dissolved and its affairs wound up in accordance with the Companies Act or this Agreement, whichever occurs earlier.
[和訳]
X.4条　定款の規定に従い、会社は永久に、または会社法または本（合弁）契約に基づいて解散し事業が清算される時か、いずれか早い時期まで存続するものとする。

〔合弁会社の存続期間を有限に設定する場合の規定〕
■ 契約当事者間では中立的。ただし会社設立者に不利 ■

X.5　Unless this Agreement is extended by mutual agreement of the Parties, the duration of the Company shall be XX years.
[和訳]
X.5条　本（合弁）契約が当事者の合意により延長されない場合、会社の存続期間はXX年間とするものとする。

1　[　]部分は例示。

●合弁会社の資本金、株式引受、払込に関する条項

　新合弁会社を設立するためには一般に資本金を決定し、各株主が合弁会社の株式を引き受け、払込をする必要があります。これらの詳細に関する規定を合弁契約において定めます。これらの規定については当該会社の設立準拠法となる国の会社法の規制を受けることとなります。また多くの国で「授権資本」（Authorized Capital）と「発行済み資本金」（Issued Capital）を区別します。授権資本は株主総会で新株発行の決定が取締役会に任せられた資本金額で、一方、発行済み資本金は株式の引受、払込が実際に行われた資本金を指します。

> **例文3：合弁会社の資本金に関して出資金額、出資比率等を規定した条項** 中立的

SECTION X. CAPITAL OF THE COMPANY
[和訳]
X条　会社の資本金

［合弁会社の資本金を10MUS$とし、マジョリティ（支配権を持つ）株主が51％、マイノリティ（少数）株主が49％出資する旨を規定した例］
On and from incorporation, the Equity Share Capital of the Company shall be USD ten million (10,000,000) divided into one hundred thousand (100,000) Equity Shares of USD hundred (100) each, which shall be held in the following proportions:

Shareholder	Agreed Proportion	No. of Equity Shares
Majority Parent	fifty-one (51) %	fifty-one thousand (51,000)
Minority Parent	forty-nine (49) %	forty-nine thousand (49,000)
Total	one hundred (100) %	one hundred thousand (100,000)

[和訳]
会社設立以降、その資本金は1,000万米ドルであり、1株100ドルの

10万株に分割され、その出資比率は以下とする：

株主	合意済み出資比率	株式数
マジョリティ（多数）株主	51%	51,000株
マイノリティ（少数）株主	49%	49,000株
合計	100%	100,000株

●合弁会社の定款に関する条項

合弁会社の運営の詳細については、合弁契約とは別に定款で定めるのが通常です。米国・旧英連邦諸国等、英米法系の国では"Articles of Incorporation"（基本定款）と"By-laws"（付属定款）の二重定款制を取る国・州が多いです。"Articles of Incorporation"は会社の基本的な事項（会社の名称、株式数、本店所在地等）を定めた書類で多くの国、州で当局への登録義務があります[2]。一方、"By-laws"はより詳細な会社の運営に関する事項を定めた書類で、必ずしも当局への登録義務はありません。

例文4：新会社の定款の内容を規定する条項 〔中立的〕

SECTION X. ARTICLES OF INCORPORATION
［和訳］
X条　会社の定款

X.1 The Company shall be managed in accordance with the provisions of this Agreement and the Articles of Incorporation subject to Applicable Law.
［和訳］

2　例えば米国デラウェア州会社法において基本定款に記載すべき事項は以下の通りです。
①会社の名称
②州内における会社の登録事務所の住所及び登録された送達代理人の名称
③会社の目的及び業務の性質
④会社が発行する株式総数、数種の株式を発行する場合には各種株式の内容及び総数（取締役会に自由裁量を与える場合はその旨の規定）
⑤設立者の名称及び住所
（八代英輝著『日米比較でわかる米国ビジネス法実務ハンドブック』（P.26、中央経済社刊、2003年）

X.1条　会社は適用法規による制約の下で本契約の条項と定款に基づいて運営される。

X.2 The Articles of Incorporation to be adopted at incorporation shall be as in the form mutually agreed between the Parties prior to incorporation. In the event of any conflict between the provisions of this Agreement and the Articles of Incorporation or other constitutional document of the Company, the Parties shall exercise all voting and other rights and powers available to them so as to give effect to the provisions of this Agreement and shall further procure, if necessary, any required amendment to the Articles of Incorporation or other constitutional document of the Company.

[和訳]
X.2条　設立時の定款は設立前に当事者によって合意されたものとする。本契約の条項と定款他会社の設立に関する書類に何らかの不一致が生じた場合には本契約の条項が有効となるよう当事者は議決権他あらゆる権利及び権限を行使するものとし、さらに必要ならば定款他会社の設立に関する書類に必要な修正をなすものとする。

●株主総会に関する条項

　多くの国・州の会社の最高意思決定機関である株主総会について定める規定です[3]。特に重要なのは総会決議の要件で、会社設立の準拠法の規定をまず確認することが必要です。「1株式＝1議決権」（株式数と議決権は比例し、例えば50％超の株式を持つ株主は50％超、すなわち過半数の議決権を持つ）という原則がありますが、必ずしもそうならない場合があるので、注意が必要です。

3　ただし中国では多くの外資系企業が有限責任公司の形式を採用しており、この場合には董事会（日本の取締役会に相当）が最高意思決定機関です。この形態の会社は出資者持分という考え方はあっても、株式という概念がないためです。

例文5：総会の招集手続、頻度、場所、言語を規定する条項

SECTION X MEETINGS OF SHAREHOLDERS

[和訳]

X条　株主総会

X.1　Procedure for Holding Shareholders' Meeting　【中立的】

Shareholders of the Company shall receive notice of each shareholders' meeting at least fourteen (14) calendar days before the scheduled date of such meeting. The Company shall have at least one shareholders' meeting each calendar year. Such meeting will take place in Tokyo, Japan at such time and place as is determined by the Board of Directors. Meetings shall be conducted in the Japanese language (with English interpretation to be provided at the cost of the Company), and minutes of such meetings shall be prepared by the Company in Japanese (with English translation to be provided at the cost of the Company).

[和訳]

X.1条　株主総会開催の手続

会社の株主は各株主総会の通知を遅くとも14日前までには受領するものとする。会社は株主総会を少なくとも1年に1回は開催するものとする。この総会は日本の東京内で取締役会によって決定された場所において開催されるものとする。これらの総会は（会社負担による英語の通訳をつけた上で）日本語で行われるものとし、総会の議事録は（会社負担による英語翻訳をつけた上で）日本語で作成されるものとする。

例文6：総会の定足数、決議要件（含む書面決議）を定める条項

X.2　The Quorrm of Shareholders' Meeting　【中立的】

The quorum of a General Meeting is at least two (2) shareholders present in person who shall include the respective authorized representatives of Majority Parent and Minority Parent. There shall be no quorum unless the authorized representatives of Majority Parent and Minority Parent are both present in a General Meeting.

［和訳］

X.2条　株主総会の定足数

株主総会の定足数は多数株主と少数株主の双方を含む少なくとも2名の株主が出席することである。（かつ）多数株主と少数株主の権限ある代表者が出席しない限り、定足数は満たさないものとする。

X.3 Resolutions of Shareholders' Meeting　中立的

Unless expressly stated otherwise in this Agreement or the Articles or otherwise the Act calls for a resolution other than simple majority, all matters to be decided by resolution in a General Meeting shall be decided by a simple majority of the votes cast, except for the the matters which require (in addition to unanimous approval by the Board) unanimous consent of the Parties, which are listed in Section XX.

［和訳］

X.3条　株主総会の決議要件

本契約、定款または会社法上で別途明示的に単純過半数による決議以外の決議が規定される場合を除き、株主総会の決議により決定されるすべての事項は議決権ある投票の単純過半数により決定されるものとする。ただし第XX条に列挙される当事者の全員一致の同意が（取締役会の全員一致の承認に加えて）必要とされる事項を除くものとする。

X.4 General Meeting Resolutions in Writing　中立的

If permitted by the Act, General Meeting resolutions may be adopted as circular resolutions in writing and shall be as valid and effective as if passed at a meeting of the General Meeting duly convened and held if the resolution has been circulated in draft, together with any necessary papers to all shareholders and is signed in support thereof by a majority of Directors.

［和訳］

X.4条　書面による株主総会決議
会社法上許容されるなら、決議案が他の必要書類とともにすべての株主に回覧されており、かつ取締役の過半数によって支持が表明されている場合、株主総会は書面決議を回覧することにより成立させることができ、かつ適正に召集され、かつ開催された株主総会においてあたかも決議されたように有効とされる。

● 取締役の選任、取締役会決議に関する条項

取締役の選任・構成、決議方法に関して規定する条項です。合弁会社に少数株主がいる場合は少数株主に拒否権を与えるかどうか、与えるとしたらどの決議項目について与えるかがポイントとなります。

例文7：取締役の選任・決議方法に関する条項

SECTION X.　BOARD OF DIRECTORS
[和訳]
X条　取締役会

X.1　The Responsibility of the Board　[中立的]
Subject to Clause X.X, the Company shall be managed by the Board. The Board has responsibility for the supervision and management of the Company and the Business. The Board may appoint such committee(s) as it may consider necessary to manage, supervise, direct and control particular aspects of the Business or perform such other functions that the Board may delegate; provided, however, that the overall supervision and management of the Company and the Business will remain the sole responsibility of the Board and the Board shall be responsible for overseeing and supervising the proper function of the committee(s) appointed by it.

[和訳]
X.1条　取締役会の責任
X.X条の制約に服した上で、会社は取締役により運営される。取締役会は会社とその事業について監視と経営の責任を持つ。取締役会は事業の特定の面を経営、監視、指揮または制御するために必要と考える、または取締役会が委任できるその他の機能を委任できる委員会を任命することができる。ただし会社および事業全体の監視および経営は取締役会の責任として残り、かつ取締役会は任命した委員会が適切に機能するように監視、監督する責任を負う。

X.2　Composition of the Board　【一般的。ただし多数株主に有利】
The Board shall be comprised of seven (7) Directors out of which four (4) shall be nominated by Majority Parent ("Majority Parent Directors"), and three (3) shall be nominated by Minority Parent ("Minority Parent Directors"). The Parties are obliged to exercise their voting rights in the General Meeting and the Directors are obliged to exercise their voting rights in the Board Meeting (as applicable) to ensure that the Board appoints and removes the Directors as nominated from time to time in accordance with the above mentioned composition. The first directors nominated by the Parties as follows:

(i) Majority Parent Directors
  1. ＿＿＿＿＿＿＿＿
  2. ＿＿＿＿＿＿＿＿
  3. ＿＿＿＿＿＿＿＿
  4. ＿＿＿＿＿＿＿＿

(ii) Minority Parent Directors
  1. ＿＿＿＿＿＿＿＿
  2. ＿＿＿＿＿＿＿＿
  3. ＿＿＿＿＿＿＿＿

[和訳]

X.2条　取締役会の構成

取締役会は7名の取締役から構成される。うち4名は多数株主が選出し、残り3名は少数株主が選任するものとする。上記取締役会構成に基づき随時候補者が選出され、取締役会が取締役を任命し、または退任させることができるよう、当事者はその議決権を株主総会で行使する義務を負い、かつ取締役は（適用のある）取締役会においてその議決権を行使する義務を負う。当事者により最初に選出された取締役は以下の通りである：

  (i) 多数株主選出の取締役

    1. ＿＿＿＿＿＿＿＿
    2. ＿＿＿＿＿＿＿＿
    3. ＿＿＿＿＿＿＿＿
    4. ＿＿＿＿＿＿＿＿

  (ii) 少数株主選出の取締役

    1. ＿＿＿＿＿＿＿＿
    2. ＿＿＿＿＿＿＿＿
    3. ＿＿＿＿＿＿＿＿

X.3　The Term of Board of Directors　【中立的】

The term of a Director's directorship shall be two (2) years, who may be reappointed in accordance with the above Paragraph X.2. The Directors shall not be required to hold any Equity Shares or other securities in the Company.

[和訳]

X.3条　取締役会の任期

取締役の任期は2年であり、上記X.2条の規定に従い、再任され得る。取締役は会社の株式他、証券を所有することを要求されない。

X.4　The Chairman of the Board of the Directors

【一般的。ただし多数株主に有利】

Majority Parent shall nominate the chairperson of the Company. The Chairman shall have a casting vote.
[和訳]
多数株主は取締役会の議長を任命する。議長は有効な議決権のある1票を有する。

X.5 The Appointment, Approval and Removal of the Board of Directors 　中立的
Each nomination or approval or removal of a Director shall be effected the deposit of a written notice of such nomination or approval of removal at the Company's Registered Office by the Party who is entitled to nominate such Director. The nomination or removal shall take effect on the date on which the notice is received by the Company or, if a later date is given in the notice, on that date and the said nomination or removal shall be ratified at the next Board Meeting.
[和訳]
X.5条　取締役の任命、承認または退任
個々の取締役の任命、承認または退任は会社の登記局にかかる推薦、承認または退任の書面による通知が取締役の任命権を持つ当事者により行われることにより効力を生ずる。(取締役の) 任命または退任は通知が会社に受領された日に効力を生じ、あるいは通知にそれより遅い日付が記入されている場合にはその（遅いほうの）日付で効力が生じ、かつかかる任命または退任は次の取締役会で批准されるものとする。

X.6 Vacancy of the Board of Directors 　中立的
If a seat on the Board is vacated by retirement, resignation, illness, disability or death of a Director or by the removal of such Director, the Party which originally nominated such Director shall immediately nominate a successor to serve out such Director's term. Either Party requesting the removal of its nominee Director shall be responsible for and shall indemnify and keep indemnified

the Company and the other Parties against any claim which may be made by such Director in connection with his removal from office.
[和訳]
X.6 取締役の空席
もし取締役の引退、辞任、病気、障害また死亡あるいはかかる取締役の退任により取締役会に空席が生じた場合、かかる取締役を当初任命した当事者が直ちにその取締役の任期中に取締役を務める後継者を任命するものとする。自身の指名した取締役の退任を要求した当事者はその取締役の退任により生じたクレームについて責任を負い、会社および他の当事者を免責するものとする。

X.7 Removal or Replace of the Board of Directors 【中立的】
Any Director (including any nominee) may be removed and replaced by the Board after approval by the respective nominating Party. Notwithstanding the foregoing, the non-nominating Party may remove any Director who commits fraud or crime or who breaches the Company's policy.
[和訳]
X.7条 取締役の退任及び交替
取締役（含むその候補者）は個々の任命した当事者の承認の後、退任または交替され得るものとする。上記にかかわらず、（取締役を）任命しなかった当事者は詐欺または犯罪を行い、あるいは会社方針に違反した取締役を退任させることができる。

X.8 Alternate Directors 【中立的】
Each Director shall be entitled to appoint one alternate at any time to act on his behalf as a Director and such alternate shall, unless he is another Director, require the prior approval of the other Directors, such approval not to be unreasonably withheld or delayed. In the event one of the members of the Board is appointed as the alternate director of another member of the Board, such alternate director shall have two voting rights as director of which

shall be representing for himself and such appointing director.
[和訳]
X.8条　取締役の代理人
個々の取締役は取締役の代理人を1名常時任命することができ、かかる代理人の任命はすでに会社の取締役である場合を除き、取締役会の事前の承認を要する。ただしかかる承認は不合理に留保または遅延されない。取締役会のメンバーの1人が他の取締役の代理人に任命されることが承認された場合、かかる取締役は自身の分と代理の分と2つの議決権を持つものとする。

X.9　The Power/Authority of Alternate Directors　【中立的】
(i) An alternate Director shall be entitled to receive notice of all meetings of the Board, to attend and vote at any such meeting at which the Director appointing him is not personally present and at the meeting to exercise and discharge all the functions, powers and duties of his appointer as a Director.

[和訳]
X.9条　取締役の代理人の権限
取締役の代理人はすべての取締役会の通知を受領し、かつ代理に任命した取締役が不在の取締役会に出席し、かつ議決する権限を有し、かつその取締役会で彼を任命した取締役が取締役として果たすべき機能、権限、義務を行使かつ履行する。

X.10　Vacating Alternate Directors　【中立的】
An alternate Director shall automatically vacate his office as an alternate Director if the Director who appointed him ceases to be a Director.
[和訳]
X.10条　取締役の代理人の失効
取締役の代理人は代理人に任命した取締役が取締役でなくなった場合、自動的にその地位を失うものとする。

X.11　Meetings of the Board
[和訳]
X.11条　取締役会の運営

(i) The Procedure for Holding the Meeting of the Board　中立的
The Board shall convene a meeting in person at least twice every calendar year. A meeting of the Board shall be called at the request of any Director. A written notice of the meeting shall be sent to each Director (including non-resident Directors) not later than ten (10) Business Days before the date of the meeting. A Board Meeting may be held at shorter notice if all the Directors consent to such shorter notice. The notice shall include the agenda, time and place of the meeting. Any Director may request to add to the agenda any item relating to the Company and shall notify the Chairman or the Secretary of such request in writing at least five (5) Business Days prior to the date of the meeting. The Chairman or the Secretary shall include such items in the final agenda and send it to the other Directors at least three (3) Business Days prior to the meeting. The final agenda of the meeting shall be confirmed by all the Parties in writing before the date of the Board Meeting. No resolution may be adopted if the procedural requirements for convening meetings have not been met, unless all Directors are present or represented at the meeting and have agreed to hold a vote on the matter or all Directors agree to waive the procedural requirements in writing.
[和訳]
(i) 取締役会開催手続
取締役会は少なくとも年に2回（書面ではなく対面で）開催されるものとする。取締役会は取締役のいずれかの要求により招集されるものとする。取締役会開催の書面通知は当該取締役会開催日の遅くとも10営業日前までに個々の取締役（含む非居住の取締役）に送付されるものとする。ただしすべての取締役がもっと短い通知期間に同意した場

合には、取締役会はより短い通知で開催されるものとする。取締役開催通知は取締役会の議題、日時、場所を含むものとする。どの取締役も会社に関連するいかなる事項も議題に追加することができ、取締役会議長または秘書役に、取締役会開催日の少なくとも5営業日前までにかかる議題の追加の要求をしなくてはならない。取締役会議長または秘書役はその議題を追加し、最終の取締役会議題を取締役会開催日の少なくとも3営業日前までに他の取締役会に送付することを要する。最終の取締役会議題はすべての当事者により取締役開催日の前に確認されるものとする。取締役会開催の手続要件が満たされない場合、会社決議はなされないものとする。ただし、すべての取締役が取締役会に出席または代理され、かつ当該事項について議決することに全員が同意した場合、またはすべての取締役会が手続要件を放棄することに書面により同意した場合を除くものとする。

(ii) The Quorum of the Board of Directors 　中立的
The quorum for meetings of the Board shall be at least five (5) Directors. If a quorum is not present within thirty (30) minutes from the time appointed for holding the meeting, the meeting shall be adjourned to the same day in the next week at the same time and place. If no quorum is present at such post-adjourned meeting, a Deadlock shall be deemed to have occurred.

[和訳]
(ii) 取締役会の定数
取締役会の定足数は少なくとも5名の取締役の出席である。もし取締役会開催予定時間から30分経過しても定足数を満たさない場合には、取締役会は翌週の同じ時間、同じ場所での開催に延期されるものとする。もしその延期された取締役会で再度定足数を満たさない場合にはデッドロック（行き詰まり）が発生したと見なされる。

(iii) The Agenda of the Board of Directors 　中立的
Matters not on the agenda may not be raised at a Board Meeting and no business may be conducted in relation to those matters at a

Board Meeting.

[和訳]
(iii) 取締役会の議題
取締役会の議題に無い事項は取締役会で検討されず、かつそのような事項に関連する業務は取締役会で行われないものとする。

(iv) The Resolution of the Board of the Directors
【一般的。ただし多数株主に有利】
Subject to Clause X.X(a), all matters to be decided by the Board shall be decided by simple majority vote. Each Director shall have one vote.

[和訳]
(iv) 取締役会の議決権要件
X.X (a) 条（少数株主の拒否権条項）の制限に服した上で、取締役会において決定されるすべての事項は単純過半数による議決によるものとする。個々の取締役はそれぞれ1票の議決権を持つ。

(v) Matters Requiring the Unanimous Consent of All Directors
【一般的】
Matters as set out in Clause X.X(a) hereunder shall always be decided by the unanimous consent of all the Directors (at least one Director each representing each of the Parties) present in a Board Meeting, convened for discussion of the said matters.

[和訳]
(v) 取締役会における全会一致決議事項
X.X (a) 条（少数株主の拒否権条項）に規定された事項は取締役会に出席し、かつ当該事項を議論するために召集された（それぞれの当事者が少なくとも一人の取締役によって代表される）取締役全員一致により常に議決されるものとする。

(vi) Chairman of the Board of Directors 【中立的】
The Chairman shall be the chairperson of the Board Meetings.

However, in case the Chairman is absent, the Directors in attendance shall elect a chairperson of such meeting from member of the Board nominated by Majority Parent. For the avoidance of doubt, such chairperson replacing for the Chairman of the Company being absent, shall have the voting right as director in addition to the casting vote at the meeting.

[和訳]

(vi) 取締役会議長

取締役会議長は取締役会の議長を務めるものとする。しかしながら、取締役会議長が欠席の場合、取締役会は多数株主により選任された取締役会メンバーから取締役会の議長を選任するものとする。（誤解なきよう念のために規定するが）取締役会議長を代替するかかる議長は取締役会議長としての1票の他に取締役として1票の議決権を持つ。

(vii) Board Resolutions in Writing　　中立的

Board resolutions may be adopted as circular resolutions in writing and shall be valid and effective as if passed at a meeting of the Board duly convened and held if the resolution has been circulated in draft, together with any necessary papers to all Directors (including those not in Country X or not residing in Country X) and is signed in support thereof by a majority of Directors (including those not in Country X or not residing Country X). Any such resolution may consist of several counterparts of the same document, each signed by one or more of the Directors and any resolution bearing the signature of any Director dispatched by facsimile transmission shall constitute a document for this purpose.

[和訳]

(vii) 取締役会書面決議

取締役会決議は（定例の取締役会以外に）書面決議の回覧によっても議決することができ、もし決議案が他の必要書類とともにすべての取締役（含むX国以外またはX国に居住していない取締役）に回覧され、かつ取締役（含むX国以外またはX国に居住していない取締役）の過

半数により支持を表明すべく署名されれば、あたかも通常の取締役会が招集され、かつ開催されて議決した場合と同様に有効となる。かかる書面決議は、1人または複数の取締役が署名した同一の書類の複数の写しから構成することができ、かつファックスにより送付された取締役の署名で本条の目的を満たすものとする。

(viii) The Approval Process of the Board Resolution 　中立的
The resolution may be contained in one document or in several documents in like form, each signed or approved by one or more of the Directors concerned; but a resolution signed or approved by an alternate Director need not also be signed or approved by his appointer and, if it is signed or approved by a Director who has appointed an alternate Director, it need not be signed or approved by the alternate Director in that capacity.
[和訳]
(viii) 取締役会決議の承認手続
決議は1枚の書面または類似形式の複数の書面が含まれており、関連する取締役によって署名かつ承認される。しかしながら取締役の代理人によって署名及び承認された決議は代理人を任命した取締役によって署名、承認される必要はなく、また代理人を任命した取締役によって決議が署名、承認されていれば取締役の代理人によってその権限により署名、承認される必要もない。

(ix) The Compensation of the Board of Directors
　一般的。ただし対象合弁会社にとって有利　
The Directors shall not be entitled to receive sitting fees for attending meetings of the Board. The Company shall not reimburse the expenses incurred by the Directors towards attending the Board Meetings.
[和訳]
(ix) 取締役の報酬
取締役は取締役会出席により報酬を受領する権限がない。会社は取締

役会出席により取締役に発生した費用を負担する義務を負わない。

(x) Telephone or Videoconference of the Board of Directors
If not prohibited by the Act, Directors may participate in Board Meetings by telephone or video conferencing or any other means of contemporaneous communication, provided that each Director must acknowledge his presence for the purpose of the meeting and any Director not doing so shall not be entitled to speak or vote at the meeting. A Director may not leave the meeting by disconnecting his telephone or other means of communication unless he has previously obtained the express consent of the chairman of the meeting and a Director shall conclusively be presumed to have been present and formed part of the quorum at all times during the meeting unless he has previously obtained the express consent of all representatives of the Parties present at the meeting to leave the meeting as aforesaid.
[和訳]
(x) 電話会議及びビデオ会議による取締役会
もし会社法上禁止されていなければ、取締役は電話会議、ビデオ会議その他同時に交信できる手段によって取締役会に参加することができる。ただし個々の取締役が取締役会の目的のため（電話会議等で参加する）取締役の存在を認識しなくてはならず、かつ認識されない取締役は発言または議決の権限のないことを条件とする。（電話会議等で）参加する取締役は当該取締役会の議長の明示の同意を事前に得ない限り、電話の切断他の通信上の手段により取締役会から離脱することはできない。かつ当該取締役は取締役会を退出することについて当事者のすべての代表の明示の同意を事前に得ない限り、会議の最終まで取締役会に出席し、常に定足数にカウントされる。

X.12 Board Meeting Minutes
[和訳]
X.12条　取締役会議事録

(i) Preparing Board Meeting Minutes 　中立的

The draft of the minutes shall be transmitted to all the Directors within seven（7）days from the Board Meeting.　The Directors shall respond within seven（7）days of receipt of draft minutes with the comments and suggested amendments, if any. The final draft of the minutes of the meeting of the Board of Directors shall contain the substance of the course of the proceedings of the meeting and the result thereof and shall duly take into account the comments and suggested amendments of the Directors in accordance with this Clause X.X(i).

[和訳]
(i) 取締役会議事録の作成

取締役会議事録のドラフトは取締役会から7日以内にすべての取締役に送付される。取締役はドラフト議事録受領から7日以内にコメントと修正案（もしあれば）をつけて返信する。最終の取締役会議事録案は取締役会の手続の実質的な流れとその手続の結果を含むものとし、本X.X（i）条に基づく取締役のコメント及び示唆された修正を考慮したものとする。

(ii) Procedure for Board Meeting Minutes 　中立的

The chairman shall put down his signature on the aforesaid minutes of the Board Meeting, as duly approved by the members of the Board.　The minutes thus completed shall be kept at the registered office of the Company and maintained in accordance with the Act and certified copies shall be sent to the Parties.

[和訳]
(ii) 取締役会議事録の手続

取締役会の議長は通例通り取締役会のメンバーによって承認された前記取締役会議事録に署名する。それで完成した議事録は会社の登録事務所に保管され、かつ会社法に従って維持され、かつ認証済みの写しが当事者に送付される。

(iii) The Legal Effect of Board Meeting Minutes 　中立的
The minutes as amended and approved by the Directors and signed by the chairman shall be prepared in English and shall be valid and binding upon the Parties.
[和訳]
(iii) 取締役会議事録の法的効力
取締役によって修正・承認され、かつ取締役会議長によって署名された取締役会議事録は英語で準備され、法的に有効で当事者を拘束する。

●代表取締役等の指名権・派遣に関する条項

日本会社法上の代表取締役、米国会社法上のCEO（Chief Executive Officer：最高経営責任者）等、会社の代表者（責任者）を指名し、派遣する規定をおくことがよく行われます。

例文8：米国州法上の会社でCEO及びCFO[4]を株主（合弁契約当事者）が指名する旨の規定　一般的。ただし多数株主に有利

X.1　Appointment pf CEO & CFO
Prior to the Closing, Majority Parent will, after consultation with Minority Parent, designate the Chief Executive Officer of NewCo (the "NewCo CEO") and the Chief Financial Officer of NewCo (the "NewCo CFO"). Thereafter, Majority Parent may, after consultation with Minority Parent, remove or replace the NewCo CEO and NewCo CFO, and appoint a successor NewCo CEO and NewCo CFO, as applicable, to fill any vacancy in any such office. Minority Parent may recommend removal or replacement of the NewCo CEO or NewCo CFO, and Majority Parent will give due consideration to such recommendation.
[和訳]
X.1条　CEO及びCFOの任命

4　CFO（Chief Financial Officer：最高財務責任者）

クロージング（合併会社設立の取引完了）の前までにマジョリティ親会社（多数株主）はマイノリティ親会社（少数株主）との相談の後、新会社のCEOおよびCFOを任命する。その後マジョリティ親会社はマイノリティ親会社と相談の上、新会社のCEO及びCFOを退任または交替させ、それらの空席を埋めるため新会社のCEOおよびCFOの後継人を任命する。マイノリティ親会社は新会社のCEO及びCFOの退任または交替について推薦案を出すことができ、マジョリティ親会社はかかる推薦案をしかるべく考慮する。

●配当、配当受取権に関する条項

配当の支払に関して規定することもよく行われます。

例文9：配当の支払に関する条項　中立的

X.1 DIVIDEND POLICY
[和訳]
X.1条　配当政策

(a) Subject to the requirements of the Act, the Board may recommend a dividend payable to the shareholders for each Financial Year after the deduction of applicable tax as shown in the audited accounts for that Financial Year.

[和訳]
(a) 会社法上の要件に従って、取締役会は会計年度の監査済帳簿に示された適用される税金控除後の各会計年度ごとの支払可能配当を推薦することができる。

(b) Any dividend shall be allocated between the shareholders in proportion to their respective shareholding in the Company.

[和訳]
(b) 配当は各株主の会社への出資比率に応じて株主に配分される。

●株式の譲渡制限に関する条項

非上場会社の場合、株式の譲渡制限の規定を設けるのが通常です。

> **例文10：株式の譲渡に他の株主の取締役会の承認を要求し、かつ他の株主のfirst refusal right（先買権）を規定する条項**

X.1　Transfer Restriction　
［和訳］
X.1条　株式の譲渡制限

(a) Within XX years from the Effective Date, no Party shall Transfer the Equity Shares, whether in whole or in part, held by it unless prior written consent or approval has been obtained from the other Party. Any Transfer or attempt to transfer of Equity Shares in violation of this Agreement shall be null and void.

［和訳］
(a) 本合弁契約発効日からXX年間、契約当事者は他の当事者による書面での同意または承認がない限り、会社の株式を譲渡することはできない。本契約に違反する株式譲渡またはその試みは無効である。

(b) The Company shall be responsible for receiving customer's order which is at least YY US$, by ZZ years from the Effective Date. The Company then shall be responsible for keeping such level of customer's order on average during the remaining period of XX years from the Effective Date.

［和訳］
(b) 会社は本契約発効日からZZ年までに少なくともYY米ドルの受注を取る責任を負う。（さらに）会社はそのレベルの顧客からの受注をXX年間の残期間維持する責任を負う。

(c) In the event that the Company fails to perform the said obligations provided in Clause X.1(b), either Party may Transfer the Equity Shares, whether in whole or in part, held by it without prior written consent or approval of the other Party, after XX years from the Effective Date.

[和訳]
(c) 会社がX.1（b）条に規定された義務を履行できない場合、XX年間の経過後各当事者は株式の全部または一部を他の当事者の書面による同意を得ることなく、譲渡することができる。

X.2 Right of First Refusal 　一般的
[和訳]
X.2条　先買権

(a) Subject to ClauseX.1, if a Party desires to effect the Transfer of all or any portion of the Equity Shares held by it (the "Offering Party") to a Third Person and receives a written offer from such Third Person, the Offering Party shall first give written notice (the "Offer Notice") to the other Party and the Company within seven (7) days of the offer from the Third Person. The Offer Notice shall specify the number of Equity Shares that the Offering Party proposes to Transfer ("Offered Shares"), the identity of the Third Person, the price per Equity Share that has been offered by the Third Person for the Offered Shares, the proposed date of the Transfer and all other material terms and conditions ("Notice Terms"), and the Offering Party shall include with the Offer Notice a copy of the offer received by the Offering Party from the Third Person. Every such offer shall remain open for acceptance for a period of thirty (30) days from the date of receipt of the Offer Notice by the other Party.

[和訳]
(a) X.1条の制限に服した上で、当事者（「譲渡申立当事者」）が所有する株式の一部または全部の第三者への売却を希望し、かかる第三者から申込を受領した場合、譲渡申立当事者は他の当事者及び会社に第三者からの申込受領から7日以内に通知（「申込通知」）する。申込通知は譲渡を希望する株式（「譲渡株式」）の株式数、第三者の名称、第三者が申し出た譲渡価格、譲渡日その他実質的な条件（「通知条件」）を特定し、かつ譲渡申立当事者は通知条件に第三者から受けた申込の写しを含めるものとする。かかる申込は他の当事者が申込通知を受領した時点から30日間承諾のためオープンにされるものとする。

X.3 Transfer Procedure
[和訳]
X.3条　譲渡手続

The following procedures shall apply in the order as presented herein:
[和訳]
（株式の）譲渡は以下の順番、手続で進められるものとする。

(a) A Party shall have the right, but not the obligation, to purchase some or all of the Offered Shares on the Notice Terms (the "Purchasing Party"), which right shall be exercisable by providing notice to the Offering Party and the Company.
[和訳]
(a) 当事者（「購入当事者」）は通知条件上の譲渡株式の全部または一部を購入する（義務ではないが）権利を持ち、この権利は譲渡申立当事者と会社に対し通知を行うことで行使可能である。

(b) Third Person shall agree in writing to be bound, upon Transfer, to perform all of the terms and conditions of this Agreement that were applicable to the Offering Party. For the avoidance of doubt, it shall be the responsibility of the Offering Party to ensure that the Third Person complies with the terms and conditions of this Agreement and until the Third Person has shown to the reasonable satisfaction of the other Party and the Company that it is so bound, by agreeing in writing to be bound by each and every term of this Agreement and by entering into a Deed of Adherence substantially in the form of Annexure B attached hereto, the Company shall not register the Third Person as the holder of any Share.

[和訳]
(b) 第三者は株式譲渡の時点で譲渡申立当事者に適用される本契約のすべての条件に拘束されることに書面で合意するものとする。(誤解のないように念のためであるが) 第三者が契約のすべての条件を履行することを確保するのは譲渡申立当事者の責任であり、第三者が本契約の条件に拘束されることを書面で合意することおよび添付Bの形式に実質的に従っている契約遵守合意書を締結することにより、他の当事者および会社を第三者が合理的に満足させるまで、会社はかかる第三者を株式の所有者として登録しないものとする。

(c) If any Transfer is not consummated within the relevant period, the restrictions on Transfers provided for herein shall again be in effect and any subsequent Transfer shall be made in accordance with this SectionX.3.

[和訳]
(c) もし特定の株式譲渡が（上記の）該当期間内に開始されない場合は本契約で規定された譲渡制限が再度有効となり、その後の譲渡は本条X.3条に基づいて行われるものとする。

この他の株式譲渡制限のパターンとして以下のようなものがあります。
①株式譲渡に他の株主の同意を要する
②株式は原則譲渡禁止であるが、子会社、関連会社への譲渡は自由とする
③合弁契約後の一定期間のみ株式の譲渡制限を課する

●競合禁止条項

株主と合弁会社との間で競合禁止の規定を設けることもしばしば行われます。

例文11：株主と合弁会社とで特定製品における競合を禁止する規定

X Noncompetition. 　一般的。ただし対象合弁会社にとって有利

[和訳]
X条　競合禁止

During the period beginning on the Closing and ending at the earlier of (i) one (1) year after the date of an Initial Public Offering and (ii) such time as ABC and its Permitted Transferees no longer hold at least a majority of the Voting Securities of the Company, ABC shall not, and shall cause its Subsidiaries to not, participate or engage in or otherwise invest in, directly or indirectly, any area of the world, the business of designing, developing, manufacturing (or having manufactured), marketing, distributing or selling the products including ＿＿＿＿, in each case which are dedicated to use in or intended to be used ＿＿＿＿＿ ("Restricted Products")

[和訳]
クロージング（取引完了）より（i）株式上場から1年後または（ii）ABCとその許容される譲渡先が会社の議決権株式の過半数を所有しなくなる時のいずれか早い時点までABCは＿に使用するまたは使用を意図している＿を含む製品（「制限製品」）の設計、開発、製造（含む製造外注）、マーケティング、頒布、販売の事業に全世界で直接間接に従事または投資他参画せず、かつABCの子会社にかかる行為を認めないものとする。

おわりに

　Samurai社の北条君と高山さんの会話です。
高山「数ヶ月かかりましたけれど、何とか中国Panda社とのOEM販売契約まとまりましたね」
北条「そうだね。冷や汗ものの連続だったが、何とかなったよ。次は米国Eagle社とのソフトウェアライセンス契約、インドBollywood社との合弁契約もまとめないと」
高山「そうですね。それにしても手探り状態の中でこの本は参考になりました」
北条「僕もそう思う」

　もしこの本を手にとった読者の方が北条君や高山さんのように感じてくれれば、著者としては望外の喜びです。どうでしたでしょうか。
　さて、このようなささやかな本でも完成までには著書一人の力では足りず、筆者の勤務先の方をはじめ多くの人のご協力、ご助言をいただいています。特に米国モリソン・フォースター弁護士事務所東京オフィスのスチュアート・ベラハ弁護士、ヴイエムウェア株式会社の前田藍子氏、株式会社日立製作所ICT事業統括本部の李怡陳(リイチン)氏にはお世話になりましたので、この場を借りてお礼を申し上げたいと思います。
　また、本書が世に出るまでには、株式会社プレスコンサルティングの樺木宏氏、同文舘出版の竹並治子氏に並々ならぬご助力をいただきました。この点にもあらためて感謝の意を表します。
　最後に、週末も原稿執筆に悪戦苦闘していた著書を暖かく見守ってくれた妻美佐と娘美祐にもあらためて感謝の気持ちを表明したいと思います。彼女らの助力なくして、この本は完成できませんでした。

2016年12月

小澤　薫

INDEX

A

AAA ··· 53
Acceptance ··· 217, 221
advance royalty ··· 159
ad hoc 仲裁 ··· 53
adjudication ··· 51
Administrative Lawyer ··· 57
ADR ··· 53
Affiliate ··· 290
arbitration ··· 53
Articles of Incorporation ··· 296
Associate ··· 58, 60
Attorney-Client Privilege ··· 74

B

Background IPR ··· 268, 278
Background Technology ··· 269
bona fide ··· 21
Bridge Lawyer ··· 76
By-laws ··· 296

C

Call Option ··· 197
Cancel ··· 224
CIETAC ··· 53
Control ··· 290

D

deemed acceptance ··· 222
Definition（定義）条項 ··· 246, 266, 290
Deliverables ··· 266
Delivery ··· 219, 250
Development Agreement ··· 168
direct damage ··· 108
Disbursement ··· 66
Disclosing Party ··· 87
Distributor ··· 250
Documentation ··· 243, 247

E

End of Life ··· 239
Engineering Change ··· 238
Error ··· 162, 230
Exclusive Sales Right ··· 110
Executive Committee ··· 48, 274
Expenses ··· 66

F

face to face meeting ··· 32
forecast ··· 116, 216
fully paid-up license ··· 153

G

governing law ··· 51

I

ICC ··· 53, 219
Incorporation ··· 292
indemnification ··· 21, 129, 253
indirect/consequential damages ··· 108
injunction ··· 213
Inspection ··· 221
Intellecutal Property Right ··· 169, 269
invention ··· 170, 266
irrevocable license ··· 153

J

JCAA ··· 53
Joint Development Agreement ··· 168
Joint Venture Agreement ··· 182
jurisdiction ··· 51

L

Law Firm ··· 60
LCIA ··· 53
Lead Time ··· 218
Letter of Credit（L/C）··· 123
Letter of Intent ··· 26
License Grant ··· 143, 147
Licensed Program ··· 151, 246
Licensed Software ··· 163, 231, 248
Licensee ··· 142, 246, 262
Licensor ··· 142, 246, 262
Limitation of Liabilities ··· 105
liquidated damages ··· 119, 125
Litigator ··· 62
LOI ··· 26

M

Maintenance ··· 235
Memorandum of Understanding ··· 26
Minimum Purchase Commitment ··· 115
minimum royalty ··· 160
Most Favored Price Clause ··· 127
MOU ··· 26

N

No License条項 ··· 212
non-sublicensable license ··· 153, 154
non-transferable license ··· 153, 154
NRE ··· 116

O

- OEM ······ 96, 216, 230
- OEM販売契約 ······ 96, 216, 230

P

- Paralegal ······ 62
- Partner ······ 58, 60
- Patent Attorney ······ 57
- Payment ······ 118, 155
- pending items ······ 37
- Per Copy Royalty ······ 157
- perpetual license ······ 153, 154
- Person ······ 291
- pro rata ······ 21
- Project ······ 270
- Publication ······ 281
- Purchase Order ······ 217, 250
- Put Option ······ 197

R

- Real Estate & Property Lawyer ······ 57
- Receiving Party ······ 87, 210
- Re-schedule ······ 224
- Residuals ······ 214
- Repair ······ 99, 226, 227
- Return ······ 226
- royalty ······ 143, 155
- royalty-free license ······ 153, 154

S

- Shareholders Agreement ······ 182
- Steering Committee ······ 48, 274
- Stockholders Agreement ······ 182
- Support ······ 235, 252

T

- Tax ······ 121
- Tax Attorney ······ 57
- teleconference ······ 32
- Terms & Conditions ······ 26
- Territory ······ 113, 250
- Trademark ······ 234, 281
- Trade Name and Trademark ······ 281
- Traial Lawyer ······ 62

U

- UCC ······ 104, 258
- Uniform Commercial Code ······ 104, 258

W

- Warranty ······ 101, 161, 230, 264

あ

- アソシエイト ······ 58, 60
- アドバンス・ロイヤルティ ······ 156, 159
- イクスペンスィズ ······ 66
- エキスパティーズ ······ 73
- エスカレーション ······ 39, 43, 49
- エスカレーション・プロセス ······ 39, 44
- エラー ······ 161, 230
- 延滞利息 ······ 30, 119, 124
- エンドユーザー ······ 145, 262
- エンドユーザー向けライセンス契約 ······ 145, 262
- オブジェクトコード ······ 147, 248, 262

か

- 会社の設立 ······ 292
- 開発委託契約 ······ 168, 266
- 開発成果物 ······ 168, 170, 266
- 開発プロジェクト ······ 266, 270
- ガバナンス ······ 182, 184
- 株式の譲渡制限 ······ 315
- 株式引受、払込 ······ 295
- 株主 ······ 182, 185
- 株主総会 ······ 184, 194, 297
- 株主総会決議 ······ 300
- 為替調整条項 ······ 118, 120
- 間接損害 ······ 108, 257, 285
- 幹部委員会 ······ 274
- 関連会社 ······ 290
- 議決権 ······ 297, 302, 308
- 危険負担 ······ 220
- 技術サポート ······ 136, 235, 252
- キャンセル ······ 224
- 競合禁止条項 ······ 319
- 共同開発委員会 ······ 48, 276
- 共同開発契約 ······ 168, 266
- 共同マーケティング委員会 ······ 48, 276
- 共有 ······ 170-177
- 検査 ······ 221-224
- 検収 ······ 221-224
- 購入数量見通し ······ 216
- 公表 ······ 281
- 合弁会社 ······ 180, 290
- 合弁解消 ······ 183, 197
- 合弁契約 ······ 180, 290
- コール条項 ······ 197
- コンピュータ・プログラム ······ 142, 147, 246

さ

- 最恵価格条項 ······ 127
- 最低購入数量 ······ 115
- サイトライセンス ······ 159

裁判管轄	51
差止	213
指し値	80
サブライセンス	143
サブライセンス権付ライセンス契約	145, 246
サポート	235, 252
残存記憶条項	214
シーリング	81
支払条件	122
資本金	295
守秘義務契約	86, 210
受領	217
準拠法	51
少数株主拒否権	184
常設仲裁機関	53
商標	234, 281
所有権の移転	220
所有権留保	221
ステアリング・コミッティ	47
税金	121
製品の技術的修正	238
責任制限	105, 257, 284
ソースコード	147, 249

た

タイムチャージ制	66, 79
代表取締役の指名・派遣	313
ダウンロード形式	252
知的財産権	129
知的財産権侵害	129, 253
仲裁	52
注文書	107, 217, 250
調停	51
直接損害	106, 108
定款	296
提供基礎技術	268
抵触法	52
デッドロック条項	199
ドキュメンテーション	240, 246
独占販売権	110
独禁法の域外適用	65
トライアル・ローヤー	62
取締役会	184, 300
取締役会決議	309, 310
取締役の選任	300
トレーニング	238, 260

な

納入	250
納入終了	239
納入物	266

は

パー・コピー・ロイヤルティ	157
パーセント・ロイヤルティ	157
パートナー	58, 60
配当	186, 314
発明	170, 268
パラリーガル	62
ファクタリング	41
プット条項	197
ブリッジ・ローヤー	76
米国統一商法典	104
ペンディング・リスト	37
返品	226
保証	98, 161, 230, 264, 284

ま

マイルストーン	280
みなし受領	221
ミニマム・ロイヤルティ	160
免責・補償	129, 253, 259, 285
メンテナンス	235

や

| 約定損害賠償 | 125 |
| ユーザーマニュアル | 247 |

ら

ライセンサー	142, 246, 262
ライセンシー	142, 246, 262
ライセンス契約	142, 246, 262
リスケジュール	224
リティゲーター	62
料率実施料方式	157
ロイヤルティ	143, 155
ロー・クラーク	58
ロースクール	55
ローファーム	60

■ 参考文献（著者名50音順）

アンダーソン・毛利・友常法律事務所編『アジア・新興国の会社法実務戦略Q&A』（商事法務、初版、2013）

石角莞爾『国際ビジネス契約入門』（HBJ出版局、初版、1987）

射手矢好雄『中国経済六法（2014年版）』（日本国際貿易促進協会、2014）

江頭憲治郎『株式会社法』（有斐閣、初版、2006）

ディビッド・A・ウィンスティン『アメリカ著作権法』（(社)商事法務研究会、初版、1990）

中村秀雄『英文契約書作成のキーポイント』（商事法務、新訂版、2006）

中村秀雄『国際契約交渉のキーポイント』（(社)商事法務研究会、新版、1998）

長谷川利明『英文契約100Q&A』（(社)商事法務研究会、初版、2000）

ヘンリー幸田『米国特許逐条解説』（発明推進協会、第6版、2013）

中山信弘『特許法』（弘文堂、初版、2010）

中山信弘『著作権法』（有斐閣、第2版、2014）

松永芳雄『技術輸出契約の手引』（日刊工業新聞社、改訂版、1976）

マーシャル.A.リーファー『アメリカ著作権法』（レクシス・ネクシス、初版、2008）

八代英輝『日米比較でわかる米国ビジネス法実務ハンドブック』（中央経済社、初版、2003）

山本孝夫『知的財産権・著作権のライセンス契約入門』（三省堂、第2版、2008）

山本孝夫『英文ビジネス契約書大辞典』（日本経済新聞社、初版、2001）

著者経歴

小澤薫（おざわ かおる）

1959（昭和34年）年生まれ。1982年京都大学法学部卒、1983年京都大学大学院公法専攻中退。同年株式会社日立製作所入社。同社習志野工場にてパソコンの生産管理業務に2年半従事。1985年に国際事業本部に異動後、30年以上にわたり、海外企業との提携、海外投資、M&A及び国際法務の業務に従事し、この分野で幅広い経験を積む。この間、米国、中国、英国、フランス、インド、ミャンマー等多くの国の企業との英文契約交渉に従事。1988〜1989年米国ジョージワシントン大学ロースクールに留学。1989年 修士号（Master of Comparative Law）を取得。2007〜2009年、青山学院大学大学院ビジネス法務修士課程（知財専攻）修了。現在同社ICT事業統括本部経営戦略統括本部事業開発本部部長。国際商取引学会会員。

連絡先：carl1226oz@gmail.com

営業・企画担当者のための英文契約・交渉入門

平成29年1月10日 初版発行

著　者──小澤　薫

発行者──中島治久

発行所──同文舘出版株式会社
　　　　東京都千代田区神田神保町1-41　〒101-0051
　　　　電話　営業 03 (3294) 1801　編集 03 (3294) 1802
　　　　振替 00100-8-42935
　　　　http://www.dobunkan.co.jp/

©K.Ozawa　　　　　　　　　ISBN978-4-495-53571-1
印刷／製本：三美印刷　　　　Printed in Japan 2017

JCOPY ＜(社)出版者著作権管理機構 委託出版物＞

本書の無断複写は著作権法上での例外を除き禁じられています。複写される場合は、そのつど事前に、(社)出版者著作権管理機構（電話 03-3513-6969、FAX 03-3513-6979、e-mail: info@jcopy.or.jp）の許諾を得てください。